진로교육 콘텐츠 개발론

Foreign Copyright:
Joonwon Lee
Address: 3F, 127, Yanghwa-ro, Mapo-gu, Seoul, Republic of Korea
          3rd Floor
Telephone: 82-2-3142-4151, 82-10-4624-6629
E-mail: jwlee@cyber.co.kr

진로교육
콘텐츠
개발론

이혁규 저

BM (주)도서출판 성안당

진로교육 콘텐츠 개발론

2023. 1. 10. 초 판 1쇄 인쇄
2023. 1. 20. 초 판 1쇄 발행

지은이 | 이혁규
펴낸이 | 이종춘
펴낸곳 | **BM** ㈜도서출판 **성안당**
주소 | 04032 서울시 마포구 양화로 127 첨단빌딩 3층(출판기획 R&D 센터)
　　　 | 10881 경기도 파주시 문발로 112 파주 출판 문화도시(제작 및 물류)
전화 | 02) 3142-0036
　　　 | 031) 950-6300
팩스 | 031) 955-0510
등록 | 1973. 2. 1. 제406-2005-000046호
출판사 홈페이지 | www.cyber.co.kr
ISBN | 978-89-315-5932-3 (93370)
정가 | **30,000원**

이 책을 만든 사람들

책임 | 최옥현
진행 | 양병수
교정 · 교열 | 양병수
본문 · 표지 디자인 | 정희선
홍보 | 김계향, 박지연, 유미나, 이준영, 정단비
국제부 | 이선민, 조혜란
마케팅 | 구본철, 차정욱, 오영일, 나진호, 강호묵
마케팅 지원 | 장상범
제작 | 김유석

■ 도서 A/S 안내

성안당에서 발행하는 모든 도서는 저자와 출판사, 그리고 독자가 함께 만들어 나갑니다.
좋은 책을 펴내기 위해 많은 노력을 기울이고 있습니다. 혹시라도 내용상의 오류나 오탈자 등이 발견되면 **"좋은 책은 나라의 보배"**로서 우리 모두가 함께 만들어 간다는 마음으로 연락주시기 바랍니다. 수정 보완하여 더 나은 책이 되도록 최선을 다하겠습니다.
성안당은 늘 독자 여러분들의 소중한 의견을 기다리고 있습니다. 좋은 의견을 보내주시는 분께는 성안당 쇼핑몰의 포인트(3,000포인트)를 적립해 드립니다.
잘못 만들어진 책이나 부록 등이 파손된 경우에는 교환해 드립니다.

추천사

누구나 꿈을 꾸고 그 꿈을 키우고 마침내 그 꿈을 이룰 수 있도록 돕는 교육이 바로 진로교육이다. 우리는 진로교육을 통해 비로소 행복의 샘 가에 이를 수 있는 것이다. 누구나 이 책에서 그 비법을 배울 수 있기를 고대한다.

– 서우석 교수

(경인교육대학교 생활과학교육과)

학교 현장에 진로교육이 단단하게 뿌리내리기 위해 그 누구보다 열심히 학습하고 실천하는 저자의 목소리가 잘 담긴 책입니다. 이 책을 통해 진로교육을 보다 깊이 있게 이해하고 진정성 있게 실천하는 많은 사람들이 생겨나길 바랍니다.

– 조영아 교수

(가톨릭대학교 진로진학상담 전공)

최근 우리는 제4차 산업혁명이나 인공지능과 같은 용어를 빈번하게 접하고 있습니다. 이러한 용어를 자주 접하게 된다는 것은 우리 사회가 정보기술 기반의 디지털 사회와 인공지능의 시대로 접어든 것을 의미하기도 합니다. 따라서 교육 현장에서도 지식과 정보를 전달하는 방식의 교육뿐만 아니라, 지식의 가공, 재구성 등을 통해 새로운 지식을 창출하는 노력이 필요합니다. 이러한 사회적 변화는 산업구조의 변화를 초래하게 될 것이고 이에 따라 학생들의 진로 설계를 지도하는 진로교육 전문가의 역할은 더욱 강조될 것이기 때문에 이 책을 통해 진로교육 전문가 양성에 많은 도움이 되길 바랍니다.

– 어윤경 교수

(공주대학교 교육대학원 진로진학상담 전공)

현장에서 활용 가능한 진로교육 콘텐츠를 개발하는데 참고할 수 있는 이론, 지식 및 정보와 실제적 사례를 담은 책으로 현직 진로 전담 교사는 물론 진로 전담 교사를 준비하는 선생님들에게도 필요한 책이라고 생각합니다.

– 박지혜 교수

(국민대학교 진로진학상담 전공 주임교수)

진로교육 전문성을 확보하고자 하는 교사들에게 꼭 필요한 이론 및 실무를 겸비한 책이다. 진로교육 전체를 조망하는데 탁월한 안내서가 될 것이다.

– 손민호 교수

(인하대학교 교육대학원장)

학교에서 진로교육의 중요성을 강조한 것은 어제오늘의 일이 아니다. 하지만 여전히 진로교육이 성공적으로 이루어지고 있는지에 관한 질문에는 확실한 답변을 하기 어려운 것이 현실이다. 이러한 상황에서 '진로교육 콘텐츠 개발론'은 진로교육에 대한 보다 명확한 가이드라인을 제시하고 있다. 특히, 직업교육의 의미를 보다 명확하게 하고, 진로교육 콘텐츠 개발의 방법론적 엄격성을 강조하고 있다. 이러한 내용은 학교 현장 교사들에게 좋은 지침서가 될 것으로 생각한다.

– 이동혁 교수

(건국대학교 교육대학원 진로진학상담 전공)

머리말

진로교육 콘텐츠 개발론을 정립하면서

진로(進路)라는 말은 '진로와 직업'이 중학교교육과정에 들어오기 훨씬 이전부터 청소년의 미래와 관련하여 사회나 학교에서 흔히 사용하던 말이다. 그래서 진로교육이라는 말이 누구에게나 낯설지 않은 만큼 진로교육에 대한 생각들이 분분하다는 말이기도 하다.

진로교육은 '진로교육법'이나 '초중등교육과정'이 만들어져 시행되기 이전부터 막연한 개념이 자리하고 있었기 때문에 이전부터 통용되어오던 상식으로서의 진로교육을 생각하는 경향이 있다. 말하자면 학생들의 더 나은 미래를 준비하도록 지도한다는 뜻으로 받아들여 진로교육을 교육 자체의 목적과 구분하지 않는 현상을 보여준다는 것이다.

사실 어린이가 교육이라는 과정을 거쳐 사회에 나아가 사회 구성원으로서 자신의 인생을 꾸려나가도록 한다는 점에서 볼 때 아동의 인지발달 과정과 이에 따른 학교교육 체계는 분명 진로교육 체계라고도 할 수 있다. 그래서 진로교육이 교육과정으로 들어올 때 모든 교육이 진로교육인 데 별도의 진로교육을 한다는 것을 탐탁하지 않게 생각하는 사람들도 있었을뿐만 아니라 진로교육 과정이 시행된 지 10여 년이 지난 오늘날에 진로교육 무용론이 인구에 회자되는 것도 진로교육의 개념이 명확하게 정립되지 않은 데 그 원인이 있는 것 같다.

진로교육이 왜 독립교과로 교육과정에 들어왔는지, 진로교육의 목적이 무엇이고 그 방법은 어떤 특성을 가져야 하는지에 대한 이해와 설명이 부족했다.

교육의 본질적 특성 중의 하나가 학생들의 진로 역량을 길러주는 것이라 하겠다. 즉 사회 구성원의 역할과 능력을 함양하는 것이다. 그래서 칸트(I. Kant)는 교육을 통하지 않고는 인간이 될 수 없다고까지 말했다. 그럼에도 불구하고 학교교육은 교육의 본질적 목적에서 점점 멀어져 교육을 위한 교육, 즉 현실이나 현상에서 추상화된 문자(文字) 중심의 교육으로 나아가면서 학생들을 그들의 삶의 장(場)인 사회 현실로부터 유리시켜나갔다. 말하자면 학교교육이 인생의 가장 좋은 시기에, 그것도 하루 중 가장 좋은 시간대에 아이들을 학교 담장 안에 가두어 사회적 현실로부터 격리해 두기 때문에 더 이상 사회에서의 성공적인 삶으로 연결되지 않는 일이 일어나고 있다는 것이다.

유럽에서는 이러한 현상을 비판하면서 학교교육을 폐지하자는 이야기도 나왔고 학교교육 이외의 교육제도도 인정하자는 이야기도 나왔다.

다행히도 학교교육이 폐지되지는 않았지만 학교교육 이외의 교육 기관들이 정식 교육제도 안으로 들어오는 계기가 되었다. 학교 교사는 아니라도 일정한 자격을 갖춘 교사에 의해 진행되는 개인교습을 통해서도 학력을 인정받을 수 있게 되었으며, 우리나라에서 운용되고 있는 대안학교가 그러한 결과물 중의 하나이다.

학교교육은 이러한 진통의 과정에서 폐지보다는 문자 중심의 교육 방식을 보완하는 방안이 제시되었다. 문자 중심의 교육은 현상의 본질과 원인을 이해하고 이를 보다 진보적인 차원으로 해결해나가는 지식을 전수하는 데는 아주 효능적이기 때문이다. 그래서 문자교육에 부족한 현실성과 실체성을 보완하는 방법을 도입한 것이다. 문자 위주로 진행되는 일반 교과의 수업 방식과는 다르게 사회 속에서 이루어지고 있는 '바'를 문자가 아닌 방법으로 교육한다는 것이다. 즉 일반 교과와는 다른 방식의 교육활동을 하도록 한다는 것이다.

그래서 진로교육은 사회 현실에 대한 교육을 학교교육 안으로 끌고 들어와 학생들에게 교육하는 활동이라고 정리할 수 있다. 이는 학교의 울타리를 무너뜨리고 학교의 존재 의미를 부정하는 것이 아니다. 사회가 학교가 되는 것이 아니다.

어디까지나 학교교육이 갖는 교육활동의 핵심이자 중추로서의 역할과 기능을 바탕으로 교실에서 이루어지고 있는 문자 중심의 일반 교과 활동과는 다른 방식, 즉 체험이나 견학 또는 대화와 같은 방법으로 현대사회와 직업 세계에 관한 정보나 지식을 학생들이 체득하게 한다는 것이다. 그렇게 함으로써 현실 사회에 대한 인식을 새롭게 하고 더불어 학생들의 진로 역량도 강화하자는 것이 진로교육을 교육과정에 도입한 목적이라 하겠다. 따라서 교육의 일반적 관점에서 생각하는 진로교육과는 의의가 다르다.

그런데 문제는 여전히 진로교육이라는 용어를 사용하면서로 별도의 개념 정의가 공식적으로 이루어지지 않고 있다는 것이다. 따라서 교육 현장에서는 교육 일반, 진로교육, 직업교육, 취업 교육. 취업 지원 등이 구분되지 않고 사용되고 있으며 이러한 현상은 진로교육의 정체성을 흔들고, 나아가서는 진로교육 무용론까지 이어지고 있는 현실이다.

따라서 본서에서는 진로교육의 교육적 의의와 진로교육이 추구하는 핵심적 역량에서 출발하여 진로교육 대상으로서의 직업과 행정상의 직업을 논리적으로 구분하고자 한다. 이는 진로교육에서 다루어야 할 직업교육을 특성화고나 대학에서 실시하고 있는 직업교육이나 취업 교육 내지는 취업 지원 활동과 구분하는 것을 도와줄 것이다.

나아가 진로교육 대상으로서의 직업의 개념과 조건, 진로교육에 있어서 직업교육의 역할, 행정적 의미의 직업과 다른 교육적 의미의 직업으로서 줄기직업에 대해 이야기함으로써 학교교육에 있어서의 직업교육의 개념적 특성을 정립하여 직업교육이 아닌 직업에 관한 교육으로써 청소년 진로교육의 이정표 역할을 할 수 있도록 하고자 한다.

그리고 진로교육에 관한 이러한 개념 위에서 진로교과 활동을 보다 효율적으로 진행하는 데 도움을 줄 수 있는 교육 콘텐츠의 개발과 관련한 기준을 논리적으로 탐색해 보고자 한다. 이는 재미와 감각 위주의 진로교육 콘텐츠와 활동보다는 진로교육이 목표로 하는 학생들의 진로 역량 함양에 보다 효과적으로 기여할 것으로 본다.

진로교육에 관한 개념 정립 없이 진로교육 콘텐츠를 개발하게 되면 교육 목적보다는 재미 위주로 교육활동이 진행될 우려가 있고, 이는 교육에 관심 있는 사람들에게 문제의식을 심어줄 수도 있게 된다. 또한 진로교육이 포함하는 직업교육을 다른 직업교육과 구분하지도 못하게 되어 자칫 진학을 포기하고 취업으로 유도하는 취업 교육으로 잘못 생각하여 그러한 방향에서 진로교육 콘텐츠를 개발할 수도 있게 된다. 이렇게 되면 진로교육 콘텐츠는 진로교육에 역행하는 기능을 가질 수도 있게 되기 때문에 진로교육 콘텐츠의 개발에 앞서 진로교육에 대한 개념 정리가 반드시 필요하다.

진로교육 콘텐츠는 진로교육의 목적을 달성하기 위한 방법론적 특성에 따라 개발이 이루어져야 하며, 진로 역량을 효율적으로 함양하는 데 기여할 수 있어야 한다.

본서에서는 이러한 목적에 따라 먼저 진로교육에 대해 개념적인 정리를 하고 이를 근거로 하여 비록 초보적이지만 진로교육 콘텐츠를 학교급에 따라, 그리고 진로 역량 영역에 따라 각각의 개발 모델을 수립하고 실제 개발 사례를 소개해보고자 하였다.

이러한 모델과 사례는 어디까지나 더 효율적인 모델을 개발하는 데 참고 자료 또는 비판적 자료로 활용되기를 바라는 마음에서 제시하는 것이기 때문에 여기에서 제시되는 모델과 사례가 표준이 아님을 분명히 밝히고자 한다.

결론적으로 이 책은 진로교육이 일반 교과의 교육활동과는 다른 특성을 가지기 때문에 진로 교과 및 진로 체험활동을 비롯한 교육활동 운용 시에 이 점을 고려해야 한다는 것과 진로교육 콘텐츠를 개발하고 활용하는 데에 참고해야 할 사항들에 관해 의견을 제시하는 것을 목적으로 쓰였기 때문에 진로교육에 관심 있는 독자들에게 조금이라도 도움이 되었으면 한다.

차례

VI 진로교육 콘텐츠의 요건과 종류에 따른 구성 편제의 예

VII 부록

I

진로교육의 의의와 내용

진로교육의 교육적 의의

1) 진로교육의 의의와 목적

가. 교육과 진로교육

우리나라 교육기본법 제2조에 "교육은 홍익인간(弘益人間)의 이념 아래 모든 국민으로 하여금 인격을 도야(陶冶)하고 자주적 생활 능력과 민주시민으로서 필요한 자질을 갖추게 함으로써 인간다운 삶을 영위하게 하고 민주국가의 발전과 인류공영(人類共榮)의 이상을 실현하는 데에 이바지하게 함을 목적으로 한다."고 규정하고 있다.

교육기본법에서 말한 교육의 목적에 관한 정의를 토대로 생각하면 교육은 한 인간이 태어나서 한 명의 사회인으로서 성장하여 인류의 발전과 번영에 기여하는 사회적 역할을 수행할 수 있도록 이끌어주는 행위라고 할 수 있다.

그런데 중학교교육과정에서는 "학교 진로교육의 목표는 학생이 자신의 진로를 창의적으로 개발하고 지속적으로 발전시켜 성숙한 민주시민으로서 행복한 삶을 살아갈 수 있는 역량을 기르게 하는 데 있다"[1]고 규정하고 있어 교육과 진로교육의 목표가 별반 다르지 않음을 알 수 있다.

따라서 어떤 의미에서 보면 교육 자체가 진로교육이라고도 할 수 있다.

---

1 교육부, 중학교교육과정, 교육부 고시 제2018-162호, p. 554

그런데 근대 공교육의 발상지인 프랑스의 어느 대학 교육학 교수가 "현대 학교교육은 인생의 황금기(초등학교에서 대학까지)에, 그리고 하루 중에 가장 좋은 시간대에(오전 9시부터 오후 4시 사이) 청소년을 사회로부터 담으로 격리시키고 있다"고 문제점을 이야기한 적이 있다.

공교육이 처음 시작했을 때와 지금은 사회적, 문화적 환경이 다르기 때문에 교육의 목적이나 의의에 대해 간단하게 이야기할 수는 없다. 하지만 사람이 사회 속에서 역할을 담당하며 자신의 삶을 살아갈 수 있도록 역량을 길러준다는 것은 예전이나 지금이나, 그리고 미래에도 변함없는 공교육의 취지이고 목적일 것이다.

그렇지 않으면 현대사회처럼 문명이 고도로 발달한 사회에 적응하며 생활할 수 없을 것이다. 나라에서 의무교육을 시행하는 이유 중의 하나라 하겠다.

어떤 의미에서 생각해보면 교육 그 자체가 학생들에겐 진로교육이라 할 수 있다. 이 점은 진로를 비롯한 많은 선생님이 공통으로 생각하는 것 같다.

그 결과 진로교육의 범주를 교육활동 전체로 확대하여 해석할 일이 너무 많다고 힘들어하는 진로 교과 담당 선생님들도 적지 않은 것을 보았다.

사실 진로교육이 전반적인 학교교육 활동의 핵심 내용인 것은 부정할 수 없다. 비록 교과목이 국어, 수학, 과학 등으로 나누어지고 가르치는 선생님도 다르지만 총합적으로는 한 사람이 현대사회에 적응하며 살아갈 수 있는 역량을 기르는 데 기여하고 있는 것이기 때문이다.

그러면 모든 교과 활동이 결국 진로교육과 연계된 활동인 셈인데 구태여 왜 진로 교과를 별도로 만들었을까?

모든 교과 담당 교사들의 진로교육 활동에 대해 계획을 세우고 방법을 교육하고 총괄 관리하기 위해 진로 전담 교사를 배치했을까? 즉 국어, 영어, 수학 등의 교과가 하는 진로교육 활동을 효율적으로 관리하기 위해 일반 교과목 위에 진로 교과목 두려고 독립시켰을까?

결론부터 말하면 '절대 아니다.'

그러면 진로 교과를 별도로 만든 이유에 대해 알아보자.

먼저 진로교육을 탄생시킨 '진로교육법'과 이를 바탕으로 이루어진 '진로교육과정'을 살펴보면 왜 진로교육을 별도로 독립시킬 필요가 있었으며 어떻게 하는 것이 그 취지에 맞는 것인지를 짐작하는 데 많은 도움이 된다.

진로교육법 제1조에 변화하는 직업 세계에 능동적으로 대처하고 학생의 소질과 적성을 최대한 실현하여 행복한 삶을 살 수 있도록 하며 경제사회 발전에 기여하도록 하기 위해 진로교육을 실시한다고 했다. 즉 진로교육을 별도로 실시하는 목적을 정해 놓은 것이다.

중학교 교육과정과 고등학교 교육과정에서도 변화하는 직업 세계를 이해하고 직업에 대한 구체적인 정보를 파악하며 진로 경로를 탐색하여 이를 통해 자신의 진로 계획을 세우고 실천하도록 하는 데 목적을 두고 있다.

현실적으로 변화하는 사회적 환경을 바로 알고 자신의 능력을 그 환경 속에서 최대한 잘 발휘할 수 있도록 하여 자신의 삶과 사회의 발전에 도움이 되도록 한다는 것이다.

즉 교실 속에서 책에 기재된 내용을 배워 이를 사회에 응용하는 것이 아니고 지금 사회 속에서 일어나고 있는 현실적이고 실제적이며 구체적인 내용을 알고 이에 맞추어 필요한 실제적 지식과 정보를 체득할 수 있으며 이를 바탕으로 진로 계획을 세워 현실 사회에서 살아갈 수 있는 역량을 가지도록 한다는 것이다.

이론적 지식이 아니고 사회에서 마주치는 문제를 해결할 수 있는 실제적이고 현실적인 힘을 길러 행복한 생활을 하게 하고 더불어 경제사회 발전에 도움이 되도록 한다는 것이 바로 진로교육을 독립 교과로 만든 목적이자 이유라 하겠다.

이론보다는 실제 현상을 알고, 과거나 미래의 사회보다는 현재, 지금의 세상을 알며 추상적인 가치보다는 구체적인 가치를 추구하라는 것이다.

나. 실제적인 방법에 관한 교육인 진로교육

진로교육은 일반성, 이론성, 추상성이라는 특성으로 인하여 오늘날 사회 현실로부터 점차 멀어지는 학교교육의 문제점을 극복하기 위한 방법으로 생겨났다.

원래 교육은 교육받는 사람이 세상에 잘 적응하여 살아갈 수 있도록 안내하고 가르치는 일이다. 그러나 오늘날 교육은 사회 현상이 너무 복잡하고 복합적으로 일어나기 때문에 구체적인 사례보다는 추상적인 체계를 가진 이론 중심으로 가르치는 것이 일반적이다.

그 결과 학교교육의 내용은 현실 사회와 점점 멀어지게 되어 학교 공부를 잘하거나 많이 하면 할수록 사회에 적응하는 능력이 오히려 감소하기도 하고 취업하더라도 직장에서 다시 교육해야 하는 경우가 많아 문제가 되었다. 이에 유럽에서는 20세기 중·후반부터 학교교육이 필요 없으니 학교 자체를 폐지하자는 학교교육 무용론이 제기되기도 했다.

이런 문제점을 극복하기 위해 학교교육 이외의 교육제도[2]를 인정하기도 하고 자연을 교육 현장으로 가지고 오기도 하며, 마을의 교육 자원을 활용하거나 사회 현실에 대한 교육을 학교교육 안으로 가져오려고 하지만 학과 중심의 현행 교육과정의 특성으로 볼 때 쉽지 않은 상황이다.

진로교육은 바로 이러한 교육 환경에서 또 하나의 돌파구와 같은 것이어서 국어나 수학처럼 또 다른 하나의 교과 과목이라 생각하면 안 된다. 진로교육은 다른 교과 교육이나 생활교육이 가지고 있는 학교식 교육의 한계성에서 벗어나 다른 방식과 다른 가치 기준으로 학생들이 현실 사회 속으로 들어가 방향감과 현실감을 갖도록 훈련하는 것으로 생각하면 될 것이다. 오늘날 진로교육이 실제적이고도 구체적인 현장 체험을 중요한 교육 방법의 하나로 삼고 있는 이유이다. 그렇게 함으로써 오늘날 우리 학교교육이 가지고 있는 사회화와 관련한 문제점을 해결하려는 것이다.

그래서 정부에서는 진로교육의 기본 방향[3]을 다음과 같이 설정한 것으로 생각한다.

---

2 도제 교육이나, 공교육 기관의 인정을 받은 사람이나 기관에 의한 가정교육 내지는 사교육에 학력검정 시험을 거치지 않고 학교교육과 동일한 학력을 인정하는 제도.

3 진로교육법 제4조(진로교육의 기본방향)

① 진로교육은 변화하는 직업 세계와 평생학습사회에 적극적으로 대응할 수 있도록 스스로 진로를 개척하고 지속적으로 개발해 나갈 수 있는 진로 개발 역량의 함양을 목표로 한다.

② 모든 학생은 발달 단계 및 개인의 소질과 적성에 맞는 진로교육을 받을 권리를 가진다.

③ 진로교육은 학생의 참여와 직업에 대한 체험을 바탕으로 이루어져야 한다.

④ 진로교육은 국가 및 지역사회의 협력과 참여 속에 다양한 사회적 인프라를 활용하여 이루어져야 한다.

진로교육은 이러한 이유로 학교교육의 한계를 넘어 사회 속에서의 학교교육으로 자리 잡을 때 비로소 의미가 있다고 하겠다.

그런데 여기서 조심해야 할 것은 사회 속에서의 학교교육은 학교교육의 특성과 가치를 부정하는 것이 아니고, 또한 무분별한 사회적 자원이 학교교육에 들어오는 것을 용인해야 하는 것이 아니라는 것이다.

교육은 지식이나 기능 또는 이와 관련한 경험을 전달하는 활동이 아니기 때문이다. 교육은 인격을 도야(陶冶)하고 자주적 생활 능력과 민주시민으로서 필요한 자질을 갖추게 함으로써 인간다운 삶을 영위하게 하고 민주국가의 발전과 인류공영(人類共榮)의 이상을 실현하는 데에 목적을 둔 의도적인 활동이라 하겠다. 즉 지식이나 기능 또는 경험적 지식을 가지고 사회에 잘 적응하여 살도록 하는 것도 교육의 목적 중 하나이지만 가장 중요한 것은 인간으로서의 내재적 본성을 깨우쳐 인간다운 삶을 꾸려나가는 주체가 되도록 이끌어준다는 것이다.

그래서 학교교육을 사회에 개방하는 것이 아니고 학교가 사회적 자원을 학생 교육용으로 가공하여 교육함으로써 학교와 사회의 연계성을 강화해나가는 교육 시스템으로 운용해야 한다.

교육 현장에서는 청소년이 인지능력이 완성된 상태가 아니고 발달하는 과정에 있다는 것을 절대 잊어서 안 된다. 진로교육이 학교교육에서 벗어나 방임 상태에서 학생들에게 욕구 충족 서비스를 제공하는 탈 교육 행위가 되어서는 안 되는 이유이다.

진로교육이 비록 다른 일반 교과와 달리 이론보다는 방법론, 당위성보다는 합리성, 가치성보다는 실재성을 중심으로 하는 교육이기는 하지만 학교교육 방식 자체를 부정하는 교육활동은 아니다. 사회 속에서 학교가 둘러친 담장을 스스로 제거하여 사회와의 연계성과 유대성을 가지고 학교교육이 가지는 본래의 사회적 역할을 보다 효율적으로 수행할 수 있도록 하는 '학교교육 도움 프로그램'이라 할 수 있다.

오늘날 학교는 수도원이 되어서는 안 되지만 그렇다고 탈사회적이고 탈교육적이며 검증되지 않은 비판의식들의 실험장이 되어서도 더욱 안 된다.

2) 진로교육과 취업 교육의 구분

진로교육은 일반적으로 진로지도와 직업교육을 포괄한다고 한다.

그런데 여기에서 우리는 직업교육이라는 용어에 대해 곰곰이 생각해봐야 한다. 서술적인 표현 방식보다는 간결하게 명사형으로 표현하기를 좋아하는 우리나라 지식문화의 환경적 특성으로 인하여 '직업교육'이라고 한 것 같은데 이 직업교육이라는 용어가 과연 직무를 중심으로 하는 직업교육인지 아니면 직업에 관한 정보와 지식(문자적 지식과 체험적 지식)을 얻기 위해 직업에 대해 교육하는 것인지를 분명하게 하는 것이 올바른 진로교육뿐만 아니라 진로교육에 필요한 콘텐츠를 개발하는 데 있어서 아주 중요한 문제라고 생각한다.

국어사전에서 '진로(進路)'는 '앞으로 나아가는 길'[4]이라고 한자를 해석하는 정도로 간단하게 풀이한 데 그치고 있다. 하지만 진로교육이라는 측면에서 생각할 때 '진로'는 직업의 세계로 들어가 나의 꿈을 이루기 위해 가장 효율적인 방법을 찾아가는 능력과 의지, 즉 역량을 키워나가는 과정이라고 할 수 있다. 즉 나의 미래를 대비하고 개척해나가는 실제적이고도 구체적인 활동 과정이라 하

---

4   표준대국어사전

겠다.

또한 '진로'는 '사회활동에 필요한 지식과 기술을 연마하는 과정'이라고 문화적 의미를 첨가하여 말할 수 있다. 곧 나날이 발전하는 현대 문명사회를 살아가는데 필요한 '삶의 기술'을 배워가는 과정을 진로라 할 수 있고 이러한 과정을 학교를 통해 학생들에게 제공하는 것을 진로교육이라 할 수 있다.

그런데 교육적 측면에서의 진로를 이야기할 때, 우리는 통상 초등학교부터 대학 이상의 단계까지 한결같이 진로라는 용어를 사용하는데 진로를 준비하는 과정과 획득한 지식 및 정보를 바탕으로 구체화 시키는 행위화하는 과정을 구분하지 않고 있어 진로교육의 교육적 의의가 왜곡될 우려가 있다.

초등학교에서 고등학교까지의 진로교육은 학생 자신의 미래의 삶을 생각하고 자신이 장차 어떤 직업을 가질지를 고민하며 이와 관련된 정보를 탐색하고 자신의 적성과 능력에 비추어 자신의 앞날을 설계하는 역량을 함양하는 교육활동이다.

이에 비하여 대학교의 진로교육은 자신이 설계한 진로를 구체화하는 준비를 하는 특성이 있다. 즉 대학교 이상에서는 자신이 설계한 미래의 꿈을 실현하는데 필요한 지식이나 기술을 연마하는 과정이라 할 수 있다. 간단히 말하자면 취업을 현실적으로 준비하는 단계이다.

결론적으로 말하면 진로교육에서 말하는 직업교육은 대학에서 말하는 직업교육, 즉 취업 교육과는 다르다. 더 쉽게 비교하자면 중고등학교에서 시행하는 진로교육은 특성화고등학교에서 시행하는 직업교육과 다르다는 것이다.

특성화고등학교에서도 진로교육과 직업교육은 성격이 다르다. 특성화고등학교의 직업교육은 전문교과 교육과정이라는 명칭으로 취업과 창업에 필요한 기초적인 전문지식과 산업체 현장 실무 기능, 기술 및 태도 중심의 지식이나 기술교육이다.[5]

하지만 진로교육에서 말하는 직업교육은 이런 의미의 직업교육은 아니다. 특

---

5 교육부, 교과 교육과정의 목표, in 각 전문교과II 교육과정

성화고등학교의 진로교육에서 말하는 직업교육 역시 취업이나 창업을 위한 기초지식이나 기술교육은 아니다.

특성화고등학교의 진로교육은 전공 분야의 직업교육과는 별개로 자기 이해 활동, 진로 탐색 활동, 진로 설계 활동 등으로 구성되며 흥미, 소질, 적성을 파악하여 자아 정체성을 확립하고, 자신의 진로를 개발하여 지속적인 발전을 목표로 한다.[6] 따라서 초중고의 진로교육에서 말하는 직업교육은 취업이나 창업에 필요한 기초지식이나 기술을 교육하는 특성화고등학교의 직업교육과는 다르다.

마찬가지로 진로교육은 특정 분야의 전문지식이나 기술을 교육하는 대학 교육과도 성격을 달리한다. 어떤 의미에서 보면 대학 교육 자체가 직업교육이라 할 수 있다. 대학에서 자신의 진로를 탐구하고 설계하는 것은 대학 교육의 목적에 부합하지 않는다.[7] 따라서 대학교에는 진로교육 자체가 있을 수 없다.

그럼에도 불구하고 현실적으로 대학교에서 진로교육과 관련한 활동을 하고 있는데 이는 일반적인 진로 발달 과정에 적응하지 못한 채 대학교에 진학한 학생을 위한 예외적인 활동이라 할 수 있다. 그 이외의 대학 진로교육 활동은 해당 대학교 학생의 취업이나 창업을 지원하는 활동이라 할 수 있다.

따라서 대학교의 진로교육은 우리가 일반적으로 생각하고 있는 진로교육과는 성격을 달리한다. 즉 진로교육의 성격이 대학교 이후는 이전인 고등학교와는 상당 부분 다르다. 고등학교까지는 학생들의 진로 역량을 기르는 것이라면 대학교 이후에는 취업 역량을 기르는 것이라 할 수 있다.

이렇게 볼 때 진로교육에서 말하는 직업교육은 취업을 목적으로 하는 직업교육과는 구별되어야 하며 진로교육은 고등학교까지를 대상으로 한다고 보는 것이 타당할 것이다. 그래서 진로 역량은 직업 역량과 다르며 진로 탐색은 직업에 관한 탐색이지 직무를 익히는 것이 아니라 하겠다. 말하자면 진로교육은 산업

---

6 교육부, 교육과정 별책 42 창의적 체험활동 교육과정, p.5 참조

7 고등교육법 제28조, "대학은 인격을 도야(陶冶)하고, 국가와 인류사회의 발전에 필요한 심오한 학술이론과 그 응용 방법을 가르치고 연구하며, 국가와 인류 사회에 이바지함을 목적으로 한다."

역군이 되도록 지도하는 것이 아니고 학생 개인의 행복한 삶을 위하여 자신의 미래를 설계하고 추진할 수 있도록 역량을 길러 주는 것이다.

물론 직업을 갖는 것이 삶을 살아가는 데 중요하기 때문에 직업을 갖는데 필요한 지식과 기술을 갖추도록 하는 직업교육도 중요하다. 하지만 그 이전에 자신의 직업을 선택하는 과정에서 직업 세계에 대한 지식과 정보를 바탕으로 자신의 꿈과 가치의 실현에 부합하는 직업을 선택할 수 있도록 역량을 길러주는 것이 진로교육이라 하겠다. 사회에서 나의 꿈과 나의 가치를 실현하는 가장 일반적인 방법이 직업 활동을 통하는 것이기 때문에 직업에 대해 안다는 것은 나의 진로를 결정하거나 진로 장애를 극복하는데 아주 중요하며 동시에 나의 의지를 사회 속에서 실현하는 데도 중요한 역할을 한다.

그래서 진로교육이 직업교육을 포함하는데 이때의 직업교육은 직업에 관한 교육이라는 것을 분명히 해야 한다. 그래서 특성화고등학교나 대학교에서 하는 직업교육과 초·중·고등학교 진로교육에서 행하는 직업교육을 혼동해서는 안 된다.

2절 진로교육에서 추구하는 핵심 역량

진로와 직업 교과 수업은 초·중등 교육과정 총론에서 학교교육을 통하여 기르고자 하는 6가지 핵심 역량[8]을 구현하기 위하여 자아 이해와 사회적 역량, 일과 직업 세계 이해 역량, 진로 탐색 역량, 진로 디자인과 준비 역량의 4가지 역량 교육 영역을 설정하였다.

【 진로와 직업 교과과정 영역별 내용 체계 】[9]

영역	핵심 개념	내용	내용 요소	기능
자아 이해와 사회적 역량 개발	자아 이해 및 긍정적 자아 개념 형성	자아 이해가 긍정적 자아개념 형성의 토대가 된다.	• 자아존중감과 자기효능감 • 자신의 특성(적성, 흥미 등) 탐색	사고 기능 조직 기능
	대인관계 및 의사소통 역량 개발	사회적 역량은 대인관계 및 의사소통 역량을 통해 형성된다.	• 상황에 맞는 대인관계 능력 • 효과적인 의사소통 방법	사회적 기능 문제해결 기능
일과 직업 세계 이해	변화하는 직업 세계 이해	사회 변화에 따라 직업은 다양하게 변화한다.	• 직업의 역할, 다양한 직업 유형 • 사회 변화에 따른 직업의 변화 • 창업과 창직	사고 기능 조직 기능 문제해결 기능

---

8   자기관리 역량, 지식 정보처리 역량, 창의적 사고 역량, 심미적 감성 역량, 의사소통 역량, 공동체 역량

9   교육부, 중학교교육과정, 교육부고시 제2018-162호, p.555.

영역	핵심 개념	내용	내용 요소	기능
	건강한 직업의식 형성	건강한 직업 생활에는 건강한 직업의식이 필요하다.	•직업에 대한 긍정적 가치관 •직업인으로서의 직업윤리와 권리 •직업에 대한 고정관념 극복	사고 기능 사회적 기능 조직 기능
진로 탐색	교육 기회의 탐색	진로 탐색을 위해 진로를 공부할 필요가 있다.	•진로에서 학습의 중요성 •고등학교 유형과 특성	사고 기능 조직 기능
	직업정보의 탐색	직업정보를 탐색하는 것은 직업 이해에 필요하다.	•체험활동을 통한 직업정보 탐색 •직업정보를 활용한 직업 이해	사회적 기능 문제해결 기능 조직 기능
진로 디자인과 준비	진로 의사 결정 능력 개발	진로 의사 결정 능력은 장애가 되는 요인을 해결함으로써 길러진다.	•진로 의사 결정 능력 함양 •진로장벽 요인의 해결	사고 기능 문제해결 기능 조직 기능
	진로 설계와 준비	진로 준비는 진로 계획에서 시작된다.	•잠정적인 진로 목표 설정 •고등학교 진학 계획 수립	사고 기능 문제해결 기능 조직 기능

다음은 진로교육에서 추구하는 진로 역량 중 핵심 역량에 관한 중학교 교육과정의 내용을 바탕으로 영역별 개념, 학습 목표, 주요 교육 요소 및 진단평가 항목을 정리한 것이다.[10]

1) 자아 이해와 사회적 역량 개발

(1) 자아 이해

개념	자신에 대한 객관적 이해
학습 목표	직업 흥미와 적성 및 나와 관련된 진로 여건을 정확히 발견하고 인식한다.
주요 교육 요소	적성, 흥미, 성격, 가치관, 신체적 조건, 학업성취도, 가정환경, 사회환경

---

10 교육부, 중학교교육과정, 교육부고시 제2018-162호, p.555-571 참조

진단평가 항목	• 나의 직업적 흥미를 찾았다. • 나의 적성을 알았다. • 나의 성격의 특성을 알았다. • 사회 속에서 내가 하고 싶은 일의 성격을 알았다. • 나의 학업 성취 능력을 알았다. • 나의 신체적 장점과 단점을 알았다. • 나의 가정환경을 객관적으로 바라볼 수 있게 되었다. • 내가 살고 있는 사회에 대해 관심을 가지게 되었다. • 진로 설계에 있어서 자신에 대한 객관적 이해가 중요하다는 것을 알았다.

(2) 사회적 역량 개발

개념	원만한 인간관계를 바탕으로 하는 건전한 직업인의 자질 함양
학습 목표	의사소통 능력과 원활한 대인관계를 맺고 협력할 수 있는 소양을 기른다.
주요 교육 요소	타인, 경청, 이해, 질문, 토론, 협력, 상황 인식, 관계 형성, 의사소통의 중요성
진단평가 항목	• 사회에서는 나 이외의 다른 사람들과 생활한다는 것을 알았다. • 가족, 친구, 선생님의 의견을 신경 써서 듣게 되었다. • 다른 사람의 이야기를 귀 기울여 듣게 되었다. • 필요한 경우 가족, 친구, 선생님에게 질문을 할 수 있게 되었다. • 가족이나 친구들에게 내 생각을 이야기하고 설명할 수 있게 되었다. • 가족이나 친구들과 협력하여 일하는 것이 중요하다는 것을 알았다. • 상황을 알고 맞게 행동하는 것이 중요하다는 것을 알았다. • 사회생활에 있어서 원만한 인간관계의 중요성을 알았다. • 사회생활이나 직업 활동에 있어서 의사소통의 중요성을 알았다.

2) 일과 직업 세계의 이해

(1) 변화하는 직업 세계

개념	산업기술과 사회의 변화에 따라 직업의 세계도 변화한다.
학습 목표	직업 세계의 다양성 및 변화의 원인과 모습을 이해하고 이에 대처하는 능력을 기른다.
주요 교육 요소	직업의 다양성, 직업의 직무적 특성, NCS, 직업의 변화, 새로 등장하는 직업, 사라지는 직업, 변하지 않는 직업, 새로운 직업에 대한 상상, 직업의 변화에 대한 대처의 중요성

진단평가 항목	• 다양한 직업 분야가 있다는 것을 알았다. • 모든 직업에는 요구되는 기술이나 직업적 능력이 있다는 것을 알았다. • NCS에 대해 알게 되었다. • 직업은 시대와 사회에 따라서 다르다는 것을 알았다. • 새로 등장하는 직업에 대해 알게 되었다. • 사라진 혹은 사라질 직업에 대해 알았다. • 변하지 않는 직업에 대해 알게 되었다. • 나 나름대로 새로운 종류의 직업이나 사업에 대해 생각해보았다. • 직업 변화에 대처하는 마음이 진로 설계에 있어서 중요하다는 것을 알았다.

(2) 건강한 직업의식 및 직업에 대한 고정관념 극복

개념	사회적 활동인 직업에 대한 책임감과 권리에 대한 정확한 인식
학습 목표	공동체 구성원으로서 직업에 따른 책임감과 권리를 이해하고 직업에 대한 편협된 사회적 관념을 극복할 수 있다.
주요 교육 요소	공동체, 직업의 역할, 직업의 가치, 직업윤리, 책임감, 근로기본권, 직업적 성공, 사회적 고정관념, 건강한 직업의식의 중요성
진단평가 항목	• 우리는 공동체의 한 사람으로 생활한다는 것을 알았다. • 사회생활에서 갖는 직업의 역할에 대해 알게 되었다. • 직업이 자신에게 주는 보람의 의미를 알게 되었다. • 사회생활에 있어서 직업이 갖는 각자의 보람된 의미를 유지하기 위해 서로 지켜야 할 윤리가 있다는 것을 알았다. • 자신이 맡은 일에 대해서는 끝까지 책임을 지는 자세가 필요하다는 것을 알았다. • 직업은 나의 꿈을 실현하고 보람을 느끼게 하는 사회적 활동이기 때문에 직장에서 근로자가 누려야 할 기본적인 권리에 대해 알게 되었다. • 직업적 성공은 건강한 작업 생활에서 이루어질 수 있다는 것을 알게 되었다. • 직업에 대한 사회적 고정관념이나 편견에서 벗어났다. • 건강한 직업의식이 중요하다는 것을 알게 되었다.

3) 진로 탐색

(1) 진로 탐색의 필요성

개념	진로 경로에 대한 탐색은 진로 설계의 필수 사항
학습 목표	꿈을 계획하는데 필요한 진학과 학교별 교육의 의미 및 진로 경로 탐색의 중요성을 알게 한다.
주요 교육 요소	진로 경로, 진로 수업, 교육체계, 고등학교의 다양한 유형, 계열별 교육의 특성, 진로의 탄력성, 진로 탐색의 중요성, 고등학교 졸업 후의 진로, 학과와 직업

진단평가 항목	• 진로의 연속성을 알게 되었다. • 진로 수업은 진로 설계에 많은 도움이 되었다. • 우리나라 학교급별 교육체계를 알았다. • 다양한 형태의 고등학교 유형과 진로를 알게 되었다. • 계열별 고등학교 교육의 특성을 이해하고 나의 진로 계획표를 세울 수 있게 되었다. • 나의 꿈을 실현하는 다양한 길에 대해 생각하게 되었다. • 나의 진로를 설계하는 데에 다양한 진로 경로와 고등학교 진학에 대한 탐구가 중요하다는 것을 알게 되었다. • 고등학교를 선택하는데 고등학교 졸업 후의 계획까지 필요하다는 것을 알았다. • 고등학교와 대학에서 배우는 공부가 직업과 연관성이 많다는 것을 알았다.

(2) 직업정보 탐색

개념	다양한 직업에 관한 정확한 정보를 획득
학습 목표	자기 주도적으로 다양한 직업 세계와 진로 경로를 탐색할 수 있게 한다.
주요 교육 요소	자기 주도적 탐색, 다양한 직업정보, 직업 체험활동, 직업 활동(비즈쿨), 진로 캠프, 직업정보의 중요성, 외래전문가 강의, 직업의 역할과 특성, 진로상담(직업정보 탐색 관련)
진단평가 항목	• 진로 탐색은 자기 주도적으로 해야 한다는 것을 알았다. • 나의 꿈을 이룰 수 있는 다양한 직업에 대한 정보를 얻었다. • 직업 체험활동을 통하여 실제적인 직업정보를 얻었다. • 직업 활동을 통하여 직업에 대한 실무적 경험을 얻었다. • 진로 캠프를 통하여 다양한 직업에 대한 보다 정확한 정보를 얻었다. • 진로를 설계하는데 직업에 대한 정확한 정보가 중요하다는 것을 알았다. • 외래 강사들의 강의를 통해 직업에 대해 보다 실제적인 정보를 얻게 되었다. • 직업정보 탐색을 통하여 직업의 역할과 하는 일의 특성을 알게 되었다. • 내가 관심 있는 직업에 대해 진로상담을 한 적이 있다.

4) 진로 디자인과 준비

(1) 진로 의사 결정 능력 개발

개념	진로 장애 해결을 통해 자신의 진로 의사를 결정할 수 있는 능력 함양
학습 목표	진로 의사결정 과정에서 자신이 가진 장점과 약점을 활용하여 진로 장애를 극복할 수 있다.
주요 교육 요소	진로 결정 주체, 진로 의사, 진로 결정 과정, 진로 요소, 진로 장애 극복 사례, 해결 방법, 객관적인 진로 의사 결정의 중요성, 직업과 자신에 대한 객관적 정보, 합리적 판단

진단평가 항목	• 진로 의사 결정의 주체는 자신이라는 것을 알았다. • 진로에 대한 명확한 목표를 갖게 되었다. • 진로 의사 결정의 과정과 방법을 알게 되었다. • 진로 의사를 결정하는데 필요한 요소를 알게 되었다. • 직업에 따라 장애가 되는 객관적인 문제점들이 있다는 것을 알았다. • 진로 장애와 관련한 극복 사례를 조사하였다. • 자신의 진로 의사를 객관적인 상황을 살펴 결정하는 것이 중요하다는 것을 알게 되었다. • 진로 의사 결정을 위해 자신과 직업 세계에 대한 객관적 정보가 중요하다는 것을 알았다. • 진로 의사를 자신의 상황에 맞게 합리적으로 판단하게 되었다.

(2) 진로 설계와 준비

개념	진로 계획 수립과 이의 실천
학습 목표	자신의 진로 목표를 세우고 이에 따라 선택한 고등학교 진학을 체계적으로 준비할 수 있도록 한다.
주요 교육 요소	진로 목표, 진로 학습 계획, 진로상담(진로 설계 관련), 고등학교 선택, 진로 설계, 진로 장애 극복, 고교 이후의 진로 목표, 진로 참고모델, 개별 포트폴리오
진단평가 항목	• 단계별 진로 목표를 세웠다. • 나의 진로 과정에 필요한 항목별 체크리스트를 만들었다. • 진로 설계와 관련하여 진로상담을 받은 적이 있다. • 나의 진로에 맞는 고등학교를 잠정적으로 선택하였다. • 내가 원하는 고등학교 진학에 필요한 사항들을 알았고 그에 대한 준비 계획을 세웠다. • 나의 진로 목표와 진로 장애를 알고 나의 진로 의사를 결정할 수 있게 되었다. • 고등학교 졸업 후의 진로에 대해 계획을 세웠다. • 성공한 사람들의 사례 중에서 나의 역할모델을 찾았다. • 진로 의사 결정과 관련한 나의 진로 포트폴리오를 만들었다.

II

진로교육 대상으로서의 직업

사람들이 일상생활에서 하는 일은 아주 다양한데 그중에서 어떤 일은 직업으로 간주하고 어떤 일은 직업이 아닌 것으로 구별한다는 것은 그렇게 쉬운 일은 아니다.

특히 모든 사회적 영역에서 일반적으로 통용될 수 있도록 직업을 구분한다는 것은 더욱 어렵다. 왜냐하면 일 자체의 목적이나 내용에 따라 직업을 구분할 수도 없고, 사람의 일하는 목적에 따라 구분할 수도 없으며, 일의 대가로 얻을 수 있는 경제적 수입 획득 방식을 기준으로 구분할 수도 없기 때문이다.

그렇다고 직업을 복합적인 기준에 따라 구분한다면 직업을 구분하는 의미가 없을 정도로 직업의 종류가 많아질 수 있다고 생각한다.

그래서 직업에 대한 분류는 특정 목적을 기준으로 행해지는 경우가 종종 있다. 이는 분류하는 목적에 따라 만들어진 분류체계를 적용하기 때문에 이를 기타 목적이나 영역으로까지 확대 적용하는 것은 문제가 있을 수 있다. 예를 들면 행정상의 편의를 위해 분류한 직업분류체계를 교육 영역에서 그대로 사용하면 직업에 대한 교육이 자칫 목적을 상실할 수 있다는 것이다.

따라서 우리는 진로교육에 있어서 직업의 의미부터 살펴보는 것이 바람직할 것 같다.

1 절 직업의 개념적 속성

우리가 교육 현장에서 자주 직업교육을 이야기하는데 과연 어떤 사회적 활동이 직업인지를 생각하지 않을 수 없다. 자칫하면 직업교육을 한다는 것이 봉사활동을 교육하는 경우가 생길 수 있기 때문이다. 직업교육은 윤리교육이 아니기 때문이다.

그런데 실제로 직업에 대한 공식적인 정의(定義)가 없기 때문에 직업이라는 단어가 포함되어 사용되고 있는 데에서 직업에 대한 의미를 찾아볼 수밖에 없다고 생각한다.

직업안정법 제2조의 2 제2호에 "'직업소개'란 구인 또는 구직의 신청을 받아 구직자(求職者) 또는 구인자(求人者)를 탐색하거나 구직자를 모집하여 구인자와 구직자 간에 고용계약이 성립되도록 알선하는 것을 말한다"고 규정하고 있다. 여기서는 직업을 '고용 상태'라 생각하여 직업소개를 고용자와 피고용자를 중개하는 것으로 보고 있다.

근로자직업능력개발법 제2조 제2호에서는 "'직업 능력 개발 훈련'이란 근로자에게 직업에 필요한 직무수행능력을 습득·향상시키기 위하여 실시하는 훈련을 말한다."고 정의하고 있는데 직업에 대한 구체적인 언급이 없이 직업을 구성하고 있는 한 요소로서 직무의 존재를 보여주고 있다. 즉 직업능력과 직무수행능력을 동일선상에 놓음으로써 직무수행 행위를 직업으로 보고 있다.

직업교육훈련촉진법 제2조 제1호에서도 "'직업교육 훈련'이란 「산업교육진흥 및 산학협력촉진에 관한 법률」 및 「근로자직업능력개발법」과 그 밖의 다른 법령에 따라 학생과 근로자 등에게 취업 또는 직무수행에 필요한 지식·기술 및 태도를 습득·향상시키기 위하여 실시하는 직업교육 및 직업훈련을 말한다."고 규정함으로써 역시 직무수행 행위를 직업으로 보고 있다.

그런데 진로교육법 제2조 제3호에서도 "'진로 체험'이란 학생이 직업 현장을 방문하여 직업인과의 대화, 견학 및 체험하는 직업 체험과 진로 캠프·진로 특강 등 학교 내외의 진로교육 프로그램에 참여하는 활동을 말한다"라고 규정하고 있는데 여기서도 직업 체험이 어떤 활동에 대한 체험인지 모호하다.

중등학교 교육과정에서도 '진로와 직업' 교과 내용에 직업정보를 탐색한다고 하는데 역시 마찬가지로 직장에 대한 탐색인지, 직무에 대한 탐색인지 그 대상이 모호하다.

프로 축구팀에서 일하는 축구선수와 동네 친목 단체 소속 축구선수는 직업이라는 측면에서는 서로 다른데 단지 축구를 하는 것을 체험했다고 하여 프로축구선수라는 직업을 체험했다고 할 수 없기 때문이다. 축구를 하는 방식이 다르기 때문이 아니다. 다 같은 방식의 축구이지만 프로축구선수에게는 직업이지만 동네 축구선수에게는 축구가 직업이 아닌 운동이기 때문이다.

그러면 무엇이 직업으로서의 축구이게 하는지를 알아야 축구선수라는 직업을 이야기할 수 있을 것이다. 즉 직업으로서의 축구와 운동으로서의 축구가 무엇이 다른지를 알아야 축구선수라는 직업을 교육하든지 체험하든지 하게 할 수 있을 것이다.

오늘날 사회에서 일상적으로 '직업'이라는 용어를 사용하여 의사소통을 하고 있기 때문에 직업에 대한 개념의 공감대는 어느 정도 형성되어 있다고 할 수 있다. 다만 구체적으로 '직업이 무엇이냐?' 하는 문제가 사회적으로 대두되지 않았기 때문에 직업의 범주가 모호할 뿐이다.

직업의 정의에 관해 국어사전에서는 직업을 "생계를 위하여 일상적으로 하는 일"[11]이라고 정의하고 있다. 직업의 개념에 대한 가장 넓은 의미의 정의라 할 수 있는데 이를 그대로 직업의 일반적인 개념으로 수용하는 것은 무리가 있다. 왜냐하면 일반적인 사회적 가치관에 반하는 '도박'과 같은 활동도 직업으로 인정해야 하는 경우가 있기 때문이다. 따라서 직업의 개념에 대해 보다 심도 있게 살펴볼 필요가 있다.

일반적으로 개념에 접근할 때는 개념의 본질에 대한 직접적인 접근이 있고 또 하나는 다른 유사 개념과 비교하여 그 본질적 특성을 파악하는 방법이 있다.

'직업'이란 용어의 개념은 논의되는 환경에 따라 다양한 의미로 통용되고 있는 현실을 고려할 때 본질에 대한 직접적인 접근보다는 우리가 직업과 관련하여 이미 알고 있는 유사 용어와 비교하여 직업의 차별성을 찾아내는 방법이 직업의 의미를 이해하는 데 보다 효과적이라 생각한다.

직업과 관련하여 자주 사용하는 유사 용어로는 '일', '생업', '활동', '직장', '직위', '직무' 및 '직책' 등이 있는데 이런 용어들은 말하는 상황에 따라 때때로 '직업'이라는 말을 대신하기도 한다. 이러한 용어들은 근본적으로 '직업'과는 다른 개념을 가지고 있지만 이들 용어의 의미를 서로 비교하면 직업이 갖는 속성을 보다 쉽게 찾아볼 수 있다.

1) 일과 직업

먼저 일과 직업을 비교해보면 '일'은 국어사전에 "①무엇을 만들거나 이루기 위해서 몸을 움직이고 머리를 써서 하는 인간의 활동 또는 그 활동의 대상. ② 생계나 벌이를 위한 노동이나 직업"[12]으로 그 개념을 정의하고 있다.

사람이 하는 대부분의 활동이 일의 범주에 들어가며 직업 활동 역시 일의 일종이라 할 수 있다. 그래서 직업이 발달하기 전에는 직업이란 용어는 단지 일의 종류를 가리키는 용어에 지나지 않았다고 본다. 말하자면 본격적인 산업 활동이 시작되기 전에는 '직업'이나 '일'은 거의 같은 의미를 가졌다고 하겠다.

---

11   엣센스국어사전, 민중서림, 2003년

12   ibid.

직업은 산업혁명 이후 기계화와 더불어 다양하게 발달하는데 그 이전에는 일 자체가 곧 직업이었다. 그래서 무슨 일을 하느냐는 곧 무슨 직업을 가지고 있느냐와 같은 물음이었다.

그런데 기계화로 대변되는 산업혁명을 계기로 시장경제가 들어서면서 대량생산을 하게 되자 일과 관련된 부수적인 다른 일, 즉 상품 운반, 저장과 같은 일들이 생겨나고 이들의 상황을 기록하는 행정과 회계 사무도 생겨났다. 그리고 각각 시장경쟁력을 갖추기 위하여 전문화되면서, 일이 전통적으로 추구하던 생산이라는 활동과는 다른 종류의 새로운 직업이 형성되어 갔다.

'직업'은 이러한 상황의 발전과 더불어 생겨났기 때문에 '일'에 비하여 늦게 생겨난 개념이다. 어떤 점에서 보면 직업이라는 개념은 일의 발전 과정에서 생겨난 것이다. 일상적인 '일'이 직접적인 소비보다는 시장에서의 판매를 중심으로 발전하게 되면서 분업화와 전문화가 이루어진다. 비록 이러한 일들은 생산 활동은 아니지만 상품의 경제적 값어치를 유지 내지는 향상시키는 역할을 하게 되면서 사회적으로 1차적인 활동인 생산과는 다른 역할성과 독자성을 인정받으며 직업이라는 개념이 탄생하게 된 것이다.

일과 직업을 혼동하는 것은 직업이라는 개념의 이러한 형성 과정에 대한 생각 없이 과거부터 사용하던 일상적인 방식으로 말하기 때문이라 하겠다.

2) 직장과 직업

직장은 보수를 받으며 일하는 곳을 말한다. 즉 직업이라는 것이 생겨나면서 직장이라는 용어도 생겨났는데 단순히 일하는 곳이 아니고 보수를 받으면서 일을 하는 곳을 의미한다. 즉 '일에 보수라는 개념이 들어간 직업'이라는 활동을 하는 곳을 의미하기에 직장은 직업이라는 개념을 바탕으로 한다고 할 수 있다. 이런 연유로 직장을 직업이라는 말과 같은 의미로 사용하기도 하는데 이 역시 직업 발생 초기에 있었던 현상이라 생각한다. 왜냐하면 직업 발생 초기에는 직업의 종류도 많지 않았지만 같은 직업 활동을 하는 직장도 별로 없어 직업 활동 자체가 곧 직장을 의미하기도 했다. 그래서 상표나 회사 브랜드와 같은 것은 그

당시에 별로 의미가 없었다.

1930~40년대의 우리 사회에서 "당신은 무슨 일을 하십니까?" 하고 물으면 "네, 우산 공장에서 일하고 있다."라고 대답하는 것으로 서로 의사소통이 이루어졌다. 직업이 무엇이냐고 물었는데 우산 공장이라는 직장을 대답한 것으로 족했다. 당시에는 산업이 그다지 발달하지 않아 한 지역에 우산 공장은 없거나 있어도 하나밖에 없는 경우가 대다수이기 때문에 직장으로 직업과 하는 일을 모두 표현할 수가 있었다. 그래서 직업과 직장을 구분 없이 사용해도 별문제가 없었다.

그리고 '일터'에서 '직장'으로 명칭이 진화한 것은 직장에서 하는 일이 그냥 일이 아니고 '보수'라는 개념이 전제되는 일을 하는 곳이기 때문이었다. 즉 일반적인 일이 아니고 보수를 받기 위해 하는 직업적 활동을 하는 곳이라는 것이다. 직업에 대한 의식이 깃든 것이다. 따라서 직장과 직업은 동의어로 곧잘 사용되어 왔다.

직업과 직장은 개념적으로 이렇게 이어져 있지만 오늘날 직장에서 이루어지는 직업 활동은 다양하게 분화되어 있기 때문에 직장이 더 이상 자신이 하고 있는 직업을 대변해 줄 수 없는 상황이 되었다. 한 직장 안에도 기획직, 생산직, 영업직, 사무직 등 여러 종류의 직업적 활동이 있다. 따라서 직장과 직업은 이제 구별하여 사용하는 것이 타당하다. 그럼에도 불구하고 오늘날에도 여전히 직장과 직업을 혼용하고 있는 것이 현실이다. 누가 여러분들에게 '무슨 일을 하십니까?' 혹은 '직업이 무엇입니까?' 하고 물을 때 '국어 교사이다.'라는 대답 대신에 '학교에 나갑니다.'라고 대답하는 것이 그런 경우라 하겠다. 공립학교는 가르치는 교사와 행정을 하는 행정직 공무원, 학교 시설을 관리하는 기능직 공무원 등 다양한 직업적 활동이 있기에 '학교에 나간다'로 직업을 구별할 수가 없다. 이처럼 직장과 직업을 이제는 구별해야 한다.

3) 직무와 직업

직무는 직업적으로 하는 활동의 내용을 말한다. 좀 더 구체적으로는 "개인이 달성하기에 적합하도록 배분된 업무와 이에 따른 권한, 의무의 집합"[13]이라고 규정한다. 그래서 하나의 직업이 갖는 직무는 여러 가지로 많은 것이 일반적이다.

만화가라고 하면 만화 스토리도 직접 쓰고, 콘티 작업도 하며, 펜 터치, 배경 작업, 색채 작업 및 말풍선 작업까지 모두 하는데 이런 세부적인 작업들이 곧 만화가의 직무에 해당한다고 하겠다. 그래서 만화가라는 직업과 만화가의 직무는 다른 말이다. 직업이 무엇이냐고 물었을 때 만화가라고 대답하는 것은 맞지만 '만화를 그립니다'라고 대답하는 것은 잘못된 것이다. 직업을 물었는데 직무를 대답했기 때문이다. 만화가는 만화를 그리는 작업 이외에 만화 스토리도 만들고 내용의 전개도 구상해야 하며 칸 배정과 배경 작업도 해야 하는 등 여러 가지 작업을 하기 때문에 직무 중의 하나인 '만화를 그린다'를 가지고 직업을 대변한다고 할 수 없다.

하지만 요즈음에는 그런 대답도 할 수 있게 되었다. 오늘날 만화가 인기 산업으로 발전하면서 만화를 효율적으로 제작하기 위해 분업화가 이루어졌는데 그 결과로 직무 중의 일부가 독립하여 하나의 직업으로 진화했기 때문이다. 즉 만화가의 직무가 직업으로 발전한 것이다. 물론 모든 직무가 다 직업으로 된 것은 아니고 스토리 작성이나 콘티 작업 등 일부만 직업으로 분화하였다. 그래서 요즈음에는 만화가라는 직업과는 별도로 만화스토리작가나 콘티작가라는 직업이 생겨난 것이다.

더불어 오늘날 만화가라는 직업은 어떤 일을 하는 직업인지 다시 한번 생각해봐야 하는 시점에 놓여있는 것 같다. 왜냐하면 만화가에서 만화 스토리와 콘티 작업을 빼버리면 만화가가 할 일이 그리는 작업 외에는 없어지기 때문이다. 자칫 만화가라는 직업이 사라질 수도 있는 것이다.

그러면 스토리 작업이나 콘티 작업이 직무였을 때와 직업이 되었을 때는 무엇이 다르며 무엇 때문에 직무에서 직업으로 발전하게 되었을까?

---

13 한국부동산원(구 한국감정원) 직제규정 제3조제4항

무엇보다도 그 작업에 전문적으로 종사하는 사람들이 많아야 하며, 작업하는 체계의 독자성과 전문성이 사회적으로 인정받아야 한다. 즉 작업 자체가 나름대로 독립된 작업 체계를 가진 하나의 전문적인 일로 전문가가 아닌 일반인이 쉽사리 대체할 수 없다는 것을 사회적으로 공감해야 하는 것이다.

군 특수부대가 대테러진압 업무를 수행했을 때 대테러진압 작전은 특수부대원들의 직무 중 하나였지 별개의 직업은 아니었다. 그러나 대테러진압 업무가 일반 사회로 넘어와 군대가 아닌 치안 행정력에 의해 수행되면서 군사 조직과는 달리 경찰특공대라는 대테러진압을 전문적으로 담당하는 직업이 생겨난 것도 그러한 예에 속한다. 이처럼 직업은 직무와 달리 독자적인 업무 체계가 사회적 인정을 받아야 하며, 그 업무에 종사하는 다수의 사람이 있어야 하고, 작업의 전문성이 있어야 한다.

4) 직위, 직책, 그리고 직업

직위와 직책이라는 용어는 직업과는 다른 개념의 용어라고 누구나 생각할 것이다. 그러나 현실에서는 직위와 직책을 직업과 같은 용도로 사용하고 있는 경우도 더러 있다.

상담 시에 학생 아버지의 직업을 알아보기 위하여 "너의 아버지는 무슨 일을 하시니?"라고 물었을 때 학생이 "우리 아버지는 경찰서장이다."라고 대답했다면 전혀 어색함 없이 소통이 이루어지는 대화라 할 것이다. 하지만 이 대화에서는 직위가 직업의 의미로 사용되고 있다.

직위는 개인이 갖는 직무 체계상의 위치[14]를 말하고, 직책은 직무 체계상 맡아서 수행해야 하는 활동의 내용 및 그 활동에 따르는 권한과 의무를 말하는 것으로 둘 다 직업과는 다른 개념의 말이다. 그런데도 이러한 대화가 가능한 것은 직업에 대한 개념이 분명하지 않은 상태이지만 학생이 대답하는 말에서 직업을 유추할 수 있기 때문이다.

---

14 한국부동산원(구 한국감정원) 직제규정 제3조 제5항 참조

그러나 이러한 유추가 쉽지 않은 경우, 즉 '감사과장'이나 '교감 선생님'이라고 대답했다면 상담교사는 다시 "공무원이시냐?" "회사에 다니시냐?" "초등학교냐? 중학교냐? 아니면 고등학교 교감 선생님이시냐?" 하고 다시 물어봐야 한다. 그리고 학생의 대답에 따라 또다시 계속 더 물어야 학생 아버지의 직업을 확인할 수 있다.[15] 이처럼 직위나 직책은 직업과 다른 의미의 용어인데도 직업과 같은 의미를 가진 단어로 사용한다면 정확한 의사를 제대로 전달하지 못하는 경우가 생길 수 있다.

직업이 직위나 직책과는 다른 가장 큰 차이점은 직업에 필요한 기술이나 자격을 갖추었을 때 누구나 입직 과정을 거쳐 그 직업에 바로 종사할 수 있어야 한다는 점이다. 직장 내부의 승진으로 가질 수 있는 직책이나 직위는 직업이라고 할 수 없다.

예를 들면 지금의 지방자치가 시행되기 전인 시나 도의 장이 임명제였을 때의 도지사, 시장, 군수 또는 구청장은 직위이지 직업이 아니었다. 그들의 직업은 공무원이었다. 그러나 지방자치제도가 실시되면서 피선거권을 가진 국민은 누구나 선거라는 입직 과정을 거쳐서 도지사, 시장, 군수 또는 구청장이 될 수 있게 되었다. 따라서 오늘날에는 대통령이 직책이면서 직업이듯이 도지사, 시장, 군수 또는 구청장도 직책이면서 직업이 되었다.

현재 통계청에서 발간한 '한국표준직업분류'에서는 시장이나 사장뿐만 아니라 경찰서장이나 소방서장도 직업[16]이라 하니 교육적인 차원에서는 그 타당성을 다시 한번 생각해봐야 할 것이다.

5) 생업과 직업

직업과 많이 섞어 사용하는 말 중에 생업이라는 용어가 있다. 국어사전에서

---

15   2020 한국직업사전, 한국고용정보원, 2019. 12. p.33, p.44 참조
16   제7차 한국표준직업분류 항목표 11103, 11104, 11201, 12110, 13121, 13122, 13123, 13132 참조

는 생업을 '살아가기 위해 하는 일. 직업'[17]이라고 정의하고 있다.

그런데 국어사전에는 직업을 "생계를 유지하기 위하여 자신의 적성과 능력에 따라 일정한 기간에 계속하여 종사하는 일(표준국어대사전)", 또는 "생계를 위하여 일상적으로 하는 일(엣센스국어사전)", "개인이 사회에서 생활을 영위하고 수입을 얻을 목적으로 한 가지 일에 종사하는 지속적인 사회 활동(우리말샘)"이라 정의하고 있다.

이를 보면 직업은 생업에 비해 '적성과 능력에 따라', '지속적'이라는 것이 다를 뿐 같은 내용이다. 또한 생업도 나름대로 모두 어느 정도는 지속적으로 유지되며 어느 정도 자신의 기술이나 신체적 조건에 따라 일을 한다는 점에서 직업과 생업 간의 사전적 의미 차이는 크게 없다. 중국에서는 현실적으로 생업(生業)을 직업과 같은 의미로 사용하고 있다.

하지만 직업에 대한 사전의 이러한 정의는 과거의 개념을 바탕으로 한 것으로 오늘날에는 적합하지 않다고 본다. '생업'은 사회생활을 영위하기 위해 자신과 가족에게 필요한 생활비를 벌기 위해 일정한 기간 지속적으로 하는 육체적 활동이나 정신적 활동을 뜻한다고 하겠다. 즉 생활비 버는 것을 주목적으로 제공하는 노동을 말한다.

하지만 직업은 생활비를 벌기 위해 노동을 제공한다는 점에서는 '생업'과 같지만 자신의 '사회적 지위', '명예', '자기 의지와 가치의 실현' 등을 직업 활동을 통해 추구한다는 점에서 생업과는 다르다. 통상적인 아르바이트나 노동시장에서의 '일일노동' 또는 단기간의 비정규직 노동 등이 생업은 되지만 직업이 될 수 없는 이유라 하겠다.

6) 직업의 특성

이상에서 직업과 유사 명칭들을 비교해본 결과 우리는 직업에 대해 다음과 같은 차별점을 찾아볼 수 있다.

---

17 엣센스국어사전, 민중서림, 2003년.

- 직업은 전문적이고 다른 작업과의 연관성 속에서 사회적으로 인정받는 독자적인 업무 체계를 갖는 정신적이거나 육체적인 활동을 말한다.
- 직업은 봉사활동과 달리 자신과 가족이 사회생활을 영위하는데 필요한 재화를 보수로 요구하는 활동이다.
- 직업은 많은 사람들이 같은 일에 종사하는 활동이어야 한다.
- 직업은 장기간에 걸쳐 일상적으로 종사하는 활동이어야 한다.
- 직업은 직무를 수행하는데 요구되는 일정한 조건, 즉 기술과 자격을 갖추면 누구나 입직 과정을 거쳐 종사할 수 있다.
- 직업은 직무 활동을 통하여 자신의 사회적 지위와 명예, 자기 의지와 가치를 실현할 수 있는 지속적 활동이다.

따라서 직업은 사람이 사회생활을 영위하고 생계를 유지하기 위하여 수입을 얻을 목적으로 사회 속에서 자신의 적성과 능력에 따라 일정한 기간 계속하여 종사하는 전문적이거나 독자적인 작업 체계를 가진 일이나 활동의 총체를 말한다.[18]

---

18 직업의 의미와 관련하여 다양한 사람들의 정의를 살펴볼 수 있는 자료 – (김은경, '직업 경험자의 진로 전환 이유에 관한 방법론적 분석'(직업의 의미), 부산대학교 대학원 교육학과 석사학위논문, 2019. 12. 26., pp. 6-7.)

2절 산업사회와 직업의 출현 과정

직업이 생계를 위한 활동이라는 가장 기본적인 관점에서 살펴보면 태초부터 인간의 모든 활동이 직업적 활동이라고 볼 수도 있다. 생존하기 위해 끊임없이 먹이활동을 했기 때문이다.

사회체제가 형성된 이후에는 원시시대처럼 생존을 위해 직접적인 노동은 하지 않았지만 그 속에서 자신에게 부여된 직분을 수행하는 차원에서 일하였다. 직업의식이 형성된 오늘날과 같은 직업의식은 없었다.

그러나 산업혁명 이후 기계가 인간의 노동을 대신하면서 대량생산이 이루어지자 물물교환의 차원을 넘어서는 시장경제를 출현시켰다. 이와 더불어 자급자족식의 소비를 목적으로 생산하던 것이 시장에서의 판매를 위해 생산하는 것으로 바뀌어 갔다.

자급자족식 경제에서는 노동을 통해 자신의 생활에 필요한 물품을 생산하지만 시장경제에서는 노동을 통해 다른 사람들에게 필요한 물품을 생산한다. 자신을 위해 노동하는 것이 아니고 타인을 위해 노동하며 그 대가로 자신의 생존을 유지하는 형태로 바뀐 것이다. 말하자면 직접적인 생존방식에서 우회적인 생존방식으로 노동의 범주가 변화되어 생활에 필요한 물품을 얻는 과정이 길어졌다고 하겠다. 이는 기계생산이 가져온 필연적 결과였는데 기계생산은 사람이 하는 생산 활동과 그 성질이 다르기 때문이다.

사람은 개인이 자체적으로 완성된 노동력을 가지고 있기 때문에 한 사람이 여러 종류의 상품을 생산할 수 있다. 이러한 다품종 소량 생산을 목적으로 하는 고립 경제활동 방식은 물리적으로 한계성을 가지고 있기 때문에 많은 물품을 생산할 수는 없다. 즉, 자신의 생존에 필요한 의식주와 관련된 다양한 물품을 생산할 수 있지만 한 사람이 많은 사람의 생존에 필요한 물품을 생산할 수는 없는 것이다.

그러나 기계를 이용한 노동력은 물리적으로 사람의 노동력을 월등하게 능가하기 때문에 대량생산을 할 수 있다. 하지만 기계는 사람과 달리 스스로 움직일 수 없고, 만들어진 목적 이외의 다른 일을 할 수 없다는 특성을 가지고 있다. 사람은 자율적으로 스스로 움직여 일을 하지만 기계는 스스로 못 움직이기 때문에 이를 움직여 줄 사람이 필요하다.

그런데 기계는 비록 이를 소유하고 있는 사람의 것이지만 기계 스스로 움직이지 못하고 기계를 소유한 사람 혼자서 운용할 수도 없다는 큰 결점이 있다. 소유한 사람이 혼자서 사용할 수 있는 호미나 괭이와 같은 농기구와는 달리 사람이 혼자서 사용하는 것이 힘들다. 기구와 기계의 차이점이라 하겠다(기계의 이러한 불편함이 오늘날에는 많이 개선되어 자동차와 같이 혼자서 운전할 수 있게 된 것도 있지만 옛날에는 혼자서 움직이는 것이 힘들었다).

따라서 기계를 소유한 사람은 기계를 운용하기 위해 다른 사람들의 노동력이 필요하게 되었고, 그 노동력을 얻기 위해 기계 소유자는 노동의 대가를 지불하게 되면서 임금제도가 발생하게 되고 직업이라는 노동 활동이 자가 생산 활동과는 별도로 생겨나게 된 것이다. 즉 자신의 생활에 필요한 물품을 생산하기 위한 것이 아니고 임금을 받기 위해 노동하는 형태가 생겨난 것이다. 바로 직업노동이 갖는 근원적 특성이라 하겠다.

이러한 측면에서 오늘날 직업이라는 개념은 근대에 들어와서 생겨났으며 단순히 생활에 필요한 물품을 생산하는 노동과 구분된다.

1) 산업사회와 직업의 발달

국립국어원에서 펴낸 표준국어대사전에서는 산업을 "인간의 생활을 경제적으로 풍요롭게 하기 위하여 재화나 서비스를 생산하는 사업."이라고 1차적으로 정의하면서 "농업·목축업·임업·광업·공업을 비롯한 유형물(有形物)의 생산 이외에 상업·금융업·운수업·서비스업 따위와 같이 생산에 직접 결부되지 않으나 국민 경제에 불가결한 사업도 포함하며, 좁은 뜻으로는 공업만을 가리키기도 한다."고 부가적으로 정의하고 있다. 이는 산업(Industry)의 형성적 측면에서 내린 정의이다.

영어 Industry는 활동이나 활용을 의미하는 라틴어 Industria에 어원을 두고 있는데 반드시 기계에 의한 생산 활동만을 의미하지는 않는다. 손으로 생산하는 수작업 활동도 산업의 범주에 들어가는데 그렇다고 모든 수작업 활동을 산업 활동으로 간주하지는 않았다. 어느 정도 생산 규모가 있을 때 산업이라 할 수가 있었다.

그런데 원동기가 발명되면서 기계가 생산 현장에 나타나자 대량생산이 이루어졌으며 이는 각종 산업의 발달로 이어졌다. 기계가 등장하기 전과는 비교할 수 없을 정도로 생산량이 급격하게 증가한 것이다. 이러한 관점에서 볼 때 산업의 발달을 이끈 것은 1차적으로 기계에 의한 생산 활동으로 대표되는 공업이라 할 수 있다.

그런데 기계적 대량생산이라는 것은 한 가지 상품만 대량으로 만들어내기 때문에 혼자서는 소비하지 못하고 반드시 다른 사람에게 판매해야 한다. 물물교환 방식으로 소비하기에는 양이 너무 많기 때문에 다수의 소비자를 찾아 판매하는 시장경제가 필요할 수밖에 없다. 기계적 대량생산은 생산 활동 이외에 생산 못지않게 중요한 유통과 소비활동을 부가적으로 요구하게 되었다. 기계로 대량생산을 한 상품은 그 자체로 가치를 가지고 있지만 어디까지나 잠재적 가치이고 그 가치가 발휘되는 것은 소비자가 소비할 때다. 소비되지 않는 상품은 결국 가치를 발휘하지 못하고 폐기된다. 상품의 폐기는 경제적 이익을 얻으려는 생산자의 입장에서 최악의 상황이 된다. 그래서 생산된 상품의 가치를 유지한 채로 판매를 거쳐 소비자에게 전달해주는 작업이 생산 활동 못지않게 중요하다. 따라서 오늘날 산업이라고 하면 "재화의 생산과 유통을 포함하는 총체적인 활동"[19]을 말한다.

결국 산업의 발달은 직업의 발달을 촉진시킨다고 할 수 있다. 물론 현대사회에서는 산업 이외의 분야에서도 다양한 직업이 발달해 있다. 하지만 아직까지도 가장 많은 직업 분야를 만들어내고 있는 것은 산업 및 산업과 관련한 분야라 할 수 있다.

〈2020년 한국의 직업 수 현황〉[20]

한국고용직업분류 대분류	본 직업	관련 직업	유사 명칭	합계
0. 경영·사무·금융·보험직	909	931	533	2,373
1. 연구직 및 공학 기술직	1,213	1,326	673	3,212
2. 교육·법률·사회복지·경찰·소방직 및 군인	205	776	122	1,103
3. 보건·의료직	138	78	90	306
4. 예술·디자인·방송·스포츠직	378	507	299	1,184
5. 미용·여행·숙박·음식·경비·청소직	175	133	156	464
6. 영업·판매·운전·운송직	244	589	185	1,018
7. 건설·채굴직	205	288	461	954
8. 설치·정비·생산직	2,498	1,966	1,482	5,946
9. 농림어업직	110	154	67	331
총계	6,075	6,748	4,068	16,891

한국고용정보원에서 발간하는 한국직업사전에서도 이러한 현상을 확인할 수 있다. 위의 도표 중에서 생산과 유통 관련 직업 분야는 '0. 경영·사무·금융·보험

---

19   Le Robert, Petit Robert 1, Paris, 1984.

20   한국고용정보원, 2020 한국직업사전, 충북 음성, 2019. 12. p. 7.

직, 1. 연구직 및 공학 기술직, 6. 영업·판매·운전·운송직, 7. 건설·채굴직, 8. 설치·정비·생산직, 9. 농림어업직' 등이 있는데 총 13,834개의 직업으로 전체 직업 수의 81.9%를 차지하고 있다. 이처럼 산업은 직업을 창출하는 주요 원천이라 하겠다.

따라서 산업이 발달하면 자연히 직업의 종류도 늘어나고 더불어 일자리도 늘어나게 된다. 그러면 사회 전체적으로 경제적 부(富)가 증가하게 되고 이를 바탕으로 사람들의 삶의 질을 향상시키기 위한 서비스업이 발달하게 된다.

하지만 산업의 발달이라는 것이 생각이나 아이디어로만 이루어지는 것이 아니다. 사람들에게 필요한 상품이라고 하여 모두 잘 팔리는 것이 아니기 때문이다. 필요성도 있어야 하지만 무엇보다도 중요한 것은 그 상품을 소비할 사람들의 경제적인 수준에 맞는 가격이 형성되어야 한다. 아무리 필요하고 디자인이 잘 된 상품이라도 가격이 너무 비싸면 소비자들은 구매할 수가 없게 된다. 그러면 상품은 판매가 안 되고 결국 생산자는 손해를 보게 되며 사업은 실패하게 된다. 물론 예술작품처럼 비싼 가격으로 팔리는 경우도 있다. 하지만 예술작품은 산업을 통해 생산되는 상품이 아니기 때문에 작품이 팔린다고 하여 직업이 늘어나거나 사회적 부(富)가 증가하지는 않는다.

말하자면 고도의 전문성을 가진 예술이나 학술적 활동은 그 자체로서는 가치가 있겠지만 이것이 하나의 산업으로 발전하는 것은 별개의 문제이다. 특히 직업과 관련해서는 더욱 그러하다.

2) 과학에서 직업으로의 과정

이론적 지식인 과학은 공학의 기본 바탕이고 공학은 기술의 기본 원리이며 기술은 무엇을 만들거나 작업을 수행하는 방법이나 그 방법을 실행하는 능력을 뜻한다. 그리고 기능(技能)은 기술을 행동으로 실현하는 요소들에 대한 가공 또는 제조 능력이다. 산업은 이러한 기술과 기능을 사용하여 사회나 사람들의 생활에 필요한 물건들을 만들어내는 단위 사업체들의 작업 활동을 총체적으로 일컫는 용어이다.

그러면 사람들은 과학이나 공학적 지식이 기술과 기능을 통해 형상화된 물품을 구매하여 사회적 목적이나 생활에 활용함으로써 보다 편리하고 능률적으로 작업하거나 문화생활을 누릴 수 있다. 여기에서 기술과 기능은 과학이나 공학적 지식을 물품에 효율적으로 담는 도구의 역할을 한다.

과학이나 공학적 지식은 그 자체로서는 사람의 생활에 도움을 주지 못한다. 그것이 사람의 생활에 유용한 자산으로 활용되기 위해서는 중간 매개체가 있어야 하는데 그것이 바로 기술과 기능이다.

과학(Science)이 이론적 지식이라면 공학(Engineering)은 과학을 이용하여 실제적인 사물(Thing, 事物)을 만드는 실천적 지식이다. 우리 사회에서는 공학을 기술(技術)이라고 해석하여 사용하는데 공학과 기술(Technology)은 차원이 다른 개념의 용어이다. 공학은 이론이지만 기술은 방법론적 행위이기 때문이다.

공학적 지식은 여전히 그 자체로는 실제 생활에 사용할 수가 없고 실제 생활에 사용할 수 있도록 변형해야 한다. 그리고 변형된 공학적 지식을 기술이라 하는데, 기술 또한 제대로 역량을 발휘하려면 기술을 적용하는데 필요한 각종 소재를 가공하는 능력이 있어야 한다. 이런 기초 능력을 기능(技能)이라 할 수 있는데 기술은 기능에 의해 제한받을 수 있다. 따라서 하나의 과학적 지식이 실제로 활용되려면 이상과 같은 과정을 거쳐야 하는데 이중의 어느 하나라도 문제가 있다면 활용은 사실상 불가능해진다.

그런데 이 모든 과정이 순조로이 진행되어 과학적 지식을 실제로 사용할 수 있게 되었다 하더라도 이를 대량생산을 하여 일반인들이 이용할 수 있도록 판매하는 것은 또 다른 과정을 거쳐야 한다. 만들 수 있다는 것과 상업적으로 생산할 수 있다는 것은 다른 문제이기 때문이다. 상업적 생산은 시장경제하에서 이윤 얻는 것을 목적으로 하기 때문에 투자액에 비하여 이윤율이 높아야 한다. 그렇게 되기 위해서는 판매가 무엇보다 중요하다. 이윤은 소비자들이 구매할 때 발생하기 때문이다. 말하자면 상품이 되었을 때 경제성이 있어야 한다는 것이다. 총판매액이 총투자액에 비하여 높은 이윤율이 가능한 현실적 조건을 갖추어야 한다.

그래서 과학이나 공학적 지식이 기술로 발전하더라도 산업으로 이어지려면 산업화라는 "죽음의 계곡"을 건너야 한다. 그런데 이 계곡을 건너는 데 성공하는 과학이나 공학적 지식 또는 기술은 아주 소수밖에 없다는 것이 현실이다. 모습 없는 무형의 창의적 지식이 형태를 지닌 사회적 재화로 태어난다는 것은 정말로 힘들고 어렵기 때문에 이 탄생과정을 죽음의 계곡이라 하는 것이다. 많은 창의적 생각이나 획기적인 발상이 사업적으로 성공하지 못하는 주요 이유이며 벤처나 스타트업기업의 성공률이 낮은 이유이기도 하다.

산업은 이론이나 기술이 훌륭한 것을 넘어 상품을 생산하고 판매하는 과정이 경제적이어야 하며 동시에 상품이 사회적인 필요성과 효용성을 가져야 비로소 형성될 수 있다. 왜냐하면 재화를 생산하는 데는 재료, 공간, 설비, 에너지, 인력 등이 필요하기 때문에 많은 투자금이 요구되는데 이런 투자금은 시장경제 체제하에서 대부분 이익을 목적으로 한다. 그래서 현실적으로 수익성이 보장되지 않는다면 투자금을 확보할 수 없기 때문에 아무리 좋은 물품이라 하더라도 산업화할 수 없다. 또한 현실적인 수익성이란 투자금에 비하여 단지 더 많은 자금을 회수한다는 것이 아니다. 투자 대비 수익의 비율이 높아야 하고, 자금 회수 기간에 비례하여 많아야 하고, 일반적인 양식 수준을 넘는 수익이 기대되는 것을 말한다. 그래서 투자의 생리에 맞게 생산 방법과 방식을 다시 재구조화하는 과정을 거쳐야 한다. 하지만 많은 기술이 이 과정에서 실패하는데 그 이유는 기술이 나빠서가 아니고 경제성이 떨어져 투자금을 확보할 수 없기 때문이다. 그래서 산업화가 이루어지지 않는다.

초기에 컴퓨터 기술이 개발되었을 때 컴퓨터 한 대를 만드는데 많은 시간과 자금을 투입하였다. 그런 컴퓨터는 사실 일반인들은 누구도 살 수 없었고 살 이유도 없었다. 하지만 특수기관에서는 컴퓨터를 유용하게 활용하였다. 그리고 특수기관에서의 활용이 끝나자 당시의 컴퓨터는 폐기되어 사라졌다.

당시의 컴퓨터는 지금 컴퓨터 제작과 비교해볼 때 엄청난 기간과 돈을 들여 만들었으며 그 크기도 지금의 컴퓨터와 비교할 수 없을 정도로 컸다. 경제성이란 관점에서는 낙제점을 받았지만 특수한 목적으로 위해 만들어 사용한 것이다. 그래서 일반인들에게 만들어 판매할 수는 없었기 때문이다. 일반인들이 구매하기에는 엄청나게 비쌌으며 그렇다고 판매가격을 낮추게 되면 컴퓨터 제작회사는 한순간에 망할 것이기 때문에 그렇게 할 수도 없는 것이다. 그래서 당시 컴퓨터는 특수한 사용 목적이 끝나자 사라져 버린 것이다. 컴퓨터가 산업으로 부활한 것은 그로부터 50년이란 세월이 지난 다음이다. 과학기술이 산업화라는 과정을 건너지 못한 대표적인 사례라 하겠다.

그러나 전쟁과 같은 특수한 상황에서 특수목적을 위해 개발·사용되는 군사용품 생산에는 경제성을 기준으로 하는 산업화 과정이 생략되기도 한다. 아무리 비싼 값을 지불하더라도 전쟁에서 승리해야 한다는 목적과 필요성이 경제성보다 앞서기 때문이다. 그 결과 죽음의 계곡을 건너지 않고 군수용이라는 특수한 과정을 거쳐 산업이 성장하는 경우도 많다. 항공우주산업과 같은 것이 대표적이라 하겠는데 특수과정을 거쳐 생산하고 사용하면서 산업화에 필요한 기술과 방법이 개발될 수 있기 때문이다.

이상과 같이 과학은 다음과 같은 경로를 거쳐 비로소 하나의 산업으로 발달할 수 있다.

산업의 발달 과정

그리고 산업이 형성되면 작업의 능률과 효율을 높이기 위해 1차 분업화가 진행되며 이후에는 다시 상품의 질을 향상하기 위해 전문성을 높이는 방향으로 2차 분업화가 진행된다. 그리고 이 분업화에 의해 새로운 직업이 생겨나는 것이다. 동시에 각각의 단계에서 상품의 가치를 보존하고 판매를 통해 수익성을 고도화하기 위해, 또한 상품을 활용한 각종 서비스를 제공하기 위해 각종 관련 직업들이 창출된다.

이렇게 생겨난 직업들이 우리가 사회에서 이야기하는 일반적인 직업들이라 할 수 있다. 하지만 이러한 직업 이외에 산업이 형성되기 이전의 단계에 대한 직업들도 있다. 즉 과학, 공학, 기술 및 산업화 과정 자체를 직업으로 삼고 활동하는 경우도 있는데 이러한 직업들은 숫자가 많지 않다. 또한 일반 직업들보다는 준비과정이 긴 경우가 많으며 직업 활동의 질적인 수준에서는 발전하겠지만 외형적 형태와 기초지식에 있어서는 큰 변동이 없다는 특성이 있다. 따라서 산업의 발달과 더불어 일반적인 직업은 다양하게 늘어나 취업의 문이 상대적으로 넓다고 하겠지만 방금 말한 그러한 직업은 일반적인 직업에 비해 그다지 많이 늘어나지 않기 때문에 소위 취업의 문이 상대적으로 좁다고 하겠다.

여기서 우리가 진로교육과 관련하여 주목할 점은 미래의 신기술이나 첨단과학이 학술적인 직업과는 관련성이 있지만 산업을 통한 일반 직업과는 직결되지 않는다는 것이다.

예를 들면 인공지능이 공학적 측면에서는 활발한 연구 대상이 될 수 있지만, 그리고 그런 연구를 하는 직업으로서는 의미가 있지만 인공지능 산업이 형성되어 이에 종사할 수 있는 직업이 형성되기에는 아직 많은 시간이 필요하다는 것이다. 따라서 인공지능과 관련한 직업을 교육한다는 것은 현시점에서 인공지능을 연구하는 직업과 이를 활용하는 작업을 실험적으로 연구하는 직업 이외에는 아직 없는 상황인데 이를 자동차산업에 종사하는 직업과 같은 수준의 직업으로 이야기하는 것은 문제가 있으며 학생들의 진로 설계와 판단에 혼란을 가져올 수 있다고 본다.

그래서 과학이나 공학적 지식이 직업으로 나아가기 위해서는 많은 시간이 필요하다는 것을 알아야 하며, 또한 과학이나 공학을 연구하는 직업을 우리가 말하는 일반적인 직업과 혼동해서는 안 된다.

3) 산업화 과정이 필요 없는 직업

앞에서는 과학이나 공학적 지식이 직업을 창출하는 경로를 살펴봤다. 하지만 모든 직업이 이런 경로를 거쳐 만들어지는 것은 아니다. 특별한 산업화 과정을 거칠 필요 없이 바로 작업을 할 수 있는 직업들도 많다. 대개 기존의 기술이나 시설 또는 장비를 이용하여 서비스를 제공하거나 전문기술을 활용하여 기술 서비스를 제공하는 일들이 그러하다.

한국표준산업분류체계에 따라 기술서비스업의 일종인 패션디자인산업[21]이나 음식점업의 일종인 외식산업[22]과 관련한 직업들이 대표적인 사례에 해당한다.

20세기 말에 우리나라는 동대문시장을 중심으로 패션산업이 급격하게 발달하였는데 그것이 가능하게 된 이유는 패션디자인 작업의 특성상 산업화 과정이 필요 없었기 때문이다. 패션디자인 작업은 창의적인 아이디어와 콘셉트가 있으면 바로 제품을 제작할 수 있었는데 그 이유는 패션과 관련한 기반 산업이 탄탄하게 발달해 있었기 때문이었다.

즉 옷을 만드는데 필요한 소재와 기술에 관한 기반 산업인 방적업(1310), 직물직조업(132), 섬유제품 염색, 정리 및 마무리 가공(134), 의복, 의복 액세서리 및 모피제품제조업(14), 봉제의복제조업(141)[23] 등이 이미 갖추어져 있었기 때문에 기존의 의복 생산체제에 디자인만 달리하면 얼마든지 바로 새로운 패션 감각의 의류를 생산할 수 있었다. 그래서 하나의 창의적인 디자인이 상품화되는 데 그다지 큰 문제가 없다. 다만 개인적인 특성이나 기호에 따라 손으로 제작하는 의상의 경우에는 투입되는 시간과 기술 및 재료 대비 경제성은 없지만 제작자의 명성과 그에 의해 생산되는 심미적 가치로 인하여 경제성이 보완되기 때문에 제작·판매하게 되는 데, 이는 산업 활동이 아니고 예술 활동의 일종으로 보아야 할 것이다. 따라서 패션디자인과 같은 디자인 작업은 수요자들의 트렌드에 부합되면 한순간에 산업으로 성장할 수가 있고 더불어 많은 일자리가 만들어진다.

패션디자인 작업과 같은 기술 서비스는 과학이나 공학적 지식이 직업을 만들어내는 것과 달리 비교적 용이하게 많은 일자리를 단기간에 창출할 수 있기 때문에 취업률을 높이려는 정부 기관에서 정책적으로 지원하는 경우가 많다. 하

---

21   통계청, 한국표준산업분류(2017), 2016. 12. pp. 688-689

22   ibid., 2016. 12. pp. 606-612

23   ( ) 안의 번호는 표준산업분류번호임.

지만 이런 분야의 직업은 새로운 것보다는 기존의 직업을 중심으로 종사자만 늘어나는 것이 특징이다. 그래서 패션산업은 유행을 좇아 급격하게 변화하지만 디자인이라는 서비스 수준에서의 변화일 뿐 정작 직업 구조는 그다지 큰 변동이 없다는 것도 특징 중의 하나이다.

그러나 패션디자인이 아닌 섬유디자인으로 들어가게 되면 상황이 달라진다. 다 같이 섬유를 취급하는 산업이지만 섬유디자인은 패션디자인과 달리 죽음의 계곡을 넘어야 한다. 섬유디자인은 오늘날 직조산업이 거의 기계화된 상황을 고려할 때 기계·기술적으로 가능할 경우에만 생산이 가능하기 때문이다. 물론 수제 직조의 경우는 예외적일 수 있으나 이 역시 수제직조기와 사람의 손이라는 한계성을 넘어서는 것이 현실적으로 쉽지는 않다고 하겠다.

외식업의 경우에도 새로운 맛을 만들어내는 작업이나 푸드스타일링과 같은 작업은 기존의 외식산업 구조에 변화를 가져오는 것이 아니고 단지 미각이나 후각적인 맛이나 시각적인 맛을 서비스하는 것이 다를 뿐이다. 따라서 외식산업 역시 산업화 과정이라는 죽음의 계곡을 건너지 않아도 음식물과 관련한 새로운 아이디어나 지식을 상품화할 수 있다. 그리고 그러한 시도가 소비자들의 기호에 부합하면 역시 한순간에 크게 성장할 수 있지만 새로운 직업이 만들어지는 것은 아니고 단지 일자리만 늘어날 뿐이다. 그래서 외식업 분야에서 새로운 직업을 구상한다는 것은 현실과 맞지 않은 시도라고 하겠다.

그러나 식품산업 방면으로 나아가면 이야기는 또 달라진다. 이 분야에서는 기존의 제조, 보관, 유통 시스템을 이용하던 상품의 질을 개선하고 서비스 수준을 향상시키는 작업을 할 수 있는 반면에 전혀 다른 식품을 다른 제조 및 유통 방식으로 개발할 수도 있다. 전자의 경우에는 새로운 지식을 즉각 현장에 적용할 수 있지만 이로 인해 새로운 직업이 생겨나지는 않는다. 하지만 후자의 경우에는 새로운 직업이 출현할 수도 있지만 이 경우에는 산업화 과정이라는 작업을 거쳐야 한다. 따라서 새로운 식품산업을 개척한다는 것은 쉽지 않고 이와 관련한 새로운 직업 창출이라는 것은 더욱 힘들다. 따라서 식품산업 쪽으로 창업을 한다는 것은 사업에 대해 사전에 면밀하게 검토해야 한다는 것을 알려줄 필요가 있다.

이처럼 직업이라는 것은 창의적인 아이템이나 생각만으로는 절대 만들어질 수 없고 어떠한 형태이든지 직업 세계와 사회의 환경과 경제적 논리에 적합할 경우에만 만들어질 수 있다. 따라서 벤처나 스타트업 등과 같은 분야에 관심이 있는 사람이라면 자신의 능력, 사회적 환경, 그리고 산업화에 대한 충분한 조사와 검토가 있어야 한다는 것을 알고 여기에 대한 준비를 아울러 행해야 할 것이고 이 점을 학생들에게 알려야 할 것이다.

특히 첨단산업이나 미래신기술과 관련해서도 학생들이 분명하게 이런 문제점을 인식할 수 있도록 하는 것이 중요하다. 과학이나 공학적 지식을 연구하고 실험하는 차원의 직업과 그로 인한 직업을 만드는 것은 전혀 다른 것임을 알아야 하는데 대체로 이러한 구분에 대해서는 언급하지 않는 것 같다. 이는 학생들의 진로교육에 있어서 큰 문제가 될 수 있다고 본다.

하나의 산업이 형성되고 그 속에서 산업 활동의 역할 분화가 이루어지면서 만들어진 직업이 우리가 생각하는 가장 일반적인 직업 형태라 하겠다. 하지만 과학, 공학 및 기술 영역이나 산업화 과정 영역과 관련한 직업도 현실적으로 분명히 존재하고 있다. 그런데 이러한 직업들은 몇몇 특수 집단이나 기관을 제외하면 산업 영역의 직업들보다는 일자리가 훨씬 적을 뿐 아니라 직업의 안정성이나 영속성도 약하다. 단지 창의성은 아주 강한 성격을 가지고 있다.

문제는 창의적인 활동을 하고 싶다는 생각만으로 직업을 찾아서는 안 된다는 것이다. 그런 직업들은 우리가 일반적으로 생각하는 직업으로서의 안정성이 부족한 경우가 많기 때문이다. 그래서 창의성 개발, 하나만을 진로교육의 목표로 삼는 것과 개성이나 적성만을 가지고 진로를 선택하는 것은 생각을 다시 해봐야 할 문제라고 여긴다. 대개 그러한 길에는 안정적인 직업이 없기 때문이다.

따라서 직업을 선택할 때는 내가 희망하는 직업이 과연 어느 영역에 속하는지를 잘 살펴보는 것이 필요할 뿐만 아니라 직업이 만들어지는 과정에 대해서도 살펴보고 결정하는 것이 필요하다. 왜냐하면 영역에 따른 직업적 특성이 있기 때문에 그것에 대해 충분히 생각해봐야 하기 때문이다.

따라서 진로교육은 첨단성, 미래성과 같은 외래적 추상성이나 창의성, 개성, 적성과 같은 내적 가치를 중심으로 이루어지는 것보다 현실 사회 속에서 움직이고 있는 직업 세계의 현상과 구조 및 작동 원리에 대한 이해가 선행되도록 하는 것이 학생들의 진로에 불안감을 줄여줄 수가 있을 것이다.

미래라는 새로운 세계를 만들기 위해 학생들을 불안한 미래로 유도하는 것은 민주사회의 교육 목적과 맞지 않다고 생각한다. 미래는 현실적인 경험과 지식 및 가치를 가지고 준비하는 것이며, 우리나 학생들이 존재하지 않는 미래사회로 뛰어드는 것은 지식이 가져오는 착각 현상이라 하겠다. 이론적 지식은 실천적 지식으로 변형되어 시험적 방법을 찾기 전까지는 현실적으로 우리 인간들에게 아무런 도움이 되지 않는 공허한 생각일 뿐이기 때문이다. 우리는 이 점을 알아야 하고 학생들에게도 알려주어야 한다고 생각한다.

3 절 진로교육 대상으로서의 직업의 조건

진로교육 대상으로서의 직업은 행정 업무상의 직업이나 일반 사회인들이 말하는 직업과는 그 의미를 달리해야 하는데 그 이유는 진로교육의 의의가 직업교육과 다르기 때문이다. 말하자면 진로교육은 직업교육보다 상위개념으로 업무 중심의 직업교육보다는 사회관계 속에서의 역할을 통해 자신이 추구하는 삶, 즉 자신의 가치관을 실현하는 수단으로서의 직업교육이어야 한다고 생각한다. 따라서 진로교육 대상으로서의 직업은 직업으로서의 개념적 요소를 갖춘 활동이어야 한다고 생각한다.

그러면 직업은 어떤 개념적 요소를 갖추어야 하는지 즉 직업의 조건은 무엇인지 살펴보기로 한다.

1) 경제성

직업의 본래적 목적은 자신과 가족에게 필요한 생활비를 벌기 위해 특정 분야의 노동력을 제공하는 활동이다. 즉 노동력을 제공한 대가로 얻는 보수를 가지고 사회 속에서 생활하기 위해 직업을 갖는 것이다. 따라서 노동력만 제공하는 것은 아무리 전문적인 영역이더라도 직업은 아니다.

직업이 생활에 필요한 경제력을 확보하기 위한 것이기 때문에 비록 보수를 받는다고 하더라도 그 돈으로 생활을 할 수 없을 정도로 액수가 적다고 한다면 이 역시 직업으로 볼 수는 없을 것이다. 다 같이 군대 생활을 하더라도 사병일 경우에 받는 월급으로는 사회생활을 할 수가 없지만 하사관이나 장교가 받는 월급으로는 생활을 할 수가 있다.

물론 사병일 경우에는 법률적으로 의무 복무를 해야 한다는 특수성이 있지만 경제성이라는 측면에서 볼 때 사병은 직업이 될 수 없다. 그러나 단기 하사관이나 학군사관은 의무 복무를 한다는 점에서 일반 사병과 같지만 그들은 생활에 필요한 액수의 급여를 받기 때문에 직업이라 할 수 있다.

또한 사회 통념상 일반적인 직업을 가지고 있으며 많은 보수를 받더라도 근무시간이 너무 길어 사회생활을 할 시간이 장기적으로 주어지지 않는다면 이 역시 직업이라 할 수 없다. 물론 일정 기간 그러한 생활을 한 뒤에 정상적인 사회생활을 할 수 있는 시간을 가질 수 있다면 그러한 직업은 특수직업이라고 부를 수 있다.

문제는 봉사활동이 직업이 될 수 있느냐는 것인데 일반적으로 봉사활동은 보수를 받지 않기 때문에 직업이라 할 수 없다. 그런데 봉사활동과 직업의 중간 형태인 사회참여 활동은 일반적으로 직업이라고 생각하는 것보다는 '시민운동'이라는 모호한 형태로 여기는 경향이 있다. 그러나 사회참여 활동에는 크게 자원봉사 활동가와 같은 활동을 하는 사람들이 있는가 하면 고정된 급여를 받고 활동하는 소수의 실무자가 있다. 그래서 외형적으로 다 같이 사회참여 활동을 하더라도 자원봉사활동을 하는 사람이나 무보수로 활동하는 사람은 직업인이라고 할 수 없지만 고정 임금을 받는 실무자는 직업인이라 할 수 있다. 즉 사회참여 활동 직업인인 것이다.

2) 지속성

사람들이 직업 활동을 하는 중에 직장을 옮기는 경우는 적지 않으며 직업을 바꾸는 경우도 있다. 물론 평생 한 직업, 한 직장에서 일을 하는 사람들도 있지만 우리가 생각하는 것보다는 많지 않다. 특히 현대 산업사회처럼 산업 자체의 변화 속도가 빠른 사회에서는 직장은 물론이고 직업을 바꾸는 경우가 예전과 달리 빈번해지고 있는 상황이다.

외국에서는 현대인들이 평생 가질 수 있는 직업의 수가 적어도 10개 정도 될 것이라 하면서 최소한 3개 이상의 직업을 가질 준비를 해야 한다고 한다. 그리고 2016년 다보스에서 개최된 세계경제포럼에서도 전 세계에서 710만 개의 일자리가 사라지고 200만 개의 새로운 일자리가 생겨난다고 했다.

최근 통계청 조사 자료에 의하면 우리나라 청년들의 첫 직장 평균 근속기간은 약 18개월[24]이라고 한다. 결국 오늘날에는 평생직장이니 천직이니 하는 말이 더 이상 의미를 갖지 못하게 되었다고 하겠다.

하지만 우리가 분명히 알아야 하는 것은 평생직장이니 평생직업이니 하는 말이 사라졌다 하더라도 직업이라는 개념이 사라진 것은 아니라는 것이다. 직업이나 직장을 자주 옮긴다고 하여 직업과 아르바이트가 같다는 것이 아니다. 단지 직업이나 직장을 자주 옮길 뿐이다.

그래서 직업은 기한이 정해진 노동 활동이 아니다. 즉 인턴(정규직 채용 예정 인턴은 제외)과 같은 노동은 직업이 될 수 없다. 설사 현실적으로 인턴이나 아르바이트가 직업으로 이야기된다고 하더라도 진로교육 대상으로서의 직업은 아니다.

직업은 특별한 사유가 없고 본인이 그만둘 의사가 없다면 계속 근무할 수 있어야 한다. 따라서 계약직은 근본적으로 직업에 속할 수가 없다고 본다. 계약직이나 인턴 또는 아르바이트도 직업이라면, 그리고 그러한 활동이 직업으로 인정되는 상황이 도래한다면 그때는 직업뿐만 아니라 사업이나 산업 자체도 계약사업이나 단기산업화 되어 일정 기간 후에는 사라지는 상황이 되어야 한다. 따라서 직업은 지속적으로 근무할 수 있는 여건을 갖춘 활동이다.

3) 가치성

직업 활동은 사회적으로 가치 있는 작업이어야 하며 그 가치를 통해 직장인

---

24 통계청, 2020. 7. 22. 보도자료 : 2020년 5월 경제활동인구조사, p.14

이 자신의 의지를 표출할 수 있어야 한다. 하지만 현실에서 볼 때는 직업이 비록 사회적 가치를 가지고 있다 하더라도 직장인이 자신이 추구하는 가치와 맞지 않아 직업에 별다른 의미를 가지지 못하는 경우도 허다하다.

하지만 현실이 그렇다고 직업 활동은 사회적 가치나 나의 가치와 무관해도 좋다는 것은 절대 아니다. 돈만 벌 수 있다면 불법적인 활동을 해도 되는 것이 아니다. 상습적으로 절도를 한다고 하여 절도를 직업이라고 할 수 없다. 또한 1등에 당첨되어 돈을 벌기 위해 꾸준히 복권을 산다고 하여, 설사 그렇게 하여 돈을 벌었다고 하더라도 복권 사는 것을 직업 활동이라 할 수 없다. 마찬가지로 카지노에서 돈을 벌기 위해 상습적으로 슬롯머신게임을 하는 것도 직업이 될 수 없는 것이다.

여기서 더 나아가 오로지 주식투자로 돈을 벌기 위해 매일 주식시장을 조사하고 세계 경제나 국내 경기의 흐름을 추적한다고 하여 주식투자를 직업 활동이라고도 할 수 없다. 또, 부동산을 개발하거나 부동산을 리모델링하여 판매하는 것은 직업 활동이라 할 수 있지만 오로지 부동산 시세 차이를 이용하여 돈을 벌려고 부동산 투기를 하는 것 역시 직업 활동이라 할 수 없다.

직업은 직장인 개인의 입장에서는 경제적 수익을 얻을 수 있는 활동일 수 있지만 사회적 차원에서는 인류의 문화발전과 삶의 질 향상의 원동력이라 할 수 있다. 동시에 인간 사회의 결집력을 유지할 수 있고 인간의 생존을 보호하는 역할을 한다. 따라서 직업은 사회적 가치를 실현하는 활동이어야 하며 그 활동을 통하여 각자는 자신의 꿈을 이룩하는 것이 바람직하다.

하지만 직업을 가지는 것이 현실 세계에서는 자신의 바람대로 쉽게 되지 않는다. 자신의 꿈만 키운다고 자신이 원하는 직업을 가질 수 있는 것이 아니다. 2018년 한국고용정보원의 자료에 의하면 첫 일자리 진입 시점을 기준으로 이후 4년간 28.7%, 6년간 39.9%, 10년간 53.2%의 이직 경험 비중을 보이고 있으며 이직 사유는 학업, 전공 불일치, 보수 및 승진 등 근무 조건, 건강 및 육아 등 자발적 이직이 88.5%인데 절반 이상의 청년층이 동일 산업이나 직종을 벗어나타 산업, 타 직종으로 이직하고 있다[25]고 보고하고 있다. 그래서 되도록이면 자신의 가치와 근접한 직업을 선택할 수 있도록 지도하고 조언하는 것이 필요하며 그 일에 앞장서고 있는 것이 진로교육이라 하겠다.

4) 독자성과 전문성

직업이 본격적으로 발달하기 시작한 것은 산업혁명이 일어난 이후이다. 종전까지의 사람 노동력과 가축의 노동력에 의존하던 생산방식이 증기기관과 기계들에 의해 대체되면서 근본적인 변화가 이루어졌다.

기계가 등장하기 이전의 생산방식은 사람이 노동의 주체로서 자급자족을 위해 다종 소량생산을 하였지만 기계생산은 한 종류의 기계가 다양한 종류의 물건을 만들어내지 못하고 한 종류의 물건만 수천 개 만들어낸다. 이러한 단종 대량생산은 기계의 특성으로 기계식 생산이 사람의 생활에 도움이 되기 위해서는 반드시 시장이 있어야 한다. 시장을 통하여 남는 물건을 판매하고 부족하거나 필요한 물건을 구매함으로써 생활을 영위할 수 있게 되기 때문이다. 말하자면 우회적으로 사람의 욕구를 충족하는 것이다.

그런데 기계는 사람처럼 모두 다른 것이 아니고 한 종류의 기계가 발명되면 같은 기계를 대량으로 만들어 사용하게 된다. 그리고 동종의 기계를 사용하여 물건을 생산하기 때문에 생산된 물건도 동일하다. 동일한 물건이 서로 다른 회사에서 대량으로 생산되는 것이다. 때문에 물건을 만들기는 쉬워도 판매할 때는 경쟁을 하게 되고 이는 서비스나 물건의 품질을 향상시키는 방향 또는 생산능률을 향상시켜 가격을 낮추는 방향으로 발전하게 된다. 그리고 이러한 발전은 생산 공정과 판매 과정을 분업화하고 전문화함으로써 가능하게 되었다. 즉 생산과 판매 과정에서의 역할이 구분되면서 자체적으로 노하우(Know-how)가 쌓여 그렇지 않은 다른 회사의 물건보다 판매에 있어서 경쟁력을 가지게 된 것이다.

---

25 한국고용정보원, 2018 고용패널조사 학술대회 자료집, "청년층의 이직 결정요인 및 임금 효과 분석", 2018. 5., pp. 8–9

이 과정에서 자체적으로 노하우를 가진 역할 단위가 곧 우리가 말하는 직업인데 이러한 직업은 산업의 발달을 촉진시켰지만 역으로 산업의 발달에 따라 직업도 발달하게 된다. 그래서 직업은 다른 작업들과 구분되는 나름으로 업무 체계와 전문성을 가지고 있다.

5) 공개 입직 가능성

직업은 그 직무를 수행하는데 필요한 자격증이나 경력이 있으면 누구나 입직 과정을 거쳐 취업할 수 있어야 하며, 또한 법률이 정한 요건을 갖추었을 때 누구나 그 직업을 가질 수 있어야 한다. 즉 직업의 외부에서 바로 그 직업을 가질 수 있어야 한다. 예를 들면 판사라는 직업은 대학을 졸업하거나 변호사 시험에 합격하였다 하여 바로 판사를 할 수 없다. 판사를 하기 위해서는 법학전문대학원을 졸업해야 하고, 이어서 변호사 시험에 합격해야 하며, 이후 일정 기간 (2012년까지는 5년, 2025년까지는 7년, 2026부터는 10년) 이상 법조 경력을 가진 다음에 판사 채용시험을 거쳐야 판사가 될 수 있다. 판사 채용시험에 응시할 수 있는 자격을 갖추면 누구나 시험을 거쳐 판사가 될 수 있는 것이다. 따라서 판사는 직업이라 하겠다.

그러나 군 특수부대 사령관은 정해진 자격 요건은 따로 없다. 군인이 아닌 외부인이 준비할 수 있는 방법은 없다. 특수부대 사령관은 군인이 되어 진급을 통해서만 될 수 있다. 이런 경우에 특수부대 사령관은 직업이 아니고 직책이다. 특수부대 사령관도 직업은 그냥 군인일 뿐이다.

그런데 시장이나 군수를 보면 오늘날에는 피선거권이 있는 사람은 누구나 선거에 입후보하여 당선하면 될 수 있지만 지방자치가 시행되기 전에는 공무원들이 내부 승진을 거쳐 시장이나 군수가 되었다. 그래서 오늘날에는 시장과 군수가 직업이라 할 수 있지만 예전에는 직업이 아니고 직위였다.

외식업체의 사장이나 학원 원장은 누구나 법률이 규정한 요건을 갖추어 영업 또는 설립 허가를 받으면 할 수 있다. 음식점의 사장이 되기 위해서 조리사부터 시작해야 하는 것이 아니며 학원 원장이 되기 위해 강사부터 시작할 필요가 없다. 누구나 법률이 정한 조건을 충족하면 되기 때문에 이들은 직업이라 할 수 있다.

하지만 경찰서장이나 소방서장은 현직 경찰관이나 소방관이 아닌 외부 사람이 자격을 갖추었다고 지원하여 바로 경찰서장이나 소방서장이 될 수 있는 것이 아니다. 그래서 경찰서장이나 소방서장은 직업이라 할 수 없다고 하겠다.

이처럼 직업에 있어서는 직무도 중요하지만 입직 과정(직업을 갖게 되는 경로)의 형식성도 중요하다고 하겠다.

III

진로교육에 있어서
직업교육의 역할

1 절

직업의 사회적 역할

일상생활에서 '직업'이라는 말을 흔히 사용하지만 그 말이 담고 있는 의미를 정확하게 알고 있는 사람은 그다지 많지 않다.

현재 우리나라에 직업과 관련한 법률로는 '근로자직업능력개발법', '장애인고용촉진 및 직업재활법', '직업교육훈련촉진법', '직업안정법' 등이 제정되어있고, 법률적으로 '직업능력', '직업교육훈련', '직업 현장', '직업재활', '직업안정', '직업지도', '직업소개', '직업정보', '직업상담' 등의 용어를 사용하고 있지만 '직업'이 무엇인지에 대한 규정은 없어 사회적 통념에 따르고 있는 실정이다.

유럽에서는 일찍이 중세부터, 본격적으로는 18세기부터 직업에 대해 여러 가지 사항들을 법률적으로 규정하고 있는 것과는 대조적이라 할 수 있다. 이러한 현상은 어떤 측면에서 볼 때 우리 사회의 직업의식이 낙후되어 있다는 것을 보여주는 단면이 아닌가 하는 생각이 든다. 특히 직업윤리에 관한 것을 보면 유럽에서는 이를 법률 사항으로 취급하고 있지만 우리 사회에서는 선언이나 선서 정도의 수준에 머물고 있는 현실은 이러한 생각을 뒷받침하는 것 같다.

오늘날 우리나라가 세계 주요 경제 대국으로 성장한 상황에서 우리는 '직업'에 대해 좀 더 깊이 있게 생각해 볼 시점에 있다.

이를 위해 본 책에서는 기존에 이야기하고 있는 수준에서 직업에 대한 생각을 확장해나가는 것보다는 미흡하나마 직업의 근본적인 역할에 대해 한 번 생각하는 계기를 마련해보고자 한다. 하지만 모든 직업을 일목요연하게 분류하는 하나의 역할 체계를 새롭게 수립하고자 하는 것이 아니고 직업이 인간 사회에서 가지는 본질적인 역할을 중심으로 직업의 태생적 가치를 찾아보고자 한다. 이는 직업이 갖는 소명의식을 학생들이 쉽게 이해할 수 있도록 도와줄 것이며 사회 발전과 더불어 직업이 변화하는 방향을 예측하는 데에도 기여할 수 있을 것으로 생각한다.

일반적으로 직업이 발달하고 발전하는 형태나 과정은 지리·사회적 환경에 따라 다르지만 사회 속에서 이루어지고 있는 역할 현상을 살펴보면 몇 가지 분야로 나누어 볼 수 있다.

1) 개체로서의 사람 생존과 관련한 분야

직업 중에는 사람 자체와 직접적으로 관련성을 가지고 있는 직업들이 있는데 모든 직업 중에서 가장 먼저 발달한 직업이라 할 수 있을 것이다.

가. 먹거리를 생산하는 직업

사람이 살아가기 위해서는 음식물을 먹어야 하는데 자연이 사람에게 공기처럼 무제한으로 공급하지 않기 때문에 무엇보다도 소중한 것이라 할 수 있다. 그래서 음식물을 구하려는 행위는 사람이 이 땅에 존재하면서부터 시작된 노동이다.

채취, 어로 및 수렵 방식으로 얻었던 음식물은 인간의 집단생활이 형성되면서 자연환경에 따라 약탈이라는 방식으로 발전하기도 하고 목축이나 농경 방식으로 진화하기도 했다. 그리고 문화가 발전하고 의식이 개화되면서 목축과 농경이 전문적으로 발달하게 되는데 어로 작업과 임산물 생산만큼은 최근까지 원시적인 수준에서 그다지 발전하지 못하다가 산업기술의 발달과 더불어 최근에 급격하게 발달하고 있다. 오늘날 목축낙농업, 원예작물업, 수산양식업, 임산물 생산가공업 등이 사람의 생존을 유지하고 보호하는 역할을 하는 산업이다.

이렇게 중요한 산업을 사람들이 그다지 중요하게 여기지 않는 이유는 재화로서의 경제적 가치가 상대적으로 낮기 때문이다. 노력에 비하여 돈을 많이 벌 수 없다는 것이다. 하지만 흉년이거나 재난을 당했거나 경제 불황일 때는 사람들이 그 중요성을 즉각적으로 실감하게 된다. 잊어버린 본질을 보게 되는 것이다.

아무리 현대인이더라도 사람이 먹지 않고는 한 달을 살기도 어렵다. 그래서 이러한 일을 하는 직업은 앞으로도 사라지지 않을 것이지만 첨단과학 기술을 이용하여 기존의 생산방식과는 다른 방식으로 작업을 할 수는 있을 것이다. 미래농업의 한 형태로 떠오르고 있는 정밀농업과 식물공장이 그러한 사례에 해당한다.

그리고 환경의 오염으로 인해 점차적으로 자연에서 벗어나 인위적인 환경에서 생산하는 방식으로 전환되어 갈 수도 있다. 하지만 인간 개체의 생존에 필요한 먹거리를 생산하는 활동이라는 것은 변함이 없을 것이며 그러한 이유로 앞으로도 영원히 없어지지 않을 직업 분야이다.

그래서 우리는 이러한 직업들이 앞으로는 어떻게 달라질 것인지에 대해 이 직업이 갖는 사회적 역할과 관련하여 살펴볼 수 있다. 이러한 직업들은 첨단기술을 선도적으로 개발하는 것이 아니고 개발된 첨단기술을 활용 내지는 응용하는 수준이기 때문에 직업의 본질을 정확하게 알고 있다면 그 변화를 얼마든지 예측할 수 있기 때문이다.

나. 먹거리를 가공하는 직업

먹거리를 가공하는 직업 역시 아주 옛날부터 인간 사회와 더불어 있던 직업인데 획득된 식재료를 다양한 방법과 기술로 사람의 건강에도 좋고 입맛에 맞는 음식을 만드는 일이다.

이러한 일은 현대에 와서 발달한 것이 아니고 불이 발명된 이후부터 인간 사회와 더불어 발달하였기 때문에 오늘날 대부분의 음식들은 이미 오래전에 개발된 것들이 대부분이다. 특히 음식 조리 수준은 한 집안이나 한 세력의 사회적 신분이나 권위를 상징하는 수단으로 사용되었는데 이는 세계 모든 나라에서 찾아볼 수 있는 공통된 현상이며 현대사회에서도 여전히 유효하다.

이 직업은 크게 먹는 것과 마시는 것을 만드는 분야로 구분할 수 있는데 먹는 것을 만드는 직업의 대표로는 조리업과 제과제빵 및 제병업(떡을 만드는 직업)을 들 수 있고 마시는 것을 만드는 대표적인 직업으로는 제다업(차를 만드는 직업)과 주류업을 들 수 있다. 그리고 건조, 분쇄, 발효 등의 방식을 사용하여 먹는 것과 마시는 것을 만드는 데에 필요한 보조 식재료를 만드는 식품가공업이 있으며 이 모든 영역에 걸쳐 대량생산이 가능한 부분에 있어서 기계를 사용하여 생산하는 식품산업이 있다.

식품산업은 자동차산업이 자동차를 생산하는 산업이라는 의미인데 이와 달리 식품을 생산하는 산업이라는 의미보다는 식품을 기계로 대량생산을 하는 산업이라는 의미가 있어 일반 산업과는 의미가 다르다.

현대사회에서는 활발한 문화 교류와 바쁜 일상생활 및 빈번한 국제적 왕래로 인해 전통적 음식의 개념이 무너지고 새로운 퓨전 형태의 음식들이 등장하면서 새로운 형태의 음식 관련 산업과 직업이 나타나고 있다. 특히 웰빙과 음식문화가 결합하면서 음식은 본래의 이미지에서 벗어나 음식과 약의 중간적 성격으로 나아가는 것은 음식의 새로운 진화라고 하겠다. 이 분야의 직업들은 사람의 입이 가지고 있는 맛과 질감에 대한 감각기관 때문에 기계화가 가장 힘든 분야이기도 할 것이다.

다. 몸을 외부 환경으로부터 보호하는 직업

오늘날의 의복은 입는 사람의 사회적 신분이나 취향 또는 개성을 표출하는 수단으로 활용되지만 가장 기본적인 기능은 자연 상태에서의 기후 변화에 적응하도록 몸을 보호하며 외부 환경, 즉 곤충, 가시 등과 같은 것으로부터 몸을 보호하는 것이다. 우리가 만화에서 보는 원시인들의 털가죽 옷이나 중세 시대의 갑옷과 같은 의복들이 그러한 기능을 잘 보여준다. 그런데 오늘날에도 옷이 가지는 이러한 기본적인 기능은 변함이 없지만 문명사회에서는 옷의 그러한 기능을 대체해주는 사물들이 다수 등장하였기 때문에 특정 조건에서는 기본적인 기능을 배제한 옷들이 등장하고 있다.

오늘날 옷을 만드는 일과 관련한 직업은 크게 옷의 소재인 섬유를 만드는 직업과 옷을 만드는 직업, 그리고 옷의 모양을 디자인하는 패션업으로 구분할 수 있다.

일반적으로 옷을 만드는 과정을 전체적으로 보면 천연재료나 화학재료에서 실을 만들어내는 제사 작업을 거쳐 실을 서로 엮어 천을 만든다. 염색은 실을 염색하여 천으로 만들기도 하지만 천을 염색하기도 하고 만들어진 옷에 프린트하여 염색을 대신하기도 한다.

시장의 유행을 파악하여 의류 제작 계획을 세우면 이 계획에 따라 옷을 디자인하고 디자인에 따라 옷을 만들면 가게에서 옷을 판매한다. 이 과정에는 재료를 사용하여 실을 전문적으로 만들거나 실을 다양한 소재로 디자인하는 제사공이 있으며, 만들어진 실을 가지고 직물이나 편물을 제조하는 직조공과 편물전문가가 있고, 날염과 침염과 같은 염색을 전문으로 하는 염색전문가, 색상에 대한 기획을 전담하는 컬러리스트가 있으며 만들어진 실과 다양한 소재를 엮어 특성을 갖는 직물을 만드는 텍스타일 디자이너가 있다.

여기까지는 섬유산업으로 구분하며 각종 직물을 사용하여 옷을 만드는 패션산업과 구분하는 것이 일반적이다.

패션산업에는 시장조사를 거쳐 의복 생산 및 판매 계획을 기획하는 머천다이저가 있으며 이러한 기획에 따라 의상을 디자인하는 패션디자이너가 있고 패션디자이너의 개념과 이미지를 최대한 살려 의상을 제작하는 기본설계도(작업지시서)를 만드는 패턴디자이너가 있으며 패턴디자인에 따라 직물을 짜르는 재단사, 짤린 부분품을 잇는 재봉사를 거쳐 한 벌의 옷이 완성된다.

이러한 직업 분야도 사람의 존재와 함께 항상 있겠지만 구체적인 직업과 직무 내용 및 의복의 개념이 과학과 산업기술의 발달에 따라 달라질 수 있다. 정보통신 기술과 컴퓨터의 발전은 이미 우리가 생각하는 전통 의복에 대한 생각을 바꾸어가고 있는데 특히 3D프린팅 기술이 더욱 발전하게 된다면 의복을 만드는 모든 공정이 바뀌게 될 것이고 더불어 직업도 변화할 것이다. 하지만 의복이 갖는 기본적 기능과 역할은 사라지지 않을 것이다.

라. 신체와 정신의 건강을 유지하거나 회복하게 도와주는 직업

정상인으로 사회생활을 하는 데 불편함이 없도록 사람의 신체와 정신 상태를 항상 정상적인 상태로 유지하도록 하는 직업인데 질병을 예방하고 건강을 유지하는 분야와 질병이나 질환을 치료하거나 재활시키고 간호하는 분야로 구분해 볼 수 있다.

질병 예방과 관련한 활동은 근대 이후, 특히 현대에 와서 발전하기 시작한 의료기술인데 예방의학이라고 학문적으로는 존재하지만 아직까지 독립된 직업으로는 형성되지는 않고 모든 의료인들이 기초지식으로 활용하고 있다. 다만 자연환경이나 주거환경 또는 산업환경 등의 위생 상태를 점검하여 사람에게 위해로운 요소들을 제거하고 소독, 정비하는 위생사가 있고 식품위생이나 수질위생을 감시하는 공무원이 있는 정도이다.

하지만 정신적인 건강을 유지하기 위한 요법들은 아주 오랜 옛날부터 있어 왔는데 명상, 요가, 무술 등이 그러한 것인데 오늘날에는 이러한 행위들이 직업으로 발전하였다. 특히 운동의 예방 효과가 인증받으면서 현대인의 생활 속 깊이 자리 잡았는데 대표적인 직업으로는 생활스포츠지도사가 있으며 최근에는 산림 속에서의 산책을 중심으로 이루어지는 산림치유지도사도 그러한 직업이다. 치유농업전문가도 명칭과 달리 치유보다는 예방에 더 무게를 두는 직업이다.

신체적인 건강 유지와 관련해서는 예전부터 보약이나 음식이 사용되었지만 독립적인 직업으로까지 발전은 하지 못했다가 현대에 와서 한약사가 한의사에게서 독립하면서 치료보다는 예방 쪽으로 관심을 두고 있으며 영양사가 비만예방이나 체중 조절과 관련하여 건강과 관련한 새로운 역할을 하고 있다. 또한 운동을 이용한 다이어트프로그래머라는 직업도 생겨나고 건강에 좋다는 발효식품전문가가 인기를 끌고 있다.

건강을 유지하거나 회복하는 역할을 하는 직업의 대부분은 사람의 정신이나 신체가 다치거나 질병에 걸린 이후에 비로소 일을 시작한다. 대표적인 직업으로는 의사, 치과의사, 한의사, 간호사, 조산사, 약사, 한약사 등이 있고 이들의 활동을 지원하는 임상병리사, 방사선사, 물리치료사, 작업치료사, 치과기공사, 치과위생사, 간호조무사, 보건의료정보관리사, 안경사, 의지보조기기사 등이 있다.

약과 수술로 환자의 질환을 치료하는 의료인들과 달리 심리적으로나 신체적으로 좀 더 편안하고 안정된 상태로 유도하는 심리치료, 미술치료, 놀이치료, 음악치료, 치유농업, 산림치유, 원예치료, 언어재활, 향기치료, 식이요법 등의 직업이 있다. 이들 직업은 사회에서 일반적으로 치료라는 말을 붙여 사용하지만 정확하게 말하면 의료법상의 치료가 아니라는 점을 인지해야 한다. 그런데 이 중에서 음식을 이용한 건강 회복에 대해서는 의료계에서도 어느 정도 그 효능을 인정하여 병원 단계에서는 임상영양사라는 직업이 형성되어 가고 있다.

마. 사람이 안전하게 쉬고 잠을 잘 수 있는 공간을 만들어주는 직업

생명체로서의 사람에게 가장 두려운 것은 죽음이라 하겠다. 그래서 사람은 끊임없이 먹어야 하지만 또한 외부로부터 자신을 보호하는 일도 아주 중요하다. 대표적인 것이 적이나 맹수로부터, 그리고 추위나 더위로부터 자신을 지켜줄 공간이다.

원시시대에는 동굴을 주로 이용하였지만 이 역시 불안한 공간이었기에 사람들은 서서히 자신들의 안전을 위해 좀 더 안전한 공간을 인공적으로 만들어 나갔다. 건축술이 발달하게 된 이유인데, 건축은 동서양을 막론하고 일찍부터 직업화되었다. 어떤 측면에서 보면 건축업은 인류 최초의 과학적 직업이라 할 수 있는데 특히 서양에서는 더욱 그러한 특성을 보여주고 있으며 현대 서양 건축계에까지 이어져 내려오고 있다.

건축물을 짓기 위해서는 자연·지리적 환경을 조사하여 위치를 정하고 방어를 위한 구조를 설계하며 튼튼한 재료를 개발하여 사용하였다는데 초기의 건축업은 오늘날 토목업이라 하는 작업도 겸하고 있었다. 실제로 건축과 토목은 작업 성격상 불가분의 관계에 있지만 산업이 발달하면서 지붕이 없는 건축공사를 토목공사[26]로 분리하여 발전시켰다고 볼 수 있다.

공간의 효율적인 사용을 위해 실내건축 분야가 전문화되고 건축기술 분야가 건축사의 업무 영역에서 독립하여 건축기사로 되고 기타 건축에 필요한 전문 분야가 각자 나름대로 전문성을 가지고 별개의 직업으로 발전하였는데 건축설비기사나 방수산업기사, 건축목공산업기사, 건축일반시공산업기사를 비롯한 도배장, 타일장, 미장 등과 같은 것이 그러한 직업의 예이다.

토목 분야 역시 토목기사를 중심으로 측량과 관련한 지적기사, 철도 관련 철도토목기사, 해양 관련 해양공학기사 등이 전문화되어 나갔으며 이들의 작업을 보조하는 다양한 직업들이 각각의 전문성을 가지면서 생겨났다.

건축물의 환경을 쾌적하게 조성하는 조경업도 발달하였는데 조경의 대상이 건축물의 실내공간까지 확대되어 실내건축이나 실내장식과 업무상 경계가 불명확해지고 있다.

특히 오늘날 건축은 시대의 상황에 따라 외부나 자연환경으로부터의 안전을 도모한다는 원초적인 목적에서 벗어나 보다 편리한 공간을 만드는 개념으로 전환되면서 스마트홈이 등장하는가 하면 주거용 겸 사무용으로 공간을 활용하는 시도가 정보통신 기술과 컴퓨터의 발전에 기반을 두고 진행 중이다. 예전의 집이 지금은 집이면서 회사이고 극장이며 학교와 같은 기능을 가지는 것이다.

따라서 예전과 달리 오늘날 건축과 관련한 직업에는 건축, 토목 또는 조경과 같은 전통적인 분야만 있는 것이 아니고 정보통신공학이나 컴퓨터공학과 같은 분야의 기술도 활용되고 있다.

2) 사람과 사람의 관계와 관련한 분야

인류사의 보편적 과정에서 보면 인간 개체의 생명과 안전을 보장하는 작업 다음으로 발달하게 되는 것은 개체와 개체 간의 관계에 관한 작업이다.

---

26 건축법 제2조제1항제2호 "'건축물'이란 토지에 정착(定着)하는 공작물 중 지붕과 기둥 또는 벽이 있는 것과 이에 딸린 시설물, 지하나 고가(高架)의 공작물에 설치하는 사무소 · 공연장 · 점포 · 차고 · 창고, 그 밖에 대통령령으로 정하는 것을 말한다." 참조

일반적으로 개체에서 무리생활로 발전하게 되면 무엇보다도 개체 상호 간의 의사소통이 중요해지는데 이는 인간 이외에 무리생활을 하는 동물들이나 곤충들에게서도 찾아볼 수 있는 현상이다. 코끼리나 고래와 같은 동물들은 물론이고 벌이나 개미와 같은 곤충들에게서도 언어는 아니지만 상호 간에 소통하는 체계가 발견된 것은 오래되었다.

가. 언어를 사용하여 콘텐츠(정보, 생각, 감정 등)를 담거나 전달하는 직업

인류에게서 소통체계는 소리와 그림에서 시작하여 말과 문자로 발전하는데 문자는 말이 형상화된 것이다.

사람들은 문자를 사용하여 생각이나 지식을 전달하거나 교환하고 사건이나 특정 현상을 기록으로 남겨 보관하기도 했다. 기록으로 남긴다는 것은 그 기록을 보는 사람에게 정보를 전달하기 위한 작업으로 이 역시 소통의 일종이라 할 수 있다. 이러한 문자의 특성으로 인하여 문자는 인간 사회에서 오랜 세월 동안 직업을 갖는 주요 수단으로도 활용되어왔다.

인류 문화발전의 핵심적인 역할을 하는 문자는 사물이나 현상의 실체에 대한 추상(抽象)된 개념을 담고 있어 개념과 개념이 연결되면서 사유(思惟) 작용을 촉발하는 핵심 요소이다. 특히 철학과 문학은 문자의 개념을 조합하여 특정 사상이나 감정의 상태를 가상의 세계 속에서 전달하는 기술로서 최고의 정신문화를 만들어내는데 이는 인류가 긴 세월을 통해 발전시킨 최고의 걸작품이다.

인간에게는 육체의 생존을 위해 음식물이 필요한 것처럼 철학과 문학은, 사회문화 속에서 계발되어 형성된 정신의 정상적인 운용에 필요한 음식물과 같다. 그래서 철학과 문학에 관련한 직업들은 옛날만큼은 인기가 없겠지만 앞으로도 지속적으로 우리와 함께할 직업이라 할 수 있다.

그런데 소통과 관련한 직업들은 전달 방법이란 측면에서 보면 초기에 손으로 직접 그림을 그리거나 문자를 사용하여 특정인에게 정보를 전달하던 것이 종이와 인쇄술이 발명되자 기계를 사용하여 그림이나 문자를 인쇄하여 다수의 사람에게 정보를 전달하게 되었다. 이처럼 정보전달 방법이 혁신적으로 발달하게 되면서 많은 사람과의 소통이 활발해지자 신문과 잡지 및 도서 출판과 관련한 직업들이 각광받으며 소위 지식인 그룹을 형성하는 구성원으로 사회적 인정을 받았다.

그러나 전자화된 정보통신 기술의 발달과 더불어 라디오, TV, 인터넷 및 모바일 등과 같은 차가운 대중 전달 매개체가 등장하면서 경제적 이익성과 맞물려 정보는 이전과 달리 불특정 다수인을 대상으로 공격적으로 전달되기 시작하였다. 그 결과 사람들은 정보의 시대를 넘어 정보라는 쓰레기의 홍수 시대로 접어들었다.

이러한 과정에서 예정 방식의 정보전달 작업에 필수적인 조판이나 교열과 같은 직업들이 사라지고 한 사람이 온라인상에서 창작, 제작, 유통까지 모두 다하는 인터넷 작가와 같은 새로운 직업들이 생겨났다. 온라인상의 작업시스템이 창작활동 자체가 제작과 유통까지 겸하도록 하기 때문이다. 다만 일부 특별한 경우를 제외하고는 전달의 효과를 향상시키기 위한 편집 작업이 별도로 필요할 뿐이다. 하지만 이 작업 역시 응용프로그램이 개발된다면 창작자가 창작활동을 하면서 동시에 진행할 수 있게 될 것이다. 컴퓨터 워드 작업이 초기에는 직업으로 인정받았지만 컴퓨터 하드웨어와 프로그램의 발달로 지금은 대부분의 사람들이 직접 이 작업을 하기 때문에 컴퓨터 워드 작업이 더 이상 직업으로 인정받지 못하는 경우와 같은 길을 걸어갈 것이다.

그런데 정보전달의 방식이 디지털화되면서 아날로그 시대와는 달리 정보 생산에 많은 비용이 들지 않고 특별한 기술적 어려움이 없기 때문에 정보 생산자가 급격하게 늘어났으며 이는 정보 판매의 경쟁으로 이어졌다. 그 결과 정보의 내용보다는 정보 구매자들의 욕구를 충족하는 방향으로 콘텐츠가 개발되어 이전의 문학이나 철학 또는 진실 규명과 같은 문화적 콘텐츠는 경쟁에서 밀려나게 되고 감각적이고 자극적인 퇴폐적 오락물이 주류를 이루게 되었다. 일부 지식인들은 이러한 경향에 편승하여 퇴폐적 오락물을 자신의 지식과 결합시키면서 또 하나의 콘텐츠 판매자라는 직업인으로 경제활동을 하고 있다.

디지털 매체 시대의 문제점은 전달하려는 콘텐츠의 질적 수준보다는 인기와 광고를 통한 경제적 이익 추구에 초점을 두고 콘텐츠를 만들어낸다는 것이다. 그 결과 온라인상에서 의미와 가치를 가진 콘텐츠 전달 대신에 자극적이고 욕구충족적인 일시적 흥미를 지닌 콘텐츠를 판매하려는 온갖 직업들이 난무하게 되었고 더불어 콘텐츠의 질적 수준이 말할 수 없이 낮아졌다. 이에 온라인상에서의 정신문화적 활동들은 이러한 온라인 콘텐츠를 아예 평가의 대상에서 제외하는 사회적 경향까지 생겨나게 되었다. 이는 콘텐츠를 전달하려는 태생적인 목적을 부분적으로 상실해버렸다고 일반적으로 생각하기 때문인 것 같다.

이러한 사회적 환경에서 정보전달과 관련한 직업들은 수명이 길지 않고 금방 나타났다가 사라지는데 이는 수요자들의 욕구가 금방 변하기 때문이다. 따라서 이 분야의 직업들은 정보전달이 중심 가치인지 돈을 버는 것이 핵심 목적인지 그 정체성이 불분명해졌다. 이러한 관점에서 볼 때 요즈음 관심 직업으로 떠오르는 1인 크리에이터를 학교 진로교육에서 직업으로 소개하는 것은 교육적 측면에서 생각해봐야 할 것이다.

이러한 사회적 분위기로 인하여 콘텐츠의 생산자는 더 이상 예전과 같은 사회적 존경의 대상이 아니게 되었지만 언어를 사용하여 정보를 전달하는 활동과 직업은 사라지질 않을 것이다.

그런데 오늘날과 같은 정보의 쓰레기 시대에서 오히려 정보에 대한 갈증을 느끼는 사람들이 점차로 늘어나고 있다. 이는 군중 속에서 고독감을 느끼는 현상과 유사한 것이라고 볼 수 있다. 대량 커뮤니케이션 속에서 사람의 본능이 추구하는 진정한 의미의 커뮤니케이션이 상실되었기 때문인 것 같다. 참된 소통의 대상자인 친구가 없는 것이다.

그 결과 오늘날에는 정보의 일방적 전달보다는 온라인상에서 개인의 수요에 따른 쌍방향 커뮤니케이션으로 방향을 돌리고 있다. 매스커뮤니케이션 환경 속에서 개별적 커뮤니케이션을 구현하려는 것이다. 어떤 면에서 보면 매스커뮤니케이션에 의해 잊힌 정보전달의 욕구가 다시 본래의 모습을 되찾으려는 현상이라고 할 수 있다. 따라서 이 분야의 직업은 인간이 사회적 동물, 즉 관계적 생활방식을 본능적으로 추구한다는 의미에서 인간 본능이 변하지 않는 한 사라지지 않을 것이라고 생각한다.

다만 언어를 전달하는 방법이나 방식은 과학기술의 발달에 함께 진화하여 언어가 세분화되고 그 표현 대상이 달라질 수는 있겠지만 언어체계 자체가 붕괴되지는 않을 것이다. 언어체계의 붕괴는 곧 인간의 사유작용의 붕괴를 의미하기 때문이다.

앞으로 우리 인류에게 다가오는 또 하나의 문제는 인공지능이 이 분야의 직업 활동에 들어오면서 이 직업 분야에서 인간을 추방하겠느냐는 것이다. 현재는 인공지능 기자가 활동하고 있고 인공지능 작가도 활동을 준비하고 있는 상황이다. 하지만 철학과 과학의 관계처럼 과학이 철학을 대체할 것 같지만 오늘날 병존하고 있는 현실에 비추어본다면 정보전달 분야에서도 인공지능이 잘 할 수 있는 직업과 사람이 잘 할 수 있는 직업이 병존하지 않을까 생각한다.

나. 그림이나 소리를 매개체로 생각이나 감정을 담거나 전달하는 직업

그림이나 소리를 이용하여 생각이나 감정을 전달하는 작업은 말과 문자를 이용하는 것과 일정 부분에 있어서는 유사한 부분이 있다. 이는 말과 문자가 소리와 그림에서 시작되었기 때문이다. 하지만 말과 문자가 사람의 이성(理性)적 사고(思考)와 관련한 작업에 활용된다면 소리와 그림은 인간의 감성(感性)적 사고(思考)와 관련한 활동의 중심 역할을 한다고 볼 수 있다.

그림이나 소리를 매개체로 생각이나 감정을 담거나 전달하는 직업은 음악가와 미술가로 대표되는데 세부적으로 살펴보면 음악은 서양 음악 관련 직업인과 한국 음악 관련 직업인으로 구분할 수 있다.

또 소리의 종류에 따라 사람의 목소리를 이용하는 활동과 악기의 소리를 이용하는 직업적 활동이 있으며 사람의 목소리의 색깔이나 목소리를 구사하는 방식에 따라, 그리고 악기의 경우에는 악기의 종류에 따라 직업 활동을 구분할 수 있다.

그리고 음악을 직접적으로 연주하지는 않지만 연주하는데 필요한 악보를 창의적으로 만드는 작곡 분야와 서로 다른 소리로 합주나 협주를 하는 경우에 이들의 소리를 조화롭게 조절하는 지휘라는 직업 활동도 있다.

음악을 직접적으로 생산하는 직업들 이외에 음악을 상업적으로 판매하기 위해 기획하는 공연 개최 관련 활동들이 있으며 음악가들의 공연을 보다 가치 있게 만들려는 무대 설치 운용과 장식 관련 활동, 시각적 효과를 음악에 더하는 조명 관련 활동, 연주를 통해 생산되는 음색과 음량을 정련(精鍊)하는 음향 관련 기술 개발 및 운용 등과 관련한 직업들이 음악가의 연주 활동과 어우러져 음악이라는 상품의 가치를 더욱 높이는 역할을 한다.

음악은 그 특성상 생산하는 즉시 현장에서 사라지기 때문에 문자로 만들어진 책과 달리 듣고 싶을 때 다시 들을 수가 없다. 이에 한번 생산된 음악을 담아두는 음반 제작 활동이 있는데 여기에는 과학적 기술이 사용된다. 따라서 과학기술의 발달에 따라 음악을 저장하는 방법도 진화하며 동시에 직업적 활동의 성질과 내용도 달라진다. 이와 더불어 음악을 좀 더 원음(原音)에 가깝게 저장하기 위한 녹화 기술과 녹화 장치의 개발 활동도 있으며 이들을 사용하여 녹음 및 음반 제작 서비스를 제공하는 직업들도 있다.

이외에 음악 연주에 사용되는 각종 악기를 제작하는 활동과 항상 같은 음색과 음량을 내도록 악기를 정비하는 직업 활동도 있다. 그런데 성악의 경우에는 성악가 자신의 목소리의 색깔과 음량을 사용하기 때문에 노력에 의해 생산되는 음악의 질을 어느 정도 향상시킬 수도 있지만 대개 자신의 타고난 성대(聲帶)와 호흡기의 역량에 따라 성악가로서의 등급이 정해진다고 할 수 있다. 그러나 기악은 사용하는 악기의 성능이 연주가의 음악가적 역량에 영향을 미칠 수 있기 때문에 악기를 잘 만드는 명장이 되는 것은 음악가 못지않은 명성을 가져다주었다. 그러나 디지털 시대에서는 생산된 음악을 음향 조정 기술과 음향기기들로 가공할 수 있기 때문에 음악 애호가들이 대중화되면서 전통 음악과 관련한 직업들이 유명세를 서서히 잃어가고 있는 실정이다. 하지만 디지털이 자연을 그대로 복사해낼 수 없기 때문에 자연이 가지고 있는 혹은 자연을 통해 들려오는 음악에 대한 사람들의 수요는 사라지질 않을 것으로 본다.

그림은 문자의 초기 형태라고 할 수 있는데 이후 일정한 형식에 따라 그림을 정형(定型)화함으로써 문자로 발전하게 된다. 이 과정에서 문자가 이성(理性)을 통해 메시지를 전달하는 전달력보다 그림이 사람의 감성(感性)을 두드려 전달하는 것이 경우에 따라서는 더 효율적인 것으로 나타나는데 이는 문자가 갖는 형태보다는 그림이 갖는 형태가 사람에게 보다 친숙하기 때문이다. 또한 그림은 감상자에게 무엇을 전달하는 역할을 하지만 동시에 화가의 감정과 가치관을 표출하는 수단으로 기능하기도 한다. 책 속에 작가의 세계가 들어있는 것처럼 그림 속에도 화가의 세계가 들어 있고 감상자는 그 세계를 그림을 통해 접하면서 공감대를 형성하기도 한다.

순수미술은 그림의 이러한 특성을 활용하여 미술 작품들을 통해 사물과 현상에 대한 화가의 다양한 메시지를 그림을 보는 사람들에게 전달한다.

그림 역시 음악처럼 서양화와 한국화로 나누어 볼 수 있는데 그림에 사용하는 재료와 기법이 서로 다르며 그림의 형태도 완전히 다르다.

화가가 본격적인 직업으로 등장한 것은 서양이 우리보다 빠르다고 하겠다. 따라서 서양화는 많은 작가의 작품들이 남아 있지만 한국화는 그렇지 못한 것은 사회의 문화가 다르기 때문이다. 특히 그림은 사람의 감성에 호소하는 매개체이기 때문에 문화적 정서에 많은 영향을 받기 마련이다. 이런 점은 최근까지도 수묵화가 채색화가보다 미술계에서 더 인정받게 됐던 원인이라 하겠다. 말하자면 유교문화의 선비정신이라는 것이 한국화에 깃들여 있는 것이다.

서양화는 시대의 사상적 조류에 따라 다양한 형태로 변화하였으며 한국화가 그림이면서 사람의 생각에 호소하는 것과 달리 서양화는 시각적 만족감을 통해 사람의 감성에 호소한다는 것이 근본적으로 다른 것 같다. 물론 서양화도 중세 이전으로 올라가면 느끼는 것보다는 생각하게 하는 그림들이 주를 이루었지만 르네상스 이후에는 인간 중심적인 사조(思潮)에 부응하여 감성의 문을 자유롭게 두드리게 되었다.

모든 미술 활동은 그림에서 출발한다고 할 수 있는데 조각은 그림의 입체적 표현이라 할 수 있다. 우리가 흔히 부조(浮彫)라고 하는 조각 형식은 그림과 조각의 중간 형태라고 하겠다. 그래서 많지는 않지만 그림을 그리는 화가가 조각가로 활동하기도 하고 조각가가 화가로 활동하기도 하며 다빈치나 미켈란젤로처럼 화가와 조각가를 겸하기도 한다.

조각 분야는 서양에서 특히 발달하였는데 평면으로 나타내지 못한 느낌을 보는 사람들에게 전해 주는데 서양 조각은 천문학에서 기본 개념을 빌려온 건축과 어울리면서 다양한 모양의 건축물들이 만들어졌다. 따라서 서양에서 건축가가 되려면 미술에 대한 조예가 깊어야 한다.

미술은 현대 산업 활동과 결부되면서 상품의 기능성에 미학적 아름다움을 첨가하여 상품 가치를 향상시키는 역할을 하고 있다. 대표적인 직업 활동이 디자인업인데 20세기 이후에 급격하게 발달하여 하나의 산업을 형성하고 있다. 그런데 생각해보면 이와 같은 디자인 개념은 고대부터 있어 왔는 것 같다. 공예라는 것이 그것인데 사람이 주로 손으로 작업한다는 것 이외에는 디자인 작업과 별반 다를 것이 없다.

공예가 고대사회에서도 직업 활동으로 인정받았기 때문에 디자인 작업이 현대사회에서 직업으로 인정받는 것은 당연하다고 하겠다. 그리고 미래사회에서도 그러한 직업은 계속 이어질 것으로 본다. 다만 공예가 디자인으로 바뀐 것처럼 산업기술의 발달에 따라 지금과는 다른 형태로 발전할 것이지만 그 개념적 활동만큼은 유지될 것이라 생각한다.

오늘날 디자인 작업은 공장에서 생산된 상품을 미학적으로 가공하여 사람들의 구매 욕구와 소유 욕구를 창출하여 매출고를 높이는 역할을 하는데, 여기에서 더 발전하여 미학적인 아름다움과 함께 사용자가 사용하기 편리하도록 기능성을 디자인하는 데까지 발전하고 있다.

이처럼 소리나 그림을 통하여 일정한 메시지나 가치를 전달하는 직업 활동은 사회의 경제와 문화 환경의 변화에 따라 다양한 형태로 변화될 수 있고 또한 다양한 형태의 파생적 직업 활동을 만들어 낼 것이다.

디지털 시대에 각종 기기나 장치들에 의해 그리고 인공지능에 의해 사람들이 이런 분야에서 활동하는 것이 방해받을 수는 있겠지만 자연을 생산하는 기술은 아직까지 실현 가능성이 높지 않기 때문에 인간이 만든 기술에 의해 사람들의 활동은 사라지지 않고 계속 존속해나갈 것으로 생각한다.

다. 생활에 필요한 물품을 전달하는 직업

생활에 필요한 물건을 소비자에게 제공하는 작업은 오늘날 사람들의 생활에서 없어서는 안 될 필수적인 직업 활동이며 시장경제를 존속하게 하는 구조물과 같은 역할을 한다. 이러한 작업이 공장에서 생산한 상품을 소비자에게 전달하거나, 자연에서 채취한 물자를 수요자들에게 전달하는 활동인데 광고, 영업, 유통, 저장, 운수, 가공, 판매와 같은 일들을 포함하며 그 과정에서 이윤을 얻거나 급여를 받는다.

이러한 직업 활동들은 사람들의 일상생활이나 기업들의 경제활동이 편리하고 효율적으로 이루어질 수 있게 해주는 윤활제와 같은 역할을 한다. 하지만 이들의 작동 원리인 수요와 공급은 책에서처럼 자동으로 이루어지는 것이 아니다. 즉 수요가 있으면 공급이 있고, 공급이 있으면 수요가 저절로 이루어지는 것이 아니다. 시장경제의 운행이 수요와 공급의 상호작용에 의해 이루어진다지만 이는 어디까지나 이론일 뿐이고 실제에서는 수요와 공급이 일어나도록 작업을 해야 한다. 즉 재화나 서비스에 대한 소비자들의 소비 욕구를 불러일으킬 광고 작업이 있어야 한다. 광고는 다른 활동들의 촉발제와 같은 역할을 하기 때문에 시장경제 활동에 있어서 중요한 비중을 차지하며 시장경제에 생명력을 불어넣어 준다는 표현이 어색하지 않다.

아무리 좋은 상품을 생산할지라도 소비자가 모르면 판매가 되지 않는다. 물건만 좋으면 판매는 걱정할 것이 없다고 하는 것은 물건의 종류가 많지 않았던 옛 시절의 이야기이고 오늘날과 같이 대량생산이 이루어지고 있는 상황에서는 소비자가 자기 회사에서 생산한 물건을 구매하도록 적극적으로 알려야 한다.

그래서 오늘날에는 제품을 생산할 때 먼저 그 제품이 어느 정도 판매가 될 것인지에 대한 수요조사를 생산기획 단계에서부터 하는 것이 일반적이다. 일단 상품의 기능에 대한 수요가 있어야 하고 그 수요를 바탕으로 광고하여 소비자들의 잠재 구매욕을 일깨워내는 것이 합리적인 경영 방법이라 하겠다.

광고는 수요와 공급을 동시에 활성화하는 효능을 가지고 있기에 광고와 관련한 직업 활동은 광고 수단과 방법에 있어서 변화는 있을지라도 광고 자체는 갈수록 더욱 발달해나갈 직업이다. 특히 정보통신 기술과 센서 기술 및 인공지능 기술이 발전하면 광고는 첨단 직업으로 진화하여 디지털 사이니지 광고 기법이 시장경제 체제에서 핵심적인 역할을 하게 될 것이다.

그런데 광고는 없는 구매욕을 만들어내는 것이 아니고 잠재된 것을 활성화시키는 활동이다. 광고에 미술적 재능이 필요하지만 심리학적인 지식이 필요한 이유이다.

광고 활동과는 별개로 생산된 상품이나 물자를 소비자나 수요자에게 필요한 시기에 필요한 장소로 전달하는 작업도 생산 못지않게 중요하다. 특히 전달 과정 중에 상품이나 물자가 소실되지 않고 훼손되지 않도록 조치하는 것이 중요한데 그 물량이 많아지자 이를 전문적으로 관리하고 운영하는 직업들이 생겨났다. 물류업이라고 하는데 주로 보관하는 창고업과 물건을 실어 나르는 운송업이 대세라 할 수 있다.

물류 과정에서 창고업과 운송업이 활발하게 성장하자 생산 공정 자체가 물류 비용 절감과 상품의 가치 보존을 위해 완성품 생산에서 부품 생산으로 전환하고 물류 과정에서 가공 또는 조립 작업을 통해 완성품을 만들기도 한다. 보세가 공업 같은 것이 대표적인 경우이다.

이러한 물류업은 종국적으로 상품을 판매하기 위한 활동인데 산업이 발전하기 이전에는 공장에서 대량의 상품을 가져와 소매상들에게 판매하는 도매업과 소비자에게 직접 상품을 판매하는 소매업으로 단순하게 구분되었다. 물론 그 가운데에 물건을 직접 생산자에게서 구매하여 소비자에게 판매하는 소수의 행상들도 있었다.

그런데 산업이 발달하면서 대량생산이 이루어지자 상품을 공장에서 빨리 내보내는 일이 중요하게 되었다. 생산 공장에 재고가 쌓이면 생산 활동이 중단되기 때문에 지속적으로 생산 활동을 해야 하는 공장으로서는 정상적인 운영이 힘들게 되는 경우가 발생할 수 있기 때문이다. 이에 유통과정을 확대하여 대형마트, 백화점, 도매상, 소매상, 물류창고 등에 상품을 분산하여 보관하도록 함으로써 이를 해결하게 된다. 유통업이 발생하게 된 연유라 하겠다.

하지만 최근에는 유통과정에서 발생하는 물류비용을 줄여 상품의 경쟁력을 높여 판매하려는 홈쇼핑이나, 통신판매, 전자상거래 등이 새로운 유통방식으로 등장하고 있다. 그런데 이러한 판매방식에는 상품을 항상 보관하고 분류하는 공간과 상품을 개별적으로 소비자에게 전달해야 하는 운송이 문제로 떠오른다. 이에 물류센터와 택배라는 업종이 활발하게 성장하고 있는데 두 업종 모두 소자본으로는 경쟁력이 없다는 특성을 가지고 있어 앞으로 생각이 좀 필요한 부분이다.

오늘날 이러한 역할을 하는 직업군으로는 광고업, 디지털미디어광고업, 유통업(백화점, 대형마트, 체인점, 도매상, 소매상), 창고업, 보세가공업, 화물운송업, 홈쇼핑업, 전자상거래업, 통신판매업, 포장업, 물류센터업, 택배업 등이 있다.

라. 생활에 필요한 서비스를 제공하는 직업

물건을 전달하는 역할과는 달리 사람들이나 기업 또는 단체에 각종 서비스를 제공하는 작업을 하는 직업들인데 특이한 점은 무형의 서비스, 즉 안내, 교육, 대행, 대리, 기회 제공, 컨설팅, 시술 등을 통해 개인이나 집단에 즐거움, 편리함, 경제적 이익, 아름다움, 권리 등을 제공한다는 것이다.

이러한 직업적 활동은 문화의 발전과 높은 관련성을 가지고 있기 때문에 저개발국가에서보다는 산업 선진 국가에서 활발하게 일어나고 있다. 말하자면 서비스 제공과 관련한 작업은 본래 개인이나 집단이 스스로 혹은 자체적으로 처리할 수 있는 내용들이다.

그런데 산업화가 진행되면서 경제적 효율성이란 개념이 사회생활 속에 도입되자 전문적 서비스 체계를 만들어 개인이 직접 처리하는 것보다 저렴한 경비로 보다 편리하고도 좋은 결과를 얻을 수 있는 기회를 제공하는 직업들이 생겨났다. 여객운송업[27], 관광업, 세무업, 호텔업, 변호사업, 법무사업, 변리사업, 사교육업(학원, 과외, 학습지), 환경미화업, 농수산물품질평가업, 부동산중개업, 경비업, 미용업 등이 그러한 직업들이다.

이러한 직업들은 경비 절감, 편리함, 만족감, 효율성 등을 내세우며 개인과 집단에 접근하여 자신들의 직업적 활동을 수행해왔다. 하지만 이들이 상대하는 사람들이 적지 않기 때문에 제공하는 서비스가 실제로 그러한 효과가 있는지 객관적인 검토가 필요하다. 그래서 서비스의 객관성을 보장한다는 의미에서 이들의 서비스 제공 능력에 대해 공공기관에서 일정한 조건을 제시하고 그 조건에 합당할 경우에만 이러한 활동에 종사할 수 있게 하였다. 그 결과 서비스의 질에 대해서는 의구심은 가질 필요가 없어졌지만 이는 부작용으로 집단이기주의적 행동을 유발할 또 다른 가능성을 걱정하게 한다.

초기에는 이러한 서비스를 개인이나 집단의 일부만이 받았지만 인권과 사회정의에 대한 시민의식이 발달하면서 점차 보편화되어 가는 중이다. 특히 인권에 대한 사회적 의식 수준의 향상은 사람이 가지고 있는 본성 중의 하나인 폭력성에 대한 욕구를 문화적 방식으로 해소하는 직업적 활동을 만들어냈다. 스포츠와 교정제도가 그 대표적인 사례인데 교정제도는 국가가 사람을 대신하지만 개인의 욕구 충족보다는 국가라는 집단의 이익을 보호하기 위한 측면이 강하다고 하겠다.

하지만 스포츠는 자신이 선호하는 선수나 팀에 자신의 감정과 욕구를 이입시켜 그들을 통해 자신의 공격성, 경쟁성, 폭력성을 제도적 규칙 안에서 표출함으로써 욕구를 정화(淨化)하는 효과를 얻게 된다. 따라서 스포츠에 있어서 승리는 선수 개인에게도 중요하지만 관중들에게는 더 중요하다는 것을 알아야 한다.

게임은 스포츠를 디지털 세계로 옮겨 놓은 것이다. 그래서 e-스포츠라고 하는데 스포츠의 속성을 그대로 가지고 있다고 할 수 있다.

---

27 운송업자의 입장에서는 승객을 운송하기 때문에 화물운송업과 같은 성질의 활동이라 할 수 있지만 화물운송업은 사람에게 화물을 전달해주지만 여객운송업은 사람에게 편리한 서비스를 저렴하게 제공해준다는 측면에서 구분되어야 한다.

스포츠는 현대사회에서 인기가 있는 직업 활동이며 앞으로도 더욱 인기가 있을 것으로 예상된다. 특히 이성(理性)적인 문화가 발달한 사회일수록 스포츠가 갖는 역할 비중이 더욱 높아질 것으로 본다. 하지만 거꾸로 감성(感性)적인 문화가 발달한 사회에서는 스포츠의 이러한 사회적 역할을 이용하여 목적적으로 육성하기도 하는데 이런 경우에 스포츠 선수의 활동은 직업으로 보기가 힘들다고 생각한다. 다 같은 군인이지만 병역의무에 의해 복무하고 있는 군인은 직업군인이 아닌 이유와 일맥상통한다.

사람은 살아가면서 사회적 관계를 형성하기 위해 말과 행동으로 상대방과 교제하려는 기본적인 욕구가 있는데 통신기술이 발달하지 못했던 시대에는 주로 주변 가까이 있는 사람들과 얼굴을 직접 보면서 관계를 만들어 갔다. 하지만 산업화가 시작되면서 공장이 만들어지고 도시가 형성되면서 사람들의 이동성은 급격히 늘어났고 이에 사회적 관계는 지리적 한계에 직면하게 되었다. 이런 사회적 환경 속에서 19세기에 발명된 통신기술은 사람들에게 사회적 관계 형성의 장애인 지리적 한계성을 극복하는 편리함을 제공하였다. 이후 컴퓨터의 발명과 이를 기초로 하는 인터넷이 등장하면서 통신기술은 소식이나 의사를 전달하는 차원을 넘어 데이터(Data)를 주고받기에 이르렀다. 그리고 오늘날에는 이런 데이터 속에서 경향성을 도출하여 사업에 활용하기도 하고 데이터 전송에 이용되는 신호를 이용하여 기기나 장치를 원격 조정하는 일까지 하고 있다.

하지만 정보통신 기술을 불법으로 사용하여 개인과 사회에 피해를 주는 사건들이 발생함에 따라 정보통신 기술에 있어서 보안성이 과제를 등장하면서 이와 관련한 다양한 직업 활동도 진행되고 있는 상황이다.

과학과 기술의 발달에 따라 서비스를 제공하는 직업 활동은 다양하게 이루어지고 있지만 현대 시민사회에 있어서 특히 관심을 끌고 있는 활동으로는 국가가 국민에게 제공하는 사회복지서비스와 관련한 활동이다. 사회복지서비스는 특히 유럽 국가들을 중심으로 발달하고 있는데 국가기관과 민간기관을 통해 제공되고 있다. 이는 인권에 대한 인식이 보편화되면서 일어나는 직업적 활동인데 하나 특이한 점은 모든 직업 활동이 경제적 이익을 추구하는 데 반해 사회복지서비스 활동은 그렇지 않다는 것이다. 오로지 모든 국민의 인간으로서의 최소한의 존엄성을 지켜주는 활동인데 반대급부로는 역시 '인간으로서의 최소한의 존엄성'을 사회 전체가 돌려받는다는 것이 앞에서 이야기한 '서비스를 제공하는 직업'들과 다른 점이다.

3) 사람들로 이루어지는 집단의 이익과 관련한 분야

앞에서 살펴본 직업들은 개체로서의 사람 개인이나 사람과 사람과의 실제적 관계와 관련이 있었지만 지금 이야기하고자 하는 분야의 직업들은 개체로서의 사람과 관계없이 국가라는 추상적 실체와 관련된 직업 활동이다. 말하자면 눈으로 볼 수도 없고 손으로 만질 수도 없는 국가라는 개념체(법인격체)의 공공이익28을 위해 활동한다.

가. 국가의 체계를 구성하여 국가의 이익을 직접 구현하는 직업

국가는 국가 수립의 기본 가치를 담은 헌법에 따라 통치자를 선출하여 국가 이념에 따라 국가의 제반 사항을 관장하게 하며 국민이 인간으로서의 삶의 질을 향상시킬 수 있도록 하였다. 그리고 통치자의 지시에 따라 국가의 공공이익을 위해 업무를 수행할 수 있는 사람들을 선발하는 제도를 만들어 시행한다. 동시에 국민의 권리를 대변하는 또 다른 국가기관을 선출하여 통치자의 권력을 제어하도록 하고 그들의 업무를 보조할 인력을 채용하여 운용하도록 하고 있다. 또한 헌법적 가치에 기초하여 수립된 법사회적 질서를 유지하는 업무를 독자적인 기관에 부여함으로써 공공이익이라는 국가 전체의 이익을 공동으로 실현하고 있다.

이러한 각종 업무와 관련한 직업으로는 정치인, 대통령이나 국회의원 같은 정무직 공무원, 정무직 공무원을 보좌하는 별정직 공무원, 행정부 공무원과 입법부 공무원 같은 일반직 공무원, 군인이나 판·검사와 같은 특정직 공무원 등이

---

28 국가라는 법인격체가 헌법과 법질서를 바탕으로 추구하는 형식적 정당성

있으며 이외에 전문 분야별로 각종 공공기관(공사, 재단, 연구소, 센터, …)이 설립되어 분야별로 직원을 채용하여 운영하고 있다.

정무직 공무원은 선거를 통해서 선출되거나 국회의 동의를 얻어 임명하는 공무원을 말하는데 선출직 공무원은 법률상 피선거권을 가진 대한민국 국민이면 누구나 꿈을 꿀 수 있지만 임명직 공무원은 대개 관련 직업에서 일정한 수준 이상의 위치에 있는 사람이라야 가능하다.

현재 우리나라에서 선거를 통해 가질 수 있는 정무직 공무원은 국회의원 300명, 시·도지사 17명, 교육감 17명, 시장·군수·구청장 226명, 시·도의회의원 824명, 시·군·구의회의원 2,927명 등 총 4,011명29이며 4년마다 한 번씩 취업 기회가 온다.

그런데 국회의원이나 지방의원은 선거에 당선되면 4년씩 계속해서 몇 번이고 일을 할 수 있지만 지방자치단체장은 계속해서 3번 이상은 할 수가 없다.[30]

별정직 공무원은 주로 정무직 공무원의 업무를 보좌하는 공무원인데 채용 방법은 기관에 따라 다소 다르며 일반직 공무원 채용과는 많이 다르다. 입법부 별정직 공무원인 국회의원 비서관이나 비서들은 국회의원이 개별적으로 채용하여 국회사무처에 보고하면 된다.

일반직 공무원은 공무원 중에서 가장 많은데 경력경쟁이나 공개경쟁 채용시험을 거쳐 임용되며 특별한 사유가 발생하지 않으면 공무원법에 보장한 정년까지 근무할 수 있다.

특정직 공무원도 경력경쟁이나 공개경쟁 채용시험으로 임용하는데 법관, 검사, 외무공무원, 경찰공무원, 소방공무원, 교육공무원, 군인, 군무원, 헌법재판소 헌법연구관, 국가정보원의 직원, 경호공무원과 특수 분야의 업무를 담당하는 공무원[31] 등이 있으며 직급체계는 각각 다르다.

---

29 중앙선거관리위원회, 제7회 전국동시지방선거 선거구 및 의원정수 현황, p.3

30 지방자치법 제32조, 제95조

31 국가공무원법 제2조제2항2호.

이들은 국가라는 추상적 집단이 추구하는 공공이익을 위하여 작업하는데 기본적으로 국민의 세금을 자본금으로 활동하며 공무원 또는 준공무원의 신분을 지닌다.

그런데 국민의 시민의식이 높아지고 공교육이 일반화되면서 국민이라는 추상적 집단을 중심으로 '일반이익'32에 관한 관심이 높아지면서 국가적 차원의 업무에 시민의 직접적인 참여가 늘어나고 있다. 주로 시민단체, 언론계 및 학술계 등이 주축이 되고 있다.

나. 국가의 이익을 형성적 측면에서 지원하는 직업

정치, 입법, 행정과 사법에 관련된 직업이 국가라는 집단의 이익을 직접적으로 구현하는 활동이라면 국가의 이익을 형성(形成)적 측면에서 지원하는 활동으로 교육이 있다.

오늘날 공교육제도의 출발은 국가 단위의 공공이익을 지키려는 정책적 목적에서 시작한 것이라 할 수 있다. 교육계에서 이야기하는 바람직한 인간성 계발이나 자아 완성과 같은 개념은 일반이익에 관한 의식이 발달하면서 그 이후에 교육이론가들에 의해 생겨난 것이다. 그래서 교육은 국가적 차원의 목적과 시민적 차원의 목적을 병행적으로 추구하는 양면적 성격을 가진 활동이라 할 수 있다. 이는 오늘날 교육정책 수립 업무에 종사하는 직업인들과 교육 현장에서 활동하는 직업인들에게 교육 자체의 개념에 대한 혼란을 야기하는 원인이 되는 것 같다.

현재 교육과 관련한 활동에 종사하는 직업군으로는 교육 행정 업무를 수행하는 행정사무직(일반공무원, 교육공무원, 사립학교 행정직원) 그룹과 교육활동에 종사하는 교사직(유치원 교사, 초·중등교사, 특수학교 교사, 대학 강사 및 교수, 학원 강사, 직업훈련교사, 학습지강사, 개인교수) 그룹이 있다.

교육활동은 유치원교육법, 초·중등교육법, 고등교육법, 장애인 등에 대한 특

---

32 국민이라는 집단이 사람으로서의 존엄성과 가치를 바탕으로 추구하는 보편적인 권리

수교육법에서 규정한 학교를 중심으로 이루어지는 공교육, 학원 및 개인교사를 중심으로 하는 사교육, 직업훈련센터를 중심으로 하는 직업교육 활동이 있으며, 공교육기관으로는 국·공립과 사립 교육기관이 있으며 채용시험은 지방교육청 단위로 이루어지는 것이 일반적이다.

그리고 이들의 교육활동에 필요한 여러 가지 기자재를 생산하는 교육산업에 종사하는 직업군이 있어 교육의 효율성을 높이는 데 기여하고 있다.

또한 국가라는 사회에서의 경제활동은 국가 자체를 유지하고 운영하는데 필요한 재정을 제공하는 원동력이다. 경제활동은 대부분 민간 영역에서 이루어지지만 국가 차원에서 이루어지는 사례도 있다. 하지만 경제의 발달과 더불어 경쟁력을 확보한다는 차원에서 민영화하는 경우가 많다.

민영화는 민간인에게 산업이나 사업 자체를 완전하게 넘겨버리는 경우도 있지만 형식상 민간 경영체제로 운영하면서 실질적으로 국가가 관여하는 경우도 많다. 오늘날 사회적으로 문제가 되는 낙하산 인사가 일어나는 원인인데 앞으로 이러한 문제는 시민의식의 발전과 더불어 해결되어 나갈 것이다.

민간 경제 활동의 원래 목적은 이윤을 추구하는 것이다. 특히 세계화 시대의 상징과도 같은 다국적기업은 그 대표적인 사례라 하겠다. 그럼에도 불구하고 국가는 그 존립의 목적과 가치를 끊임없이 추구하면서 민간 경제 활동의 수준을 넘어 국가 전체 수준에 있어서 경제와 산업의 균형적인 발전을 이룩하려고 한다. 그래서 국가가 이윤만을 추구하는 민영 경제를 국가의 공공이익 차원에서 조정할 필요성이 있는데 바로 금융과 세무 제도를 통해서 이러한 일을 한다.

금융 업무는 민영화 형식을 취하고 있지만 중앙은행제도를 통해 각종 금융기관을 조정하며 세무 업무는 법률의 형식을 빌려 업무를 수행한다. 그런데 세무사라는 직업은 공식적인 업무가 국민의 세금 문제를 대행하거나 해결해주는 서비스 제공 역할이지만 근본적으로는 국가의 세무 행정을 돕는 직업인이다.

에너지와 관련한 업무 역시 국가 전체의 공공이익과 관련되기 때문에 이 역시 국가가 직접 관여하고 있다. 종사자들은 크게 에너지를 생산(수입하거나 개발)하는 업무와 판매하는 업무로 구분해 볼 수 있는데 민간인이 참여할 수 있지만 에너지산업 전체 수준에서는 국가의 에너지 정책에 직접적으로 영향을 받는 직종이다.

다. 국가의 이익을 보호하는 직업

국가라는 집단의 이익을 위한 다양한 직업 활동들을 안전하게 보호하는 활동들이 있는데 대외적 위협으로부터 안전하게 보호해주는 활동과 대내적 위협으로부터 안전하게 보호해주는 활동이 있다. 전자는 무력을 후자는 법률을 사용한다.

국가가 일반적으로 가장 싫어하는 것은 국가의 가치 질서가 외부나 내부의 충격으로 인해 흔들리거나 파괴되는 것이다. 이는 곧 국가 자체의 생존과 관련된 문제이기 때문에 국가는 필연적으로 이를 방어하려 하는데 이런 방어 작업은 국가통치체제에 직접 소속된 전담 기구와 인력들을 통해 집행된다.

방어 작업은 일반적으로 외부에서 오는 충격을 막는 '군대'와 내부에서 오는 충격을 막는 '경찰'에 의해 이루어진다.

오늘날에는 대부분의 국가에서 군대와 경찰을 분리·운영하지만 동서양을 막론하고 예전에는 군대가 경찰의 업무를 겸하고 있었는데 서양에서는 전제군주시대, 우리나라에서는 주로 조선시대에 왕권을 강화하고 왕권에 저항하는 내부 세력을 억압하기 위하여 대외용이었던 군대가 대내용으로 업무의 성격을 바꾸면서 오늘날 경찰로 변신했다. 하지만 서양에서는 군대가 경찰 업무를 겸하는 경우가 아직 남아있는 곳도 있다. 대표적으로 남아 있는 곳이 프랑스의 장다름 (gendarme) 제도와 이탈리아의 헌병인데, 장다름은 군인이면서 프랑스 국민을 대상으로 특정 분야의 경찰 업무를 수행하고 있으며 이탈리아 헌병은 대통령을 경호하는 업무에서 경찰을 대신하고 있다.

하지만 현대 국가들은 대부분 군대와 경찰을 구분하고 있는데 테러와 같이 파괴 규모나 피해 정도가 너무 커서 경찰의 인력과 장비로는 원상복구가 힘들다고 판단할 때 군대가 개입하여 이를 해결하기도 하고 비상계엄 상태에서 군대가 국가 내부 치안 질서 유지에 관여하기도 한다.

그러나 어떤 상황이든지 군대가 동원되어 경찰 업무를 수행하는 것은 집권자들에게 많은 정치적 부담을 줄 뿐만 아니라 오히려 사회적인 혼란을 일으킬 수 있기 때문에 쉽게 결정할 수 있는 문제가 아니다. 따라서 오늘날에는 군대와 경찰의 융합 형태를 가진 특수조직을 만들어 국가의 이익을 방어하는데 대표적인 직업이 '경찰특공대'이다. 소속과 형식은 경찰이지만 실질적 업무 내용은 군 특수부대와 같다고 보면 된다.

오늘날에는 사회조직이 국가 단위를 넘어 다국적화 내지는 세계화되면서 전통적인 관점의 범죄행위(국내 질서 파괴)와 군사 행위(국외 질서 파괴) 간의 구분이 모호해지고 있어 이에 대처하는 국가 차원의 방식도 변화를 도모하고 있다.

또한 인터넷 기반의 초연결사회로 진입하면서 실재(實在) 사회에서의 테러나 범죄 못지않게 사이버 세계에서의 테러나 범죄가 빈번하게 발생하여 이에 대한 대책을 국가 차원 및 국제적 차원에서 모색되고 있다.

현대전의 무기체계가 전자화, 디지털화되면서 군사정보보호 및 보안 그리고 상대국의 군사정보 및 데이터에 대한 사이버 공격과 전자전이 새로운 전쟁 양식으로 떠오르자 전자전 및 사이버전에 대한 군사력을 강화하고 있는 추세이다.

4) 도구 개발과 관련한 분야

이 분야의 직업들은 사람의 생명이나 사람과의 관계와는 직접적인 관계가 없지만 사람들이 어떤 목적을 수행하는데 작업의 효율성을 높이기 위해 필요한 재료, 장치, 기계 등과 같은 도구를 만들거나 사람을 대신하여 일할 기술을 가진 물체를 끊임없이 탐구한다. 그리고 사람들의 이러한 활동들이 인류 문화 발달의 원동력이 되었다.

가. 사람 대신에 일하는 기술체를 찾는 직업

산업기기가 발달하기 이전의 사람들은 오로지 가축만을 이용하여 일하였기 때문에 그 어려움은 말할 수 없었을 것이다. 그래서 옛날 사람들은 일을 인격 수양의 도구로까지 생각하기도 했다. 그렇게 함으로써 일이 힘들다는 것을 인격 수양으로 핑계를 대면서 스스로 위안 삼았다.

이러한 이유로 사람들은 끊임없이 사람을 대신하여 일해 줄 기술을 찾으려고 노력하였다. 그 결과 활, 디딜방아, 연자방아, 물레방아, 멍에, 수레, 돛단배, 풍로, 풍차 등의 문명의 이기들이 발명되었지만 어디까지나 사람이 하는 일을 도와줄 뿐이지 사람을 완전히 대신해서 일해주진 않았다. 심지어 산업혁명 이후에 각종 기계나 기기들이 발명되었을 때 사람들은 기계들 때문에 모든 노동에서 쫓겨날 줄 알고 기계를 부수기까지 하였다. 하지만 오히려 기계는 부분적으로 사람의 노동력을 대체했지만 전체적으로는 생산량을 늘리면서 더 많은 사람들의 노동을 필요로 했다. 그래서 기계가 발명되고 난 뒤에도 사람을 대신하여 일하는 기술에 대한 탐구는 그치지 않았다.

기계 발명에 이어 자동화 기술이 개발되어 사람들은 한결 편해졌지만 여기서 멈추지 않고 자동화 기술을 자동적으로 조정하는 기술 개발로 나아가고 있어 조금 있으며 정말로 인간을 대신하여 일하는 기술과 장치가 발명될 것 같다.

오늘날 일반적으로 상용화되고 있는 산업로봇은 기계의 자동화 단계에서 한 걸음 더 진화한 것으로 초보적인 자동화 기술 자동 조정장치라 할 수 있다. 마치 로봇인 것처럼 산업로봇이라고 하지만 입력된 프로그램에 따라 제한된 작업만 하는 한 단계 업그레이드된 자동화 기계장치일 뿐이다.

이에 비하여 휴머노이드 로봇은 한 걸음 더 로봇다운 로봇으로 진화한 것인데 이 역시 로봇의 동작을 관리 운용하는 프로그램에 의해 움직이기 때문에 동작 제어변수가 산업로봇보다 많다는 것이 다를 뿐 역시 자동화 기계장치라 하겠다.

그래서 사람들이 바라는 인간 노동을 완전히 대체할 수 있는 로봇은 아직까지 개발되지 않았지만 자동화 기술을 자동적으로 조정하는 기술은 상당한 수준으로 발전했기 때문에 비교적 변수가 적은 작업에서는 인간을 어느 정도 대체할 수 있는 기계장치나 설비를 개발할 수 있게 되었다. 바로 스마트시티시스템이나 스마트홈시스템, 디지털헬스케어기기, 모바일기기, 컴퓨터, 3세대 디지털사이니지, 스마트팜 같은 것들이 그러한 결과물들이다.

그러나 최종적으로 사람을 대신하여 노동을 할 수 있도록 하는 것은 아마 인공지능이 어느 수준 이상으로 개발되어 다용도 기계장치인 로봇과 결합되거나 특정 분야의 기계장치와 결합할 때나 가능하게 될 것으로 생각한다. 인공지능과 로봇은 그렇게 다른 기술이다. 인공지능이 없는 로봇은 기계일 뿐이다. 우리가 말하는 생각 속의 로봇은 인공지능을 갖춘 로봇이다. 인공지능 기술은 비록 바둑에서 사람을 이겼지만 아직 로봇과 결합하여 소설 속에서와 같은 로봇이 되기에는 좀 더 많은 연구가 필요한 상황이다. 그래서 인공지능 개발이 생각처럼 되지 않게 되자 사람의 뇌와 로봇을 연결하는 인터페이스 개발 쪽으로 나아가기도 하고 있다.

오늘날 이러한 역할을 하는 직업군으로는 인공지능개발, 자동화, 로봇, 사물인터넷, 컴퓨터, 3D프린팅산업, 빅데이터, 데이터사이언스, 정밀농업, 센스, 동력장치 개발, 인터페이스 기술 등이 있으며 구체적인 직업으로는 다음과 같습니다.

① 있는 재료로 유용한 도구를 만드는 직업

이미 있는 물질이나 기술을 사용하여 사람들의 생활에 더 효용성이 높은 물건이나 기술을 만들어내는 역할인데 인류 문명 발전의 원동력이라 할 수 있다.

주로 공학과 깊은 관계가 있는 것으로 재료를 조합하여 새로운 형태의 물건을 만들거나 재료를 융합하거나 분해하여 새로운 재료를 만들어 이를 이용한 기기나 제품을 개발하는 일을 한다. 그런데 이러한 일들은 기초과학의 발전과 밀접한 연관성을 가지고 있기 때문에 대개 과학 수준이 앞선 선진국에서 발달해 있다. 이러한 역할을 하는 산업을 일반적으로 제조업이라고 하는데 공업, 건축토목업, 섬유산업, 신소재산업, 공예산업, 디자인산업 등이 이에 속한다.

그리고 산업마다 제품을 기획하고 설계와 디자인을 하는 직업이 있고, 설계에 따라 제작·생산하는 분야의 직업과 완성된 제작품에 대한 검사와 감리를 하는 직업들이 있다.

또 이런 과정을 거쳐 생산된 기기, 기계, 설비, 물건, 장치, 완성품 등을 소비자가 사용할 수 있도록 조립·설치해주거나 사용법을 가르쳐주며 시운전하는 등의 서비스와 고장이나 운용상의 문제점을 해결해주는 유지·관리 서비스를 담당하는 직업들도 있다.

이러한 일들과는 별도로 각 분야의 새로운 기술을 새로운 개념과 시각으로 개발하는 직업도 있다.

일반적으로 기획과 설계 분야의 일은 전문대 또는 대학 관련 학과에서 설계와 관련한 공부를 하고 국가자격증을 취득한 다음 취업하여 해당 분야의 일을 할 수 있다. 그러나 기획과 개발 분야는 해당 분야에서 많은 경험을 쌓거나 대학원 이상의 연구 과정에서 공부한 사람들이 주로 담당하는 편이다.

작업설계에 따라 제품을 제작하거나 생산하는 직업은 보통 전문계고등학교 이상 졸업한 사람들이 담당하는데 예전과 달리 주로 기계설비나 장치를 운용하여 작업을 한다. 부분적으로 자동화되거나 로봇을 사용하기도 하지만 아직까지는 기술자가 공정을 관리하고 있다.

오늘날 첨단산업로봇이 등장하여 일하는 분야가 주로 이 분야인데 사람의 기술이 큰 비중을 차지하고 있는 분야도 이곳이다.

특히 거의 모든 기계제조업에 공통으로 필요한 주조, 금형, 소성가공, 용접, 표면처리, 열처리 등 6가지는 '뿌리산업'이라고 하는데 기계나 로봇보다는 사람의 숙련된 기술을 필요로 한다. 이 분야는 힘이 많이 드는 직업이라서 예전에는 사람들이 싫어한 직업이었는데 오늘날에는 작업환경이 많이 개선되어 예전같이 고된 직업이 아니라고 한다. 현재 용접 분야는 독일과 일본과 같은 산업선진국에서 세계 시장을 석권하고 있다고 한다.

공예와 디자인은 둘 다 예술적 성향을 지니고 있지만 디자인은 산업화를 전제로 하고 있다는 점에서 공예와 다르다. 그래서 오늘날 디자인은 제품의 기술적 성능과 사용자의 사용 방법에 대한 지식을 바탕으로 진행되고 있다. 예술적인 능력으로만 디자인할 수는 없는 상황이다.

제작 및 생산과정의 마지막에 해당하는 검사 또는 감리 업무가 있는데 검사업무는 일반적으로 생산과정에 참여하는 인력에 의해 이루어지지만 분야에 따라서는 비파괴검사자격증을 가진 사람이 해야 하는 경우도 있다. 또한 감리업무

중 건축감리와 같은 업무는 특별한 자격증을 가지고 있는 사람만 할 수 있다.

이러한 역할을 하는 직업의 모임으로는 공업, 건축토목업, 제조업, 기계산업, 전기전자산업, 섬유산업, 신소재산업, 공예산업 등이 있다.

② 없는 데서 있는 것을 만들어내는 직업

사람이 살아가기 위해서는 먹는 것을 비롯하여 끊임없이 소비활동을 해야 한다. 그런데 소비는 있는 것을 없애는 행위이기 때문에 자연이 우리에게 공기처럼 무제한으로 공급할 수 있다면 사람이 살아가는 데 그다지 문제가 없지만 음식물처럼 자연의 공급량이 한정되어 있다면 음식물을 먹는 사람은 살아남겠지만 먹지 못하는 사람은 도태될 것이다. 자연은 이러한 방법으로 지구상에서 살아가는 모든 동식물의 개체 수를 조절해 나간다.

사람의 경우에는 다른 동물과 달리 자연이 허용한 숫자 이상으로 많은 사람들이 함께 살아가길 바랍니다. 이는 인간 신경계의 진화와 더불어 의식이 발달하면서 인간만이 가지는 특성, 즉 인성이 발현된 결과라 하겠다. 인간의 본능 때문이 아니고 인간의 인성적 특성 때문에 자연의 통제력을 벗어나고자 하는 것이다.

그런데 자연의 통제력 안에 머물 때는 자연이 제공하는 먹거리로 사는 문제가 해결되었지만 자연의 통제력을 벗어나면서부터는 사람 스스로 먹거리를 만들어야 하는 운명적 과제를 짊어지게 되었다. 그래서 사람은 자연이 음식물을 창조해 내듯이 없는 데에서 만들어내야 한다.

그렇지 않으면 비록 인성에 의해 함께 살고자 했지만 한정된 먹거리로 인하여 사람들은 끝없는 투쟁을 하게 될 것이고 그 투쟁은 자연 상태에서보다 더 치열한 전쟁이라는 비극적 행위로 일상화될 것이다.

그래서 사람들은 이러한 처참한 환경에서 벗어나고자 '무(無)에서 유(有)를 창조하는 역할', 즉 먹거리를 생산하는 일을 자연과 함께 나누어서 하게 된 것이다. 이런 점에서 볼 때 먹거리를 생산하는 일은 사람의 모든 활동 중에서 가장 중요한 활동이며 가장 기본적인 활동이라 할 수 있다. 하지만 인간이 가진 능력의 한계성 때문에 '없는 데에서 무엇을 만들어내는 일'은 극히 부분적이고 제한적이다. 단지 자연이 하고 있는 방식을 빌려 농업, 수산업, 임업 등에서 재배 또는 양식을 하고 있을 뿐이다.

그럼에도 불구하고 현실 사회에서는 이런 역할을 하는 사람들을 귀하게 대접하지 않는다. 마치 물과 공기가 귀하지만 별로 그 가치를 인정해주지 않는 것과 같다. 그런데 자연의 질서에서 벗어나려는 인간의 특성으로 인하여 인간 사회에서는 절대로 사라질 수 없는 역할이다. 따라서 인류사회와 함께 가장 오래 살아남는 사회적 역할과 직업이 될 것이다.

사회에서 이러한 역할을 하는 직업의 모임으로는 농업, 임업, 양식업, 화학산업, 버섯재배업, 축산업 등이 있는데 현대과학과 산업기술의 발전으로 인하여 유전공학 기술을 비롯한 다양한 산업기술이 이 영역에 도입되면서 자연의 생산방식에서도 벗어나려 한다.

미래 농업의 한 형태로 떠오르고 있는 스마트팜과 식물공장이 그러한 예에 해당하는데 기존의 자연적 생산방식에서 인공적 생산방식으로 근본적인 변화를 시도하고 있다는 점에서 관심을 모으고 있지만 아직 해결해야 할 기술적인 문제들이 다수 남아 있는 상태이다. 하지만 조만간에 이러한 문제들을 해결하여 미래의 첨단 생명과학으로 자리를 잡을 것이다. 그러면 인류의 사회생활이 또 다른 형태로 변형될 가능성도 배제할 수 없다.

한편 화학은 인류가 자연적 질서에서 벗어나고자 하는 의지를 직접적이고 노골적으로 보여준 활동이다. 그래서 예전에는 마술사로 표현되기도 했다. 화학은 농업과 달리 인류의 생존과 직접적인 관련성을 가지고 있지 않지만 인류 문화를 자연의 영역에서 벗어나게 하는 데에는 아주 큰 영향을 주었다.

2절 청소년 진로교육의 이정표로서의 직업

1) 직업의 개념적 특성을 갖춘 직업

진로교육에서 직업에 대해 교육하는 것은 학생들에게 당장 취업을 준비하게 하기 위한 것이 아니라는 것을 염두에 두어야 한다. 진로교육에 있어서 직업은 완성체로 나아가는 학생들에게 그들의 꿈과 가치를 사회에서 실현할 수 있도록 이끌어주고 방향을 제시해주는 이정표와 같은 역할을 하기 때문이다. 현실적으로 이야기하자면 학생들이 지금 배우고 체험하는 직업은 그 학생들이 학교를 떠나 사회인이 되었을 때 사라지거나 없는 직업일 수도 있다. 직업은 정체된 것이 아니고 사회의 변화에 따라 생명체처럼 항상 유동적으로 움직이기 때문이다. 특히 과학과 산업적 기술이 하루가 다르게 발전하고 인간과 사회에 대한 전통적인 가치관이 심각하게 도전을 받고 있는 현대사회에서 어떤 직업이 바람직하고 어떤 직업이 그렇지 못하다고 학생들에게 이야기해 줄 수 있는 사람은 어디에도 없다.

그래서 우리는 내일을 살아갈 학생들에게 직업이 사람에게 갖는 의미와 기능을 이야기해주는 것이 바람직한 교육 방법이 아닐까 생각한다. 말하자면 인기가 있고 유망하다고 생각하는 직업을 정하여 이야기하는 것보다 사람에게 직업이라는 것이 필요하고 사회적으로 사람의 직업이 존재하는 한 직업이 가져야 할 기본적인 규범을 이야기해주는 것이 학생들의 진로교육에 보다 긍정적인 결과를 가져올 것이기 때문이다.

가. 지속적인 근무가 가능한 직업

직업은 내가 선택하는 것이지 제삼자에 의해 강제적으로 선택하는 것이 아니어야 한다. 그것은 직업이 아니고 강제노역이기 때문이다. 또한 나의 의지와 관계없이 생활에 필요한 돈을 벌기 위해 택할 수밖에 없는 직업도 참된 의미의 직업이라 할 수 없다. 그것은 목숨의 노예이든지 사회의 노예와 다르지 않다. 나의 의지와 관계없이 어떤 작업에 종사하는 것이 나의 직업이 될 수 없는 것처럼 나의 의지와 관계없이 그만두어야 하는 것도 직업이 될 수 없다.

직업 활동을 수행하다가 큰 잘못을 하거나 업무 수행 능력이 부족하여 직업에서 퇴출되거나 직장이 폐쇄되어 직업 활동을 그만두어야 하는 경우는 어쩔 수 없지만 그렇지 않은 경우에 나의 의사와 상관없이 직업을 그만두어야 한다면 적어도 그러한 활동은 직업이라 할 수는 없다는 것이다. 예를 들면 계약직이나 인턴과 같은 활동인데 계약직과 인턴은 애당초 작업을 시작할 때 기한이 보통 6개월~2년 정도로 제한되어 있다. 직업에 대해 체험 기회를 제공한다거나 직업이나 직장에 대한 적성을 검증한다는 등의 목적으로 운영되지만 이는 개별 현실 사회의 필요성에 의해 사용자가 노동력을 이용하는 방법일 뿐 직업이라고 할 수는 없다. 다만 정규직 채용을 전제로 일정 기간 신입사원의 직무수행능력이나 태도에 대해 검증하는 절차적 제도로서의 인턴은 직업 활동의 일부라 하겠다.

따라서 계약직이나 기간이 정해져 있는 임시직, 사업 목적 달성 여부나 기관장의 변동에 따라 해임되는 별정직 공무원, 채용을 전제로 하지 않는 인턴직과 같은 직업은 비록 사회에서 직업이라고 호칭을 할지언정 진로교육 대상으로서의 직업에는 포함하지 말아야 할 것이다.

나. 적정한 경제적 보수를 받는 직업

직업은 그 출발이 생존에 필요한 물질을 획득하기 위한 활동이기 때문에 경제적 보수가 반드시 있어야 한다. 따라서 보수를 받지 않는 봉사활동이나 시민[33] 활동은 아무리 지속적으로 하고 있다고 할지라도 직업으로 간주할 수는 없다. 단 봉사활동이나 시민 활동 단체가 상시 활동을 지속하기 위해 상근하는 작업자에게 적정한 수준의 보수를 지급할 경우에 그 보수를 받는 사람에게는 직업이 되지만 일반 참여자들에게는 직업이 될 수 없다. 단지 자원봉사자이고 자발적 시민 활동 참여자일 뿐이다.

오늘날 사회적으로 시민의식이 발달하면서 시민단체가 정부나 지방자치단체 혹은 공공기관의 활동에 대해 간여하는 것이 사회의 보편적 가치로 인정되면서 직업적으로 시민 단체 활동을 하는 사람들이 늘어나고 있다. 이러한 경우에 직업이라 볼 수 있느냐 하는 문제가 생기는데 지속적으로, 그리고 보수를 받는다는 점에서는 직업의 영역에 속한다. 하지만 직업은 특정 기술이나 자격 또는 지식을 가진 활동이라는 점에서 전문화된 시민단체 활동은 모르지만 일반 시민단체 활동을 직업으로 보기에는 힘들다고 생각한다. 그들이 직업적으로 활동한다는 것은 보수를 받고 활동한다는 의미가 아닐까 생각한다.

봉사활동 역시 오늘날에는 상설 조직을 갖고 활동하는 경우가 많기 때문에 봉사활동을 기획하고 경영하기 위해서 상근하는 사람들이 보수를 받는 경우가 많다.

봉사활동 조직에서 상근하는 이들의 경우에는 봉사활동 프로그램에 참여하는 다른 일반인들과 구분하여 직업인으로 볼 수 있는데 봉사활동 단체는 일반적으로 자신들의 활동 성격과 영역을 가지고 있고 상근자는 대개 기간의 제한 없이 근무를 할 수 있기 때문이다.

---

33 법인격체인 국가, 지방자치단체 소속으로 법률에 의해 보장된 권리와 의무를 행사하는 사람들을 법인격체를 기준으로 국민, 도민, 시민, 군민, 구민 등으로 부르는데 시민의 경우에는 농촌에 사는 사람에 대하여 도시에 사는 사람을 칭할 때 사용하기도 한다. 하지만 이 둘의 개념은 다르다. 그런데 시민에는 또 다른 개념이 있는데 오늘날 민주시민사회에서 사용하고 있는 '시민'이라는 개념이다. 이 경우에는 행정단위인 '시'에 사는 사람이나 도시에 사는 사람을 의미하지 않는다. 이런 의미의 '시민'은 국가라는 법인격체에 소속된 사람으로서 국가 사회에서 자신이 가지는 사회 구성원의 권리, 인간의 권리, 정치적 권리 및 저항권 등과 그에 대한 책임과 의무를 인식하여 적극적으로 권리와 의무를 행사하는 사람을 일컫는 용어인데 다른 개념의 시민이란 용어와 혼용되고 있다.

하지만 이들에게 있어서 문제점은 보수이다. 직업이 되려면 사회적으로 인정되는 적정 수준의 월급을 받아야 하는데 봉사활동 단체의 상근자들은 전국적인 조직을 갖는 대형 단체는 몰라도 지역 단위 단체의 상근자들은 낮은 수준의 급여를 받기 때문이다. 그럼에도 불구하고 봉사단체에서 활동하는 사람들을 직업인으로 생각하는 경향이 많은데 이는 서양 국가들의 봉사활동 단체가 활성화되고 있는 현상을 보고 무비판적으로 생각하기 때문이 아닐까 한다. 서양 국가에서는 일반적으로 봉사단체 활동이 직업으로써 사회적 인정을 받고 있기 때문이다. 그 이유는 서양 사회에서 봉사활동을 하는 상근자들은 적정 수준의 보수를 받기 때문이다.

서양 사회는 봉사활동에 대해 우리처럼 100% 헌신을 요구하지 않으며 활동자의 사회적 생활을 보장한다. 그런데 우리는 봉사활동이라고 하면 아무런 대가 없이 무조건 헌신하는 것으로 생각하는 것이 일반적이다. 그 결과 서양 사회에서는 봉사활동이 지속적으로 이어지는 데 비하여 우리의 경우에는 대개 일시적인 활동에서 끝나는 경우가 많다.

따라서 봉사단체나 시민단체와 관련한 활동에 종사하는 것은 개인의 가치관에 따라 이루어지는 수준에서 고려할 사항이지 진로교육 대상으로서의 직업 범주에는 포함시키지 않는 것이 타당하다고 생각한다.

다. 기술과 자격이 필요한 직업

직업은 고정적인 급여를 받고 기간의 제한 없이 근무할 수 있는 활동이면 모두 직업이라고 할 수 있는 것은 아니다. 직업은 사회적으로 인정되는 독자적인 업무 체계를 가지고 있어야 하며 나름대로 전문적인 기술이나 지식이 있어야 한다. 아무런 준비나 경험 없이 누구나 할 수 있는 일이라면 그것은 순수한 노동일뿐으로 돈을 받는 것 그 대가라 하겠다. 직업은 노동 자체를 의미하는 것이 아니다.

직업은 전문성을 갖는 노동 활동을 말하기 때문에 어느 직업이든지 직업 활동을 위해서는 준비를 해야 한다. 일반적으로 기술, 지식, 경험 또는 자격증 등으로 전문성을 평가하는데 그 방식이 시험 또는 훈련이다. 그래서 일반적으로 직업 활동을 하기 위해 직장에 들어갈 때 입직 과정을 통과해야 한다.

그런데 현실적으로 볼 때 우리 사회에는 입직 과정과 관련한 문제가 있는 것 같다. 방금 말한 것처럼 입직 과정은 직업 활동을 하기 위해 직장에 취업하는 절차이며 그 목적은 직업 활동에 맞는 전문성을 가지고 있는지를 판단하는 데 있다. 하지만 오늘날 우리 사회에서 시행하는 채용시험에서 직업 활동의 전문성과 밀접한 관련성을 찾아보는 것이 쉽지 않다는 생각이 든다. 직장 내에서 담당해야 할 직업 활동의 전문성과 관련 없는 일반 외국어 성적을 요구한다거나 부분적으로 형식화된 서류심사나 면접 등은 직업이라는 원론적인 특성에서 한번 생각해 볼 문제이다.

또한 기업에서 수행하는 업무가 일부 분야에 있어서는 고도의 전문성이 요구되기에 까다로운 채용 절차가 필요하겠지만 그러한 직업은 직업 전체로 볼 때 그다지 많지 않기 때문에 채용 과정에서 이러한 전문성을 구분할 수 있도록 모집 직무에 따라 세분화하는 것이 필요하다. 최근에 공공기관을 중심으로 이러한 움직임이 있는 것은 바람직한 것 같다.

직업 활동은 전문성을 갖는다는 점에서 누구나 할 수 있는 아르바이트나 튼튼한 체력만 있으면 되는 '막노동'과 같은 활동은 진로교육 대상으로서의 직업이 될 수 없다. 생활비를 버는 것에 가장 큰 비중을 두는 생업과 직업이 다른 이유이다.

진로교육에서는 학생들에게 생업에 대해 교육하는 것이 아니고 직업에 대해 교육해야 한다고 생각한다. 같은 직업 활동을 하더라도 월급에만 신경을 쓰는 사람에게는 직업 활동을 하는 것이 아니라고 할 수 있다. 따라서 진로교육에서는 취업 역량에 대한 교육에 앞서 학생들에게 직업관을 가지도록 교육하는 것이 필요하다.

라. 사회적 역할을 가지는 직업

앞에서 이야기한 직업으로서의 자격을 모두 갖추었다 하여도 진로교육 대상으로서의 직업은 사회의 보편적 가치나 노동의 일반적 가치를 훼손하거나 비사회적인 성격을 가져서는 안 된다고 생각한다. 말하자면 직업인으로서 직무를 수행할 때 합법적이지 않은 방식으로 하거나 국가나 사회에 손실을 끼치거나 경제 및 사회질서를 부정적인 측면에서 혼란하게 하는 활동이어서는 안 된다는 것이다.

밀수처럼 세금을 내지 않게 작업을 하거나 산업스파이처럼 산업상의 기밀정보를 도용하거나, 남의 지적재산권을 불법으로 사용한 직업 활동, 사회와 타인을 비난하거나 가짜 뉴스를 만들어 유포함으로써 경제적 이익을 챙기는 온라인상에서의 활동 등은 당연히 직업 활동이라 할 수 없지만, 사회와 떨어져 홀로 산속에서 생활을 위해 하는 활동도 직업 활동이라 할 수 없다.

또한 로또나 경마와 같이 자신이 제공한 노동의 가치에 비하여 터무니없는 대가를 챙기는 작업이나 보물선을 찾는다고 광고하여 모은 자금으로 활동하는 직업들도 직업의 범주에 들어갈 수 없다고 생각한다.

직업은 각각 나름대로 사람의 생활과 사회의 유지 발전에 도움이 되는 기능을 가진 것이 정상적이라고 할 수 있다. 왜냐하면 직업은 태생적으로 인간 생활의 편리성과 안전성에 대한 욕구의 증가 그리고 사회의 질적·양적 발전에 따라 발달했기 때문이다. 인간 생활이나 집단의 존재를 파괴하기 위해 발달한 직업은 없다.

인류사에 자주 등장하는 전쟁도 피해자의 입장에서는 파괴행위이지만 가해자의 입장에서는 스스로의 이익을 위한 행위라 할 수 있다.

오늘날 세계 어느 국가든지 군대를 가지고 있는데 모두 외부로부터의 위협에 자신들의 평화와 안전을 지키는 것이 목적이라고 한다. 하지만 그런 군대가 자신들의 이익을 위하여 다른 국가나 사회를 침공하는 파괴자의 역할을 하기도 한다. 그리고 자신의 입장에서 평화와 안전을 수호하는 정말로 필요한 활동이라고 생각하는 것이 역설적으로 들리기는 하지만 국가 존립 목적의 이중성[34]에

---

34 국가는 대외적으로는 외부로부터의 침략을 방지하여 국민의 권익과 안녕을 보호하지만 대내적으로는 국민을 통제하고 지배하는 이중성을 말함.

대한 해석으로 정리될 수도 있다.

사회적 역할 분담이라는 직업의 태생적 성격에 따라 아무런 역할 없이, 또는 비사회적인 활동으로 돈을 버는 활동은 직업이라 할 수 없다.

사회적 역할 분담이라는 것은 직장 내에서 자신의 역할이 아니고 직장이 추구하는 직업 활동이 사회적 역할을 수행하고 있어야 하는 것이다. 말하자면 나쁜 짓을 하기 위해서 망을 보는 것과 같은 것은 직업이 될 수 없다는 것이다. 또한 사채놀이와 같이 외형적으로는 개인의 경제력을 지원하여 그 사람이 경제활동을 지속할 수 있게 해주거나, 생활의 곤궁함으로부터 당하는 고통을 줄여주는 것 같지만, 실질적으로는 사람들의 경제적 약점을 이용하여 고액의 수수료를 받아내려는 목적으로 운용되는 활동도 직업이라 할 수 없다. 그래서 국가에서는 부당한 고율의 이자를 받는 사채를 금지하고 있다.

2) 꿈을 실현하는 직업

진로교육에서 앞으로 성장하여 사회활동을 할 학생들에게 직업에 대해 교육하는 것은 현실적으로 직업을 가질 수 있도록 교육하는 직업교육과는 의미를 달리 하는 것이 합리적이라고 생각이 든다. 왜냐하면 진로교육에서 직업에 관한 교육을 하는 것은 당장의 필요성에 의한 것이 아니고 학교교육 기간이라는 일정한 기간 후에 자신의 사회적 활동을 의미 있게 준비하기 위한 교육활동이기 때문이다. 즉 학생의 미래적 사회생활의 준비와 관련한 진로교육의 일환으로서의 의미를 갖기 때문에 특성화고등학교의 직업교육이나 직업훈련센터의 직업교육과는 그 성질을 달리해야 하는 것이 타당하다는 것이다. 이런 이유로 진로교육에서 이루어지는 직업교육은 다음과 같은 직업관에 입각하여 교육해야 할 것이다.

가. 공부의 필요성(전문성)을 느끼는 직업:

꿈이 없는 직업도 안 되지만 현실성이 없는 직업도 안 된다.

인간은 생존을 비롯한 내재적 욕구를 실현하기 위해 본능적으로 환경에 적응하는데 이 과정에서 환경에 대한 탐색과 타협을 하게 된다. 이는 모든 생명체에 게서 공통으로 찾아볼 수 있는 현상이다.

오늘날 인간은 다른 생명체에 비하여 탐색력은 부분적으로 떨어지지만 타협과 관련한 능력에 있어서는 뛰어나다고 하기보다는 특이하다고 할 수 있다.

일반적으로 사람의 인지구조는 감각기관을 통해 들어온 정보를 인식시스템을 통하여 평가하여 조정함으로써 인식시스템의 변화를 가져오면서 지식을 발전시켜나가는 형태를 취하고 있다. 그리고 지식(경험 포함)을 바탕으로 판단하여 주어진 환경과 타협을 하게 되는데 이때 판단에 많은 지식이 필요할수록 타협의 전문성이 높다고 볼 수 있으며, 전문성이 높을수록 환경 속에서의 삶에 보다 긍정적인 결과를 가져올 수 있다고 본다.

그래서, 학생들에게 직업에 대해 교육할 때 직업이 갖는 현실적인 여건, 예를 들면 월급, 기술 난이도, 직장 환경, 채용시험, 종사자 수 등과 관련한 정보를 많이 제공해주는 것도 중요하지만 교육적 의미에서는 직업의 직무 내용과 그것이 사회나 산업에 미치는 영향과 비중 및 다른 직업이나 산업과의 관계에 대해 많은 정보를 제공해주는 것이 바람직할 것 같다. '월급이 얼마이고 근무는 주당 몇 시간 한다'와 같은 단순 정보보다는 '이 일은 누구를 고객으로 하여 어떤 목적에 필요한 서비스를 제공하며 업무를 수행하는데 어떤 관련 업무가 필요하다'와 같은 관계 정보가 본능적으로 학생들의 인지 시스템을 더 효과적으로 작동하게 하여 직업을 통해 사회 속에서 자신이 꿈꾸는 꿈의 모습을 구체화 시켜나가는 데 보다 효율적으로 기능할 것으로 생각한다.

직업에 관한 교육이라고 하여 기성 사회인들이 직업에 대해 갖는 일반적인 평가 기준을 학생들의 진로교육에 그대로 대입하는 것은 미래를 준비하는 학생들에게 그들의 꿈을 빼앗는 일이 될 것이다. 왜냐하면 직업에 대한 기성 사회인들의 평가는 꿈보다는 실제적인 가치, 즉 월급이나 근무환경, 승진 등을 중심으로 하고 직업이 가지는 사회적 가치에 대해서는 함구하는 것이 일반적이기 때문이다. 그럼에도 불구하고 오늘날 진로교육에서 직업교육은 그렇게 이루어지고 있는 현실이다.

꿈은 직장 환경이나 경제적 수입에 의존하는 것이 아니고 사회적 가치와 역할 관계 속에서 키워지는 것이다.

기성 사회인들의 관심 기준에 따라 직업교육을 한다면 학생들은 자신의 꿈을 키워나갈 동력을 상실함과 동시에 꿈보다는 차가운 직업의 세계와 삭막한 노동의 세계에 직면하게 될 것이다.

나. 창작 정신을 계발할 수 있는 직업

직업은 사회적 여러 환경에 따라 쉬지 않고 변화한다는 점에서 살아있는 생물이라고 할 수 있다.

어제의 직업은 사라지고 오늘의 직업만이 우리 앞에 있으며 내일의 직업을 향해 또 모습을 바꾸어 나갈 것이다. 왜냐하면 직업은 주체인 인간의 생존을 위해 만들어졌기 때문에 인간이 시대적 상황에 적응하여 살아가기 위해 필연적으로 직업을 변화시키기 때문이다. 직업 변화의 근저에는 사람의 생존 문제가 있다.

생존은 기본적인 성격은 오늘에 살면서 내일을 준비하는 것이다. 오늘에 살지 않으면서 내일을 준비하는 것은 내일이 와도 또 살지 않고 그 다음 날을 준비할 것이기 때문에 그야말로 허황한 꿈만 꾸는 삶이다. 그렇다고 오늘만 살고 내일을 준비하지 않는다면 끝난 삶이 된다.

학생 시절에는 오늘의 삶을 무시하고 내일의 찬란한 삶만 꿈꾸는가 하면 성인이 되어 사회생활을 할 때는 오늘만 살고 내일을 준비하지 않는 삶을 살아가는 것이 오늘날 흔히 볼 수 있는 사람들의 삶의 형태이다. 즉 학생 때는 헛된 생각에 빠져있고 성인이 되어서는 희망 없이 살아간다는 것이다. 그런데 내일이 없는 성인들은 학생들의 내일을 생각하지 않는다. 아마 생각할 수 있는 능력이 없을지도 모른다. 그리고 사회는 나이가 들어 상실되어가는 사람들의 노동력을 채우는 데 열중하고 있다. 인구 감소를 노동력 감소 측면에서 걱정하는 시각이 그것을 말해준다.

진로교육은 그러한 삭막한 현실을 학생들이 체험하라고 하는 것이 아니다.

학생 스스로도 가족도 사회도 못하는 작업 즉 학생들의 꿈을 키워 사회의 생명력을 연장시키는 작업을 하기 위한 것이다. 진로교육은 취업 교육과 근본적으로 다르다.

학생들을 대상으로 하는 진로교육은 오늘의 현실에 대한 교육에서부터 시작하여야 한다. 그것은 우리의 존재가 항상 오늘에만 존재하기 때문이다. 말하자면 우리의 존재를 확실히 하기 위하여 오늘날 우리가 살고 있는 사회와 그 사회를 움직이고 있는 원리 및 현상을 알아야 한다.

그리고 우리 안에 내재된 내일을 준비하는 능력을 일깨워야 한다. 사람은 본능적으로 내일을 준비할 수 있는 능력을 지니고 있지만 사회(자연 상태의 상대어)가 잠재된 능력의 발현을 억제하는 경우가 많다. 특히 사회적 가치가 고정되어 있거나 주입식 교육이 성행할 때는 더욱 그러하다. 창의성 교육이 이런 것이고 이렇게 하는 것이라고 규정하는 순간에 창의성 교육은 사라져버린다는 것을 알아야 한다.

우리는 내일을 준비하기 위해 오늘을 알아야 하는데 특히 오늘을 움직이는 원리를 알아야 하고 그 원리에 의해 일어나고 있는 현상을 살펴 오늘에 살고 있는 우리에게 어떤 문제를 던지고 있는지를 생각해봐야 한다. 외계에서 전수되어오는 신기술에 의해 내일 우리가 상상하지 못하는 새로운 세계가 되는 것은 절대 아니다.

내일의 뿌리는 오늘에 있기 때문에 우리는 모두가 내일의 모습을 이미 보고 있는 경우가 대부분이다. 그렇기 때문에 다가오는 내일을 준비할 수 있는 것이다.

진로교육에서의 직업은 기존의 직업 세계에 대한 정보도 중요하지만 직업이 갖는 직무 내용을 살펴 그 상호관계와 작동 원리 및 구조(mechanism)에 대해 이해하도록 지도하는 것이 무엇보다 중요하다. 창조는 없는 것에서 있는 것을 만드는 것이 아니다. 있는 것에서 있으려는 것을 만들어내는 것이다. 그래서 사람들의 창조는 오늘에 있는 것을 재료로 사용한다는 것을 알아야 한다. 그것은 다가오는 내일이 오늘과 개념적으로 연결되어 있다는 증거이기도 하다.

진로교육에서 직업에 대해 교육하는 것은 내일을 준비하는 창조 정신을 직업을 통해 계발시키는 것이 쉽다. 왜냐하면 창조의 현장에 가장 가깝게 있기 때문이다.

다. 학문과 구별되는 직업: 꿈으로 남는 직업과 10년 안에 실현될 직업

학문을 직업으로 삼고 있는 사람들도 있지만 학문과 직업은 그 성격이 근본적으로 다르다는 것을 알아야 한다.

우리가 일반적으로 이야기하는 직업이라는 용어는 산업혁명 이후에 본격적으로 등장하는 경제활동과 더불어 생겨났다고 하겠다. 즉 보수를 받고 노동을 제공하는 형태의 활동 방식을 직업이라고 하는 것이다.

따라서 대학에서 월급을 받고 교수활동이나 연구 활동을 하는 경우에 그 활동을 직업이라 할 수 있지만 교수활동이나 연구 활동의 대상이 되는 학문을 직업이라 할 수는 없다. 그림을 그리는 화가는 직업이지만 화가가 그리는 그림은 직업이 아닌 것과 같은 논리이다.

그런데 첨단과학과 관련되어서는 사람들이 과학이라는 학문 활동과 직업을 자주 혼동하는 경우가 많다. 즉 미래사회의 직업을 이야기할 때 사람들은 별다른 생각 없이 로봇공학이나 사물인터넷이나 인공지능 등과 같은 첨단과학이나 기술을 직업 활동의 대상으로 생각한다.

직업은 직업 나름대로 고유한 업무 대상을 가지고 있다. 그럼에도 불구하고 학문체계를 직업의 대상으로 삼아 직업이라고 하는데 이는 학생들에게 진로를 선택하는 데에 있어 큰 혼란을 일으킬 수 있기 때문에 피해야 한다.

예를 들면 사물인터넷 전문가라고 하는데 사물인터넷 전문가가 구체적으로 무엇을 하는 직업인인지가 아주 모호하다. 그래서 사물인터넷 전문가가 되려면 어떻게 해야 하는 지를 대답할 수 없게 된다. 왜냐하면 사물인터넷을 운용하는 데에는 운용프로그램, 통신기술, 각종 디바이스, 필요한 각종 하드웨어, 기계장치, 센서, 컴퓨터, 임베디드 장치, 컨버터 장치, 인터페이스, 구동장치(actuator) 등 다양한 요소가 필요하기 때문인데 사물인터넷 전문가가 이 모든 것을 제작할 수가 없다.

그러면 사물인터넷 전문가는 어떤 일을 하는 직업인일까? 다른 사람들이 만든 각종 장비나 장치를 조립하는 사람을 말하는 것인지, 운용프로그램을 만드는 사람인지, 하드웨어를 만드는 사람인지 불분명하다. 로봇전문가, 스마트팜, 스마트시티 전문가라는 말도 마찬가지이다.

실제로 로봇전문가가 되는 길은 한 가지로 정해진 길이 있는 것은 아니다. 기계공학을 전공해도, 컴퓨터공학이나 소프트웨어공학을 전공해도, 전자공학을 전공해도 로봇전문가가 될 수 있다. 왜냐하면 로봇전문가는 로봇과 관련한 일을 하면 되기 때문이다. 그래서 현실적으로 사용하고 있는 로봇전문가는 실제로 서로 다른 분야의 작업을 하는 경우가 많다. 다른 작업을 하는 사람을 같은 직업인으로 부르는 것은 직업 활동이 아직 분화되지 않은 단계이기 때문이다. 이런 경우는 대게 작업이 산업화되기 이전인 공학(engineering)에서 일어난다. 즉 아직 하나의 직업으로 볼 수 없다. 연구나 시험을 직업적으로 하는 사람들의 일일 뿐이다. 따라서 로봇전문가 또는 사물인터넷전문가라는 말 대신에 로봇연구가나 사물인터넷연구가라고 하는 것이 옳다고 생각한다. 직업이 연구가인 셈이다.

그래서 과학이나 공학을 직업과 구분할 필요가 있다. 플라즈마공학을 연구하는 연구원이지 플라즈마전문가가 아니며 인공지능을 연구하는 연구원이지 인공지능전문가라고 해서는 안 된다고 생각한다.

라. 적합한 조건을 갖춘 자는 누구나 도전할 수 있는 직업

직업은 누구나 그 직무를 수행하는 데 적합한 조건을 갖고 있다면 입직 과정을 거쳐 해당 직업인이 될 수 있어야 한다. 교사 자격증이 있다면 누구나 교사 채용시험을 거쳐 교사가 될 수 있어야 한다. 그럴 경우에야 교사는 직업이 될 수 있다.

일반인들은 아무리 군사 지식을 많이 가지고 있다 하더라도 바로 해병대 사령관이 될 수는 없다. 해병대 사령관이 되려면 해병대 장교로 임관하여 승진을 통해서만 가능하기 때문이다. 따라서 해병대 사령관은 직업이 아니다.

도선사도 항해사 자격이 있다고 누구나 응시하여 도선사가 될 수는 없다. 그러나 일정한 경력이 필요하다는 점에서는 해병대 사령관과 같은 경우는 아니다. 도선사는 도선법에 의해 6천 톤급 이상 선박의 선장으로 3년 이상 승무한 경력이 있는 사람[35]이 해양수산부에서 실시하는 도선사 자격시험에 합격하면 누구나 도선사라는 직업에 도전할 수 있다. 도선사는 선장과는 하는 일이나 직업 환경이 다르다는 점에서 별도의 직업이라 할 수 있다.

일반 초·중등학교 교장은 내부의 승진을 통하여 취임할 수 있기 때문에 직위이지 직업이라고 할 수는 없다. 그러나 공모제에 의하여 교장이 된 경우에는 누구나 자격 여건을 갖추면 임용 심사를 거쳐 교장이 될 수 있다는 점에서 직업이라 할 수 있다.

사회에서는 직업에 대한 인식이 그다지 발달하지 못했기 때문에 학문과 직업을 혼용하기도 하고 직위와 직업을 혼용하기도 한다. 하지만 학생들에게 교육할 때는 이를 분명히 구분하는 것이 학생들이 진로를 준비하는 데 도움이 될 것이다.

경찰특공대는 직업을 경찰관이라고 하는데 이 또한 정확하지 못한 것 같다. 경찰특공대는 경찰청 소관 부대라는 점에서 그렇게 볼 수도 있겠지만 이와 같은 경우에 해당하는 도선사도 별도의 직업으로 구분하여 항해사[36]라고 하지 않는다.

경찰특공대는 육군특전사, 헌병특임대 등 특수경력 소지자를 대상으로 선발하여 5년간 경찰특공대에서 근무한다. 하는 업무도 일반경찰이 하는 일과 다르다. 따라서 경찰특공대는 일반 경찰과는 구분하여 별도의 직업으로 인정하는 것이 맞다.

특수학교 교사도 교사라는 직업군에 속하지만 중등학교 교사와 달리 별도의 직업으로 인정되며 특별한 교육과정을 거쳐 자격을 갖춘 사람은 누구나 응시하여 특수학교 교사로서 근무할 수 있다.

---

35   도선법 제5조 1호

36   자격으로서의 항해사가 아니고 직위로서의 항해사를 말함.

따라서 직업은 적합한 조건을 갖춘 자는 누구나 도전하여 가질 수 있어야 한다.

3) 사회적 역할을 분담하는 직업

진로교육은 학생들이 학교를 졸업한 다음 각자 자신의 꿈과 가치관에 따라 사회 속에서 한 사람의 구성원으로 생활할 수 있는 역량을 함양하는 교육활동이라 할 수 있다. 따라서 진로교육에서의 직업교육은 직업을 사회적 관계와 사회적 역할이라는 관점에서 다룰 필요가 있으며, 지나친 개성 위주의 교육은 자칫 잘못되면 사회적 관계나 역할에 대한 중요성을 잊어버리고 비사회적인 성격을 유도할 가능성이 있기 때문에 자제할 필요가 있다고 본다.

가. 사회관계에서 벗어나 고립된 생활을 하는 직업은 안 된다.

교육은 학생들이 성장 과정을 통하여 사회생활에 적응하여 인간적인 삶을 영위하도록 하는 것이지 사회로부터 고립된 생활을 하도록 하는 것이 아니다. 개인의 취향과 성격에 따라 현실적으로 그렇게 살 수는 있겠지만 그것은 개인의 영역에 속하는 문제이고 교육활동에서 그렇게 교육하는 것은 아니라고 생각한다.

예를 들면 자연을 좋아하기 때문에 자연 속에서 사회와의 관계를 잊어버리고 혼자 생활하는 역량을 길러주는 것은 교육에서 피해야 한다.

다만, 자연을 좋아하여 산속에 들어가 버섯이나 약초를 채취하여 이를 시장에 팔아서 생활하는 것은 비록 산속에서 독립적으로 활동하지만 사회와 관계를 맺고 생활하기 때문에 직업 활동으로 보아 교육할 수 있다.

직업 활동에서 최고의 전문가가 되는 것은 사회적으로 볼 때 긍정적인 점이 분명히 있지만 직업 자체가 사람에게 있어서 가지는 의미를 생각해 볼 때 과연 무엇을 위하여 전문가가 되어야 하는 지를 돌이켜 생각해보게 하는 것이 바람직하다.

학생들이 경쟁에서 이기는 것은 사회를 살아가는 방법이 될 수 있지만 인간적인 삶에 있어서 목적이나 의미가 없는 경쟁은 다시 생각해볼 필요가 있는 것이다.

우리는 그동안 경쟁과 1등에 대해 너무 집착해왔으며 사회적으로 너무 당연한 것처럼 여기는 데 그러한 집착은 비사회적이고 비타협적인 생활 방식에 익숙하게 하여 사회 속에서 고립적인 삶을 살아가게 할 가능성이 크지 않을까 생각한다. 따라서 일반적인 공교육에서는 그러한 삶을 살아갈 가능성이 조금이라도 있다면 자제하는 것이 바람직하다.

진정한 천재는 천재교육을 통해 만들어지는 것이 아니고 오히려 일반 교육 속에서 태어난다는 사실을 이야기하고 싶다.

그리고 개성을 강조하는 교육이 학생의 가능성을 발전시킬 수 있을지는 모르지만 교육의 목적[37]을 생각할 때 과연 바람직한 교육 방법인가는 다시 한번 생각해봐야 할 것이다. 개성을 존중하는 것과 개성을 고집하는 것은 완전히 다른 개념의 행위이기 때문이다. 개성을 존중한다는 교육이 자칫 개성을 너무 강조하여 사회적인 인간이 아닌 기능적인 인간을 만들어내는 실수를 저질러서는 안 된다.

나. 우리나라 현실에 맞지 않는 직업은 안 된다.

사회가 발전하면서 직업의 세계도 끊임없이 변화한다는 것은 누구나 잘 알고 있다. 그러나 우리가 가끔 잊어버리는 것이 변화하는 데 걸리는 시간이다. 변화는 하지만 10년이 걸릴지 50년이 걸릴지 잘 모르는 것이다. 예를 들면 조지 오웰의 '1984'라는 책이 1949년에 발표되어 사람들의 관심을 끌었지만 그러한 세상은 아직 오지 않았으며, 체코슬로바키아의 차페크(Čapek, Karel)라는 희곡 작가의 《로섬의 만능 로봇》이라는 1920년의 작품에서 등장하는 '로봇'이란 이름의 상상체는 100년이 지난 오늘에도 아직 완성되지 않고 있다.

최근에는 2016년 1월 스위스 다보스에서 개최된 세계경제포럼에서 2020년까지 4차산업혁명으로 인하여 710만 개의 직업이 사라질 것이라고 했는데 2021년인 오늘날 과연 그렇게 많은 직업이 사라졌는지는 의문이다.

---

37 교육기본법 제2조 "교육은 홍익인간(弘益人間)의 이념 아래 모든 국민으로 하여금 인격을 도야(陶冶)하고 자주적 생활 능력과 민주시민으로서 필요한 자질을 갖추게 함으로써 인간다운 삶을 영위하게 하고 민주국가의 발전과 인류공영(人類共榮)의 이상을 실현하는 데에 이바지하게 함을 목적으로 한다."

말하자면 직업의 세계가 변하는 시간은 우리가 생각하는 것처럼 그렇게 빨리 이루어지는 것도 아니고 4차산업혁명도 아직 완성되지 않은 상황이다. 2016년 다보스 세계경제포럼에서 벌써 15년의 세월이 흘렀지만 당시의 예상처럼 변화가 일어나고 있지는 않다.

학생들은 중학교, 고등학교, 대학교를 졸업하고 사회에 나아가는 데 10년밖에 걸리지 않는다. 미래사회가 오늘과 다르게 변화한다는 사실을 인지하도록 교육하는 것은 바람직하다. 하지만 미래사회가 바로 눈앞에 있는 것처럼 교육하는 것은 잘못된 교육이다. 인공지능이 개발되어 인간 사회에서 모든 작업에 관여하고 사물인터넷이 발달하여 사물들이 스스로 일하는 사회가 금방 올 것처럼 이야기하는 것은 학생들의 진로 역량을 함양하는 데 도움이 되지 않는다.

직업은 시간과 공간 속에서 실제로 존재해야하는 현실성을 가지고 있다. 그런 직업에 대해 학생들에게 교육해야 하지 과학이나 공학이라는 학문적 수준에 머물고 있는 지식을 마치 현실화된 산업처럼 학생들에게 이야기하는 것은 적절하지 못하다. 특히 산업기술 분야에 있어서 전반적으로 자립 수준이 높지 않은 사회에서 미래 기술에 대해 너무 강조하는 것은 10년 후이면 사회생활을 해야 하는 학생들에게 잘못된 생각을 할 수 있는 원인을 제공할 수 있을 것 같다. 변화의 가능성에 대비하는 것과 변화되었다고 생각하여 준비하는 것은 다르기 때문이다.

문화가 다른 사회에서 인기 있는 직업을 새로운 직업이라고 소개하는 것도 문제이다. 각 사회는 각 사회에 맞는 문화를 가지고 있고 직업은 문화를 이루고 문화에 의해 만들어지는 특성을 가지기 때문에 이질적인 문화를 가진 사회의 직업을 소개할 때는 신중해야 한다. 특히 다른 문화적 가치를 가진 외국의 직업을 단지 경제적이거나 인기라는 측면에서 생각하여 소개한다는 것은 진로교육에서는 정말 생각해봐야 한다.

다. 재화나 서비스를 생산하지 않는 직업은 안 된다.

직업은 본원적으로 사람의 생활에 필요한 재화나 서비스를 생산하는 것이다.

그런데 오늘날에는 재화나 서비스를 생산하는 작업을 하는 것보다는 돈을 벌기 위해 작업을 하려는 경향이 나타나고 있다.

재화나 서비스를 생산하는 직업도 현실적으로는 돈을 벌기 위한 것이기 때문에 직접 돈만을 벌 수 있는 직업들이 매력적인 직업으로 오해받을 수 있다. 시간과 노력을 단축할 수 있고 노동을 통해 얻을 수 있는 돈보다 더 많은 돈을 벌 수 있다고 생각하기 때문이다.

그런데 돈이 값어치가 있으려면 그 가치를 보상해줄 재화나 서비스가 있어야 한다. 그래서 사회적으로 인정되는 노동에 의하지 않고 돈을 버는 것은 오로지 소비만 하겠다는 것으로 결국 누군가의 노력을 훼손시키는 행위라 하겠다. 도박이나 고리대금업을 사회적으로 금지하는 이유이다. 이러한 작업으로 돈을 버는 사람들이 많은 사회일수록 병든 사회가 될 수밖에 없다.

마찬가지 이유로 마권이나 복권에 직업적으로 매달리는 것도 바람직하지 못하고 주식투자에 전념하는 것도 생각을 다시 해봐야 한다. 비록 주식이 갖는 경제적 역할을 이해할 수 있다고 하더라도 주식투자에 전념하는 사람에게는 주식의 그러한 역할이 별다른 의미를 지니지 못할 것이다. 따라서 건전한 주식투자는 모르지만 투기성적인 주식투자는 직업교육이라는 측면에서 깊이 있는 고려가 있어야 한다.

직업교육에서의 직업은 노동을 통하여 재화나 서비스를 생산하는 활동이어야 하며 돈만 버는 것을 목적으로 하는 활동이어서는 안 된다.

돈을 가지고 자신이 좋아하는 일을 할 수는 있지만 이는 자신의 욕구를 충족시킬 수 있을 뿐이기 때문에 직업 활동을 통하여 자신의 꿈과 가치를 구현해나가는 것이 사람이 사는 참된 의의가 아닐까 생각한다.

라. 부정적인 인간관계를 조성하는 직업은 안 된다.

직업은 사람의 생존을 위하는 데에서 출발하였고 최종 목적도 마찬가지이지만 인간 사회의 형성을 통해서 이루어진다. 따라서 직업은 사회관계를 통해 서로 역할을 분담함으로써 사회를 형성하고 그 속에서 공동이익과 나아가 공공이익 및 일반이익[38]을 발생시키는 에너지원이라 할 수 있다. 우리가 직업을 경제적 수단으로만 여길 수 없는 부분이다. 현실 사회에서는 경제력이 인간의 능력을 평가하는 측도로 사람들이 사용하기도 하지만 그것이 잘못되었다는 것은 직업이 갖는 이러한 의미 때문이다.

일반 직업교육에서는 경제력을 획득하는 것이 중요한 목표이지만 진로교육에서의 직업교육은 직업이 갖는 이러한 원초적인 의미를 교육해야 한다. 왜냐하면 현실 세계에서 일어나고 있는 여러 가지 사회적 문제 중 가장 큰 문제인 인간으로서의 가치관 혼란을 예방하고 치료할 수 있기 때문이다.

따라서 직업은 직무도 중요하고 직업 환경도 중요하지만 무엇보다도 사회라는 장(field)에서 이루어진다는 것을 진로교육에서는 반드시 가르쳐야 할 것이다.

천재교육이 일반 교육화하면 안 되는 이유이기도 하다. 천재교육은 천재교육에서 하면 된다. 그것을 일반 교육에까지 끌고 들어와 천재교육 운운하는 것은 학부모의 본능적 욕구를 자극하는 이유 없는 교육 상술(商術)에 불과하다.

개성과 적성은 진로를 결정하거나 선택하는 데 있어서 분명히 중요하다. 하지만 그것보다 더 중요한 것이 사회 속에서의 인간으로서의 삶인데 우리는 이점을 교육에서 너무 간과하고 있다.

세계적인 음악가나 스포츠인이 된다고 하더라도 사회 속에서 인간으로서의 생활을 원만히 하지 못한다면 많은 사람들에게 즐거움(심미적인 즐거움 포함)을 줄 수는 있지만 결국 즐거움을 주는 기능인과 같은 역할로 자신은 불행한 삶

---

38 인간 생존을 위해 모두에게 필요한 기본적인 이익으로 사회를 형성하여 산다는 것이 그중 하나이다. 사회를 만들어 살아가는 것이 모든 사람의 생존에 이익이 되기 때문이다.

공공이익이라는 것은 사회 형성이라는 공동이익을 구체적으로 실현하기 위해 사회를 관리하는데 필요한 형식적인 정당성을 집행하는 것으로 법률 집행이 대표적인 예이다.

일반이익은 공공이익에 의해 경시될 수 있는 인간으로서의 가치를 지키기 위해 실재하는 사회에서 실현되어야 할 당위성을 말하는데 인권과 저항권이 대표적인 예이다.

사람에게는 이 세 가지 이익이 모두 주어져야 한다. 그 결과, 사람은 인간으로서의 삶을 살아가게 된다.

공동이익에 의해 생존에 필요한 권리가 발생하고 공공이익에 의해 자신에게 권리가 주어지고 주어진 권리를 침해당하지 않을 권리가 발생하며 동시에 자신이 지켜야 할 의무도 발생한다. 그리고 일반이익에 의해 인간으로서의 존엄성을 유지할 권리와 이를 보호하고 지킬 권리가 생긴다.

을 살게 될 수도 많다.

그렇기 때문에 적어도 진로교육에서만큼은 인간으로서의 삶을 준비하는데 실재(實在)적으로 필요한 기준에서 직업교육을 시행하는 것이 올바르다고 생각한다.

이러한 관점에서 진로교육상의 직업은 사회의 일반적인 가치 인식에서 크게 벗어나는 특정 이데올로기나 특정 가치와 연계되는 직업은 회피하는 것이 옳을 것 같다. 개인 그러한 특정 이데올로기나 가치를 가지는 것은 개인적인 탐구를 통해서 이루어져야 하지 그것을 일반화하여 교육하는 것은 피해야 한다고 생각한다. 연예인이나 스포츠인이나 창업가를 양성하는 것은 직업학교에서 하는 일이지 공교육기관에서 하는 일은 아니라고 본다.

즉 진로교육은 국가의 특정 산업인력을 양성하거나 국가의 명예를 위해 특정 분야의 전문 기능인을 양성하는 것과는 구별되어야 한다.

우리나라가 50년 전만 하더라도 인정 많고 예의 바른 사회였으며 노인 문제가 그다지 없었던 사회였는데 교육이 국가산업 개발과 이에 필요한 기능 중심의 인력 양성에 흔들리다 보니, 최근에는 경제성장의 또 다른 돌파구로 연예 활동과 폭력적인 게임 산업을 이용하고 교육이 이에 휩쓸리면서, 비록 세계가 놀랄만한 경제성장을 이루었지만 전통사회의 가치관은 무너져 내렸고, 그렇다고 서양과 같은 사회 가치관은 형성도 되지 않은 이상한 사회문화가 만들어졌다. 오늘날 사회문제를 사회 구성원인 개인에게 전적으로 책임 지우지 못하는 사회학적 결론이 국가의 잘못된 교육정책과 명확한 교육관을 갖지 못한 교육자들 때문은 아닌가 생각한다.

교사는 긴 세월을 두고 이어져가는 학생과 사회의 미래에 대해 책임을 져야 한다. 단순히 상품만 생산하면 끝나는 일반 노동과 다른 점이라 하겠다.

국내에서 자란 청소년보다 미국이나 유럽과 같은 서양 국가에서 자란 청소년들이 더 인간적이고 예의 바른 현실을 우리나라 교육은 책임져야 한다.

진로교육은 직업교육이 되어서는 안 된다는 점을 다시 한번 말하고 싶다.

IV

현행 직업분류체계와 진로교육 대상으로서의 줄기직업

오늘날 사회에 직업의 수가 산업 선진국에서는 2만 개를 훌쩍 넘고 우리나라에서도 1만 6천 개가 넘는다고 한다. 정말 직업의 종류가 대단히 많다.

그런데 문제는 이 많은 직업 중에서 어떤 직업을 학생들에게 가르치는가이다. 그리고 우리가 미래에 관한 직업이라고 할 때 로봇, 사물인터넷, 3D프린터, 스마트팜, 자율주행차, 드론, 축전지 등 기껏해야 백여 가지 정도밖에 안 되는데, 그리고 기존의 직업은 얼마 가지 않아 80% 이상 사라진다고 하는데, 그러면 미래에는 직업의 종류가 3,000가지 정도로 줄어들까?

사실 3,000가지 직업의 종류로 엄청 많은 것이다. 생업의 관점에서 보면 3,000가지가 아니라 30,000가지도 될 수 있을 것이다.

왜냐하면 우리나라에서도 5,000만 명의 인구가 먹고 살기 때문에 온갖 생업이 있을 수 있다. 하지만 직업의 경우에는 원론적인 기준에서 볼 때 그렇게 많지 않으며 또 그렇게 많을 수도 없을 것이다. 더욱이 진로교육에서 다루어야 할 직업의 종류는 그렇게 많을 필요도 없고 그렇게 많은 직업을 소개할 필요도 없다.

그래서 진로교육에서 다루어야 할 직업의 종류는 적어도 실험적인 단계가 될지라도 그 기준을 만들어보는 것이 절실히 필요하다고 생각한다. 이러한 기준마저 없다 보니 16,000개나 되는 직업 중에서 현실적으로 가르치기 안전하고, 재미있고, 누구나 알고 있으며 쉽게 접근할 수 있는 직업 활동을 임의로 선택하여 가르치는 사례가 생겨날 수가 있다.

따라서 본 장에서는 현재 우리나라에서 공식적으로 사용하고 있는 직업분류체계를 살펴보고 진로와 관련한 기관들에서는 어떻게 직업을 구분하고 있는지 살펴볼 계획이다.

그러고 나서 아주 미흡하지만 나름대로 진로교육에서 다루었으면 하는 직업의 종류를 살펴보고자 한다.

1절 현행 직업분류체계

현재 우리나라에서는 일반적으로 통계청에서 2017년에 개정하여 고시한 '제7차 한국표준직업분류' 체계를 공공기관에서 사용하고 있다. 이 분류는 통계청이 산업, 직업, 질병·사인 등에 관한 국가통계 작성을 위한 기준으로 제정한 표준분류이다.

제7차 한국표준직업분류의 개정은 "국제표준직업분류(ISCO-08) 및 외국 분류와 직업 통계에 대한 심층 분석 및 현장 직무 파악을 통해 작성하였으며, 네 차례에 걸친 관계 기관 및 대국민 의견 수렴과 분야별 전문가의 자문을 거쳐 확정한 것으로, 국내외 직업 구조의 변화를 충실하게 반영하기 위해 노력한 결과"[39]라고 밝히고 있다.

그러면 우선 제7차 한국표준직업분류체계를 살펴보고 이것을 교육에서도 그대로 적용하는 것이 타당한지에 대해 살펴보는 것이 좋을 것 같다.

1) 통계청의 한국표준직업분류체계

한국표준직업분류는 1960년 내무부 통계국의 국세조사에서 시작하여 1963년 국제노동기구의 국제표준직업분류를 참고하여 만든 것이 처음이었다. 이후 7차

---

39 통계청, 한국표준직업분류 2017, 머리말

에 걸친 개정 이후 현행 직업분류가 2018년부터 시행되고 있다.

이처럼 한국표준직업분류는 세무행정과 관련하여 시작한 것으로 국가 행정상의 통계를 위해 만들어졌다고 볼 수 있다. 그러다 보니 우리가 일상생활에서 이야기하는 직업과는 느낌이 좀 다르다. 이는 한국표준직업분류에서 직업에 대해 정의한 것을 보면 짐작할 수 있을 것이다.

한국표준직업분류는 국제노동기구(ILO)의 국제표준직업분류를 근거로 하여 작성되었는데 직업에 대한 정의도 국제표준직업분류의 정의를 바탕으로 하고 있다.

국제표준직업분류에서는 직업(occupation)을 유사한 직무(job)의 집합체로 보고, 직무는 '자영업을 포함하여 특정한 고용주를 위하여 개별 종사자들이 수행하거나 또는 수행해야 할 일련의 업무와 과업(tasks and duties)'[40]이라고 정의하고 있다. 여기에서 직업은 직무 중심으로 정의되어 있음을 알 수 있다.

한국표준직업분류는 직업의 이러한 정의를 기반으로 우리나라에서의 경제활동인구조사, 인구주택총조사, 지역별고용조사 등 고용 관련 통계조사나 각종 행정자료를 통하여 얻은 직업정보를 체계적으로 집계하기 위하여 개인의 경제활동 형태에 따라 유형화한 것을 한국의 직업 구조 및 실태에 맞도록 표준화한 것[41]이라고 설명하고 있다.

사실 한국표준직업분류 총설에서 하는 직업에 대한 설명은 진로교육에서 이야기하는 직업관과 크게 다르지 않다. 하지만 한국표준직업분류체계가 Occupation을 기준으로 분류한 국제표준직업분류체계와 거의 같다는 것이 문제다. 말하자면 표준직업분류 상의 직업은 Occupation적 개념을 가지고 있다.

이는 한국표준직업분류 목적에서 이야기한 것처럼 경제활동 조사나 세무조사와 같은 행정상에서는 적합한 분류라고 할 수도 있지만 진로교육에서 이야기하는 직업과는 거리가 좀 있는 것 같다.

---

40 통계청, 한국표준직업분류 2017, p.11.

41 ibid., pp.12-13 참조

국제표준직업분류 분류 구조(2008)	중분류	소분류	세분류
0. 군인	3	3	3
1. 관리자	4	11	31
2. 전문가	6	27	92
3. 기술자 및 준전문가	5	20	84
4. 사무종사자	4	8	29
5. 서비스 및 판매종사자	4	13	40
6. 농림어업 숙련종사자	3	9	18
7. 기능원및관련기능종사자	5	14	66
8. 장치·기계조작및조립종사	3	14	40
9. 단순노무 종사자	6	11	33
10	43	130	436

한국표준직업분류 분류 구조(2017)[42]	중분류	소분류	세분류
1. 관리자	5	16	24
2. 전문가 및 관련 종사자	8	44	463
3. 사무 종사자	4	9	63
4. 서비스 종사자	4	10	80
5. 판매 종사자	3	5	43
6. 농림어업 숙련 종사자	3	5	29
7. 기능원및관련기능종사자	9	21	198
8. 장치·기계조작및조립종사	9	31	220
9. 단순노무 종사자	6	12	49
A. 군인	1	3	4
10	52	156	1231

가. Occupation과 Profession의 의미 차이

먼저 한국표준직업분류가 기준 삼고 있는 국제표준직업분류의 직업에 대한 정의를 살펴보면 국제노동기구에서 만든 직업분류표의 성격을 알 수 있다. 따라서 그 개념을 그대로 수용하고 있는 한국표준직업분류의 성격에 대한 우리의 견해가 생길 것이다.

영어 Occupation과 Profession에 대한 영어와 프랑스어 및 한국어 사전에서의 정의는 다음과 같다.

---

42   통계청, 제7차 한국표준직업분류와 국제표준직업분류(ISCO—08) 연계표

사전 종류	Occupation	Profession
Webster (영어)	1. 사람이 종사하는 활동 2. 사람의 생활에 있어 중요한 사업	살아가기 위하여 정규적으로 하는 활동
Cambridge (영어)	사람이 가지고 있는 일(job) 혹은 일의 유형	고등교육이나 특별한 훈련이 필요한 일(job)
Collins (영어)	1. 일이나 직업 2. 해야 하기 때문에 혹은 즐거움을 위해 시간을 들여 하는 일하는 것	고등교육이나 훈련을 요구하는 일의 유형
Petit Robert (프랑스어)	시간을 할애하여 활동하는 것	자신의 생존에 절대적으로 필요한 활동
엣센스 영한사전 (한국어)	일반적인 직업	학문적 소양을 필요로 하는 지적 직업

엣센스 영한사전에서는 Occupation을 일반적인 직업, Profession을 전문적인 직업으로 구분하고 있으며 한국어 표준국어대사전에서는 직업을 "생계를 유지하기 위하여 자신의 적성과 능력에 따라 일정한 기간 계속하여 종사하는 일"이라고 정의하고 있다. 그래서 우리나라에서 사용하고 있는 직업의 개념은 Occupation과 Profession 중 전문성이 강조되지 않는다는 점에서 Occupation의 개념에 더 가깝다고 할 수 있다.

그런데 표준국어대사전의 정의는 우리가 앞에서 이야기한 '생업(生業)'과 그 개념을 같이하고 있다. 결국 Occupation은 우리가 앞에서 말한 '직업'과는 다르고 '생업'과 유사한 단어라 할 수 있는데 Webster, Cambridge, Collins 및 Petit Robert에서의 Occupation에 대한 정의는 '생업'과도 다른 '일'이란 개념에 더 가깝다. 즉 활동, 또는 맡아서 하는 행동 등의 의미를 가지고 있다. 어떻게 보면 Occupation이란 용어는 '일'과 '직위'의 개념이 합쳐진 '직책'과 유사한 의미를 가지고 있는 것 같다. 말하자면 우리가 '일', '생업' '직위', '직책', '직무', '직업' 등의 개념을 구분할 때 '직업'이라는 단어보다는 '직책'이라는 단어와 더 가까운 의미라는 것이다. 그래서 Occupation에 대한 분류라면 직업분류라기 보다는 직책, 즉 '맡아서 하는 일'을 분류한 것이라 보는 것이 타당할 것 같다. 이는

Occupation이라는 용어가 가지고 있는 의미와도 같다고 하겠다. 우리가 일반적으로 사용하는 직업이라는 의미와는 차이가 있는 것 같다.

Profession과 관련해서는 Webster와 Petit Robert의 정의는 '생업'과 유사하고 그 이외의 사전에서는 '직업'과 유사하다.

이로 보았을 때 국제노동기구(ILO)의 국제표준직업분류(International Standard Classification of Occupations)는 국제사회라는 장(Field)에서 이루어지는 노동의 종류를 구분하기 위하여 '맡아서 하는 노동(일)'에 기준점을 두고 분류한 것이라는 생각이 든다. 즉 우리가 말하려는 '직업(Profession)'에 대한 분류라기보다는 노동을 분류하는 것이 더 정확할 것 같다는 생각이 든다.

결론적으로 말하면 국제노동기구의 국제표준직업분류는 우리가 생각하는 직업분류 개념과 다르며 이를 바탕으로 하는 우리나라의 한국표준직업분류도 역시 우리가 말하는 '직업'에 대한 분류와는 그 성격을 달리하는 것 같다.

나. 관리직은 직업일까?

한국표준직업분류 제7차 개정에 관한 해설서 '대분류 1. 관리자' 항목에 소개한 '마케팅 관리자', '광고 및 홍보관리자', '공연·전시 예술 관련 관리자', '방송·출판 및 영상 관련 관리자', '공동주택관리자', '조경관리자' 등은 일정한 자격요건을 갖추었을 때 입직 과정을 거쳐 바로 직업 활동을 할 수 있다. 그런 의미에서 직업이라 할 수 있는데 '11103 중앙정부 고위공무원', '11104 지방정부 고위공무원'은 국회의원이나 공공기관 임원과 달리 바로 그 자리에 들어갈 수 있는 경우가 극히 제한되어 있어 고위공무원을 직업의 한 분류라고 볼 수는 없을 것 같다. 고위공무원은 소수의 정무직의 경우를 제외하면 거의 승진으로 임용되는 직위이기 때문이다. 마찬가지로 '13123 초등학교 교장 및 교감', '13131 법률관리자', '13132 경찰관리자', '13133 소방관리자', '13134 교도관리자'도 내부 승진을 통해 올라가는 직위이지 직업은 아니다. 직업은 교육공무원, 경찰공무원, 소방공무원이라 하는 것이 타당하다. 따라서 관리직을 직업의 분류항목으로 보는 것은 아닐 것 같다.

다. 전문가는 어떤 직업인일까?

우리가 일상적으로 사용하는 말 중에 '전문가'라는 용어가 있는데 이는 어떤 대상이나 현상에 대해 잘 알고 있는 사람이라는 의미이다. 그런데 이 용어가 직업을 표기하는 데 사용되면 어떤 상태에 있는 직업인을 의미할까? '23131 토목구조설계기술자'와 '23164 지리정보시스템전문가'에서 전문가는 기술자와 어떻게 다른 직업일까?

기술자와 전문가를 직업적으로 구분하는 기준이 무엇인지 궁금하다. 일반적으로 전문가라고 하면 특정 분야에 대한 지식이나 기술을 가지고 있는 사람을 말한다. 기술자가 곧 전문가이다. 만일 전문가를 기술자와 구분하여 특정 분야에서 뛰어난 기술을 가진 직업인이라고 한다면 '27332 홍보전문가'는 홍보 분야에서 즉 홍보 기획, 편집, 매체 선정 등에서 어떤 전문기술을 가지고 있는 직업인일까? 그리고 기술자는 전문가보다 하급 기술을 가진 직업인일까?

마찬가지로 '27331 광고전문가'와 '27352 행사전시기획자'의 경우에 전문가와 기획자는 또 어떻게 다른 직업일까?

아마 노동의 성격을 분류하는 중에 분류 상태가 불분명할 경우에 전문가라고 하고 노동의 성격이 분류되었을 때 좀 더 구체적으로 노동의 형태를 적시하기 위해 기술자라고 한 것은 아닐까 생각한다.

라. 기술자와 기사는 어떻게 다른 직업일까?

'23123 건축시공기술자'와 '23133 토목시공기술자'의 기술자와 '28340 촬영기사', '28350 음향 및 녹음기사'의 기사는 어떻게 다른 직업일까? 건축시공기사라고 하던지 촬영기술자라고 해도 되지 않을까? '28371 조명기사'를 조명기술자라고 했을 때 무엇이 달라질까?

직업의 명칭은 그 직업의 속성을 반영하는 것인데 그렇지 못하다는 것은 직업분류 명칭으로서 문제가 있다.

건축기술자와 건축기사와 건축사는 건축과 관련한 일을 하는 사람들이지만 이들의 직업은 각각 다르다. 즉 일하는 분야는 같지만 역할이 다르기 때문에 다른 직업으로 분류된다.

마. 직업일까? 직위일까? 업무일까?

또한 '23821 선장'과 '23822 항해사'에서 항해사는 어떤 직업일까? 1급 항해사, 2급 항해사라 할 때 항해사라면 선장도 항해사에 속한다. 큰 배에는 1급 항해사가 선장을 하지만 규모가 작은 배에서는 2급 항해사나 3급 항해사가 선장을 하기 때문이다. 또한 일등 항해사, 이등 항해사라 할 때 항해사라면 선장은 직업이 아니고 일등 항해사 위에 있는 항해사로서 배의 운항을 책임지고 지휘하는 직위이다. 비교하자면 별 1개 장군을 참모장이라 하고 별 2개 장군을 사단장이라 할 때 선장은 사단장과 같은 직위이다. 그것이 직업은 아니다.

'24303 보건교사'는 소분류에서 '243 간호사' 직업으로 분류되고 있다. 그런데 보건교사는 신분상 교사이지 간호사가 아니다. 간호 업무를 수행하는 교사라는 직업인이다. 만일 보건교사가 간호사업에 속한다면 '25212 수학교사'는 '252 학교교사'가 아니고 '211 자연과학 관련 전문가'로 분류되어야 할 것이다. 하지만 노동의 성격을 볼 때는 보건교사가 하는 일은 간호사 업무가 맞다.

이상에서 부분적으로 살펴본 결과 한국표준직업분류는 직업에 대한 분류라기보다는 일하는 성격을 분류한 것이라는 느낌이 든다.

직업 명칭으로 사용하고 있는 전문가, 기술자, 재배원, 조작원, 배관공, 종사원, 시공원, 조립원, 운전원, 보조원과 같은 용어가 노동의 성격을 말해주고 있는 것 같다.

따라서 한국표준직업분류는 노무행정상의 통계나 세무행정상의 업무를 처리하는데 유용하게 사용될 수는 있지만 진로교육에서의 직업분류로 활용하기에는 좀 더 신중함을 요하는 것 같다.

2) 고용노동부의 한국고용직업분류체계

고용노동부에서는 노동시장에서의 직업에 대한 데이터를 수집하여 취업 알선, 직업훈련, 직업정보 제공, 진로지도 등에 활용하기 위하여 2003년부터 한국고용직업분류체계를 개발하여 수 차례 개정을 거쳐 현재 한국고용직업분류 2018을 사용하고 있다.

가. 한국표준직업분류와 한국고용직업분류의 분류 항목 비교

| 제7차 한국표준직업분류(통계청) | | 한국고용직업분류 2018(고용노동부) | |
대분류	중분류	대분류	중분류
1 관리자	11 공공기관 및 기업 고위직	0 경영·사무·금융·보험직	01 관리직(임원·부서장)
	12 행정·경영 지원 및 마케팅 관리직		02 경영·행정·사무직
	13 전문서비스 관리직		03 금융·보험직
	14. 건설·전기 및 생산 관련 관리직	1 연구직 및 공학 기술직	11 인문·사회과학연구직
	15 판매 및 고객서비스 관리직		12 자연·생명과학연구직
2 전문가 및 관련 종사자	21 과학 전문가 및 관련직		13 정보통신연구개발직 및 공학 기술직
	22 정보통신 전문가 및 기술직		14 건설·채굴 연구개발직 및 공학 기술직
	23 공학전문가 및 기술직		15 제조 연구개발직 및 공학 기술직
	24 보건·사회복지 및 종교 관련직	2 교육·법률·사회복지·경찰·소방직 및 군인	21 교육직
	25 교육전문가 및 관련직		22 법률직
	26 법률 및 행정전문직		23 사회복지·종교직
	27 경영·금융전문가 및 관련직		24 경찰·소방·교도직
	28 문화·예술·스포츠전문가 및 관련직		25 군인
3 사무종사자	31 경영 및 회계 관련 사무직	3 보건·의료직	30 보건·의료직
	32 금융사무직	4 예술·디자인·방송·스포츠직	41 예술·디자인·방송직
	33 법률 및 감사사무직		42 스포츠·레크레이션직

대분류		중분류	대분류		중분류
		39 상담·안내·통계 및 기타 사무직	5 미용·여행·숙박·음식·경비·청소직	51	미용·예식 서비스직
4	서비스 종사자	41 경찰·소방 및 보안 관련 서비스직		52	여행·숙박·오락 서비스직
		42 돌봄·보건 및 개인생활 서비스직		53	음식 서비스직
		43 운송 및 여가 서비스직		54	경호·경비직
		44 조리 및 음식 서비스직		55	돌봄 서비스직(간병·육아)
5	판매 종사자	51 영업직		56	청소 및 기타 개인서비스직
		52 매장 판매 및 상품 대여직	6 영업·판매·운전·운송직	61	영업·판매직
		53 통신 및 방문·노점판매 관련직		62	운잔·운송직
6	농림·어업 숙련 종사자	61 농·축산 숙련직	7 건설·채굴직	70	건설·채굴직
		62 임업 숙련직	8 설치·정비·생산직	81	기계설치·정비·생산직
		63 어업 숙련직		82	금속재료설치·정비·생산직(판금·단조·주조·용접·도장 등)
7	기능원 및 관련 기능 종사자	71 식품 관련 기능공		83	전기·전자설치·정비·생산직
		72 섬유·의복 및 가죽 관련 기능직		84	정보통신설치·정비직
		73 목재·가구·악기 및 간판 관련 기능직		85	화학·환경설치·정비·생산직
		74 금속성형 관련 기능직		86	섬유·의복 생산직
		75 운송 및 기계 관련 기능직		87	식품가공·생산직
		76 전기 및 전자 관련 기능직		88	인쇄·목재·공예 및 기타 설치·정비·생산직
		77 정보통신 및 방송장비 관련 기능직		89	제조단순직
		78 건설 및 채굴관련 기능직	9 농림어업직	90	농림어업직
		79 기타 기능 관련직			

대분류		중분류	대분류		중분류
8	장치·기계 조작 및 조립 종사자	81 식품가공 관련 기계 조작직			
		82 섬유 및 신발 관련 기계 조작직			
		83 화학 관련 기계 조작직			
		84 금속 및 비금속 관련 기계 조작직			
		85 기계제조 및 관련 기계 조작직			
		86 전기 및 전자 관련 기계 조작직			
		87 운전 및 운송 관련직			
		88 상하수도 및 재활용처리 관련 기계 조작직			
		89 목재·인쇄 및 기타 기계 조작직			
9	단순노무 종사자	91 건설 및 광업 관련 단순노무직			
		92 운송 관련 단순노무직			
		93 제조 관련 단순노무직			
		94 청소 및 경비 관련 단순노무직			
		95 가사·음식 및 판매 관련 단순노무직			
		99 농림·어업 및 기타 서비스 단순노무직			
A	군인	A0 군인			
대분류 10항목		중분류 52항목	대분류 10항목		중분류 35항목

≪한국표준직업분류와 한국고용직업분류의 분류 항목 수 비교≫

구분	대분류	중분류	소분류	세분류
한국표준직업분류	10개 항목	52개 항목	156개 항목	450개 항목
한국고용직업분류	10개 항목	35개 항목	136개 항목	450개 항목

나. 한국표준직업분류와 한국고용직업분류의 차이점

고용노동부에서 만든 한국고용직업분류는 통계청의 한국표준직업분류를 모태로 하여 국내 직업 상황에 맞게 조정한 것으로 구성 체계가 다소 다르다. 예를 들면 표준직업분류에서는 관리직이 대분류 항목이었는데 고용직업분류에서는 중분류 항목으로 바뀌었으며 군인 역시 대분류에서 중분류로 위치가 조정되었다. 하지만 전체적인 항목에서 볼 때 표준직업분류 항목에서는 전문가와 시험원이 구분된 것을 합쳐 연구원 및 시험원으로 항목을 줄이거나 없애고 몇 개의 새로운 직업 항목을 추가한 정도에 그치고 있다. 다만 연구직과 공학기술직을 구분하여 서술하는 것은 발전적인 모습이다.

우리나라에서는 일반적으로 Science, Engineering, Technology를 잘 구분하지 못하는데 이는 용어가 부족하기 때문이 아닐까 생각한다. 연구는 Science 분야나 Engineering 분야 모두에서 이루어질 수 있기에 연구직이라는 것은 여기에서 일단 Science와 관련한 것이라고 보는 것이 타당할 것이다.

Engineering과 Technology도 기술이라고 곧잘 번역하는데 이를 공학과 기술로 구분하는 것이 바람직하다고 본다. 하지만 이런 경우에 우리말로 공학과 과학이 다 같이 이론 중심의 학문 활동이라는 느낌을 주기 때문에 이 또한 문제라 할 수 있다. 공학은 기술에 관한 과학이기 때문에 이론 중심의 과학과 구분된다. 하지만 현대에 와서는 공학의 발달로 인하여 이러한 구분이 점차 사라지고 있는 경향이 있지만 기본적으로는 이러한 차이점을 알고 있는 것이 좋을 것 같다.

현재 한국고용직업분류에서는 한국표준직업분류의 '7999 기타 기능 관련 종사원', '9522 주방보조원', '9539 기타 판매 관련 단순 종사원' 대신에 '0210 정부·공공행정전문가', '1599 기타 인쇄·목재 등 공학기술자 및 시험원', '5311 주방장 및 요리연구가', '4211 돌봄서비스종사원', '4219 기타 돌봄 및 보건서비스 종사원'이 추가된 정도이다. 그리고 표준직업분류에서 사용한 용어를 변경하는 정도인데 예를 들면 '광업'을 '채굴'로 '제조'를 '생산'으로 바꾸는 정도의 차이만 있다. 따라서 전체적으로는 세분류 450개 항목 중 몇 개를 제외하고는 별반 다를 것이 없다.

이처럼 직업분류 항목 간의 이동은 있지만 전체적으로 크게 변한 것은 없고 직업에 대한 정의도 국제표준직업분류와 한국표준직업분류에서 사용한 그대로 사용하고 있으며[43] 분류체계 또한 한국표준직업분류체계와 거의 같은 형태이다.

한국고용직업분류는 현실적인 노동시장 내에서의 직업정보의 활용성을 높이고 직업훈련이나 교육 등에 대한 수요자의 요구에 부응하여 새로운 직업 수요를 반영한다고 했지만 실제는 한국표준직업분류와 거의 같다고 할 수 있다.

따라서 한국표준직업분류 체계나 한국고용직업분류 체계를 진로교육 분야에서 활용할 경우에는 좀 더 많은 검토가 있어야 하지 않을까 생각한다.

초중등 진로교육 현황	한국표준직업분류	한국고용직업분류
관리직	관리자	경영·사무·금융·보험직
전문직	전문가 및 관련 종사자	연구직 및 공학 기술직
사무직	사무종사자	교육·법률·사회복지·경찰·소방직 및 군인
서비스직	서비스종사자	보건·의료직
판매직	판매종사자	예술·디자인·방송·스포츠직
농림·어업·숙련직	농림·어업 숙련종사자	미용·여행·숙박·음식·경비·청소직
기능직	기능 및 관련기능종사자	영업·판매·운전·운송직
장치·기계 조작직	장치·기계 조작 및 조립종사자	건설·채굴직
단순노무직	단순노무종사자	설치·정비·생산직
군인	군인	농림어업직

※ 2019 초중등 진로교육 현황조사 설문지 예시에 수록된 직업분류 항목과 한국표준직업 분류 및 한국고용직업 분류에 수록된 대분류 항목 비교

---

43 고용노동부, 한국고용직업분류 2018 설명자료, 2017. 12., p.5.

증강현실전문가, 핀테크전문가, 사물인터넷전문가, 스마트팜구축가, 할랄전문가, 곤충컨설턴트, 자동차튜닝엔지니어, 보건의료정보관리사, 원격진료코디네이터, 공공조달지도사, 기술문서작성가, 크루즈승무원, 의료관광경영컨설턴트, 개인간(P2P)대출전문가, 상품·공간스토리텔러, 해양설비(플랜트)기본설계사, 3D프린팅운영전문가, 직무능력평가사, 대체투자전문가, 진로체험코디네이터, 미디어콘텐츠창작자, 레저선박시설(마리나)전문가, 주택임대관리사, 의약품인허가전문가, 방재전문가, 중장년기업재난관리자, 정신대화사, 생활코치, 그린장례지도사, 신사업아이디어컨설턴트, 애완동물행동상담원, 주변환경정리전문가, 이혼상담사, 매매주택연출가, 영유아안전장치설치원, 기업프로파일러, 병원아동생활전문가, 가정에코컨설턴트, 사이버평판관리자, 노년플래너, 기업컨시어지, 과학커뮤니케이터, 정신건강상담전문가, 행위중독예방전문요원, 정신건강상담전문가, 약물중독예방전문요원, 정신건강상담전문가, 자살예방전문요원, 임신출산육아전문가, BIM(빌딩정보모델링)디자이너, 홀로그램전문가, 빅데이터전문가, 도시재생전문가, 정밀농업기술자, 감성인식기술자, 인공지능전문가, 문화여가사, 주거복지사, 지속가능경영전문가, 녹색건축전문가, 연구기획평가사, 소셜미디어전문가, 협동조합코디네이터

■ 이 중에서 2019 초중등 진로교육 현황조사 설문조사에 들어있는 직업 수[44]는 몇 개일까요?

개

■ 위 직업 중 한국표준직업분류와 한국고용직업분류에 포함된 직업은 몇 개일까요?

개

위의 직업 중에서 증강현실전문가, 핀테크전문가, 사물인터넷전문가, 스마트팜구축가, 할랄전문가, 자동차튜닝엔지니어, 보건의료정보관리사, 크루즈승무원, 3D프린팅운영전문가, 애완동물행동사아담원, 인공지능전문가, 녹색건축전문가, 소셜미디어전문가 등은 일반화된 직업인데도 어디에도 반영되고 있지 않은 상황이다.

3) 한국직업사전에 나타난 직업의 모습

한국고용정보원에서 발간한 한국직업사전에 의하면 우리나라에는 16,891개

44　부록 참조

의 직업이 있다고 한다. 각종 미디어에서는 이를 가지고 우리나라에 16,000개가 넘는 직업이 있다고들 이야기하는데 그 실상을 살펴볼 필요가 있다.

왜냐하면 진로교육에서 그렇게 많은 직업을 소개할 수 없기 때문이다. 학생들에게 직업의 세계에 대한 정보를 제공하기 위해서는 먼저 그 세계를 살펴보고 그 중에서 필요한 정보만을 제공하는 것이 당연하기 때문이다.

가. 한국직업사전의 직업 명칭의 종류

한국직업사전은 한국고용직업분류 체계에 따라 직업을 분류했는데 그 현황은 다음과 같다.

한국고용직업분류	본 직업	관련 직업	유사 명칭	합계
0. 경영·사무·금융·보험직	909	931	533	2,373
1. 연구직 및 공학기술직	1,213	1,326	673	3,212
2. 교육·법률·사회복지·경찰·소방직 및 군인	205	776	122	1,103
3. 보건·의료직	138	78	90	306
4. 예술·디자인·방송·스포츠직	378	507	299	1,184
5. 미용·여행·숙박·음식·경비·청소직	175	133	156	464
6. 영업·판매·운전·운송직	244	589	185	1,018
7. 건설·채굴직	205	288	461	954
8. 설치·정비·생산직	2,498	1,966	1,482	5,946
9. 농림어업직	110	154	67	331
총계	6,075	6,748	4,068	16,891

※ 도표 출처 : 한국고용정보원, 2020 한국직업사전 통합본 제5판, p.7.

이 도표를 보면 우리나라의 직업 수가 16,000개가 넘는다고 이야기할 때 그 직업 수는 본 직업, 관련 직업 및 유사 명칭까지 합친 숫자로 직업에 관한 정확한 숫자가 아니라는 것을 알 수 있다.

우리가 직업이라고 할 때 그 직업 수는 다른 직업과 구별되는 직업의 숫자를 말하지 직업의 명칭 수를 말하는 것이 아니기 때문이다. 예를 들면 중학교 선생님과 중학교 교사는 같은 직업이다. 그래서 직업의 수는 1개인데 명칭의 수는 2개가 되는 것이다. 이 경우에 우리는 중학교 교사라는 직업은 1개라고 봐야 한다.

마찬가지로 간호사라고 하면 간호원이라는 명칭이 있어도 직업은 1개이다. 그런데 간호사는 교사 자격의 여부에 따라 보건교사도 될 수 있다. 이때 보건교사는 간호사의 관련 직업이 된다. 그런데 거꾸로 간호사는 보건교사의 관련 직업이라 할 수 있다. 이런 경우에 간호사라는 직업과 간호원이라는 다른 명칭 및 보건교사라는 관련 명칭을 합쳐 3개의 직업이라고 할 수는 없다.

따라서 한국직업사전에 수록된 직업의 수는 본 직업의 숫자만 생각하는 것이 타당하다고 생각한다.

나. 본 직업, 관련 직업 및 유사 명칭에 대한 정의

그러면 본 직업, 관련 직업 및 유사 명칭에 대한 한국직업사전의 정의를 잠시 살펴보자.

> • 본 직업명 : 사업주가 근로자를 모집할 때 사용하는 명칭, 사업체 내에서 일반적으로 통용되는 명칭, 구직자가 취업하고자 할 때 사용하는 명칭, 해당 직업 종사자 상호 간의 호칭, 그 외 각종 직업 관련 서류에 쓰이는 명칭[45]
> • 관련 직업 : 본 직업명과 기본적인 직무에 있어서 공통점이 있으나 직무의 범위, 대상 등에 따라 나누어지는 직업이다. 하나의 본 직업명에는 두 개 이상의 관련 직업이 있을 수 있으며 직업 수 집계에 포함된다.[46]
> • 유사 명칭 : 현장에서 본 직업명을 명칭만 다르게 부르는 것으로 본 직업명과 사실상 동일하다. 예 보험모집원의 유사 명칭 : 생활설계사, 보험영업사원

다. 직업 수 집계와 관련한 명칭 문제

그런데 관련 직업은 직업 수 집계에 포함된다고 했다. 공동주택관리사무소

---

45 한국고용정보원, 2020 한국직업사전, 2019. 12. p.12.

46 ibid., p.18.

소장의 유사 명칭으로는 공동주택관리소장이 있는데 이는 당연히 같은 직업으로 직업 수 집계에는 포함되지 않는다. 그런데 아파트관리사무소 소장이나 연립주택관리사무소 소장은 관련 직업이라서 직업 수 집계에 포함된다고 한다. 교장의 경우에는 초등학교 교장, 중학교 교장, 고등학교 교장, 특수학교 교장이 관련 직업으로 되어 있다.

이런 경우에 교장이란 직업이 직업으로서의 의의가 있을까? 오히려 중학교 교장이나 특수학교 교장이 직업으로서 더 의미가 있지 않을까?[47]

그러면 기초자치단체장의 경우에는 도지사, 시장, 군수, 구청장이 관련 직업일까? 이 경우에 기초자치단체장이 직업분류에 있어서 무슨 의미가 있을지 의아스럽다.

도지사나 시장이 직업이지 기초자치단체장의 관련 직업이라 해야 할까? 그러면 본 직업명에 대해 정의한 내용과 다르게 된다. 선거를 하거나 일반적으로 부를 때 도지사, 시장이라고 하지 기초자치단체장이라고 부르지는 않기 때문이다.

또한 간호부장[48]은 병원 내에서의 직위임에도 이를 직업으로 취급하고 있으며 병원장이란 직업명도 있는데 굳이 병원관리자를 본 직업명으로 사용하는 것도 이해가 가지 않는다.

따라서, 한국직업사전에서는 본 직업의 개념 설정도 문제 있고 관련 직업이나 유사 명칭이라는 용어의 정의는 다시 한번 생각해봐야 할 것 같다. 본 직업이 과연 근로자를 모집할 때 사용하는 명칭이거나 구직자가 취업할 때 사용하는 명칭인지, 아니면 직업분류 항목인지가 불분명하기 때문이다. 일반적으로 국회의원 보좌관이던지 청와대 비서관(유사 명칭)이라고 하지 공공행정전문가(본 직업명)라고 하지 않기 때문이다. 그럼에도 공공행정전문가를 본 직업이라하는 것은 한국직업사전에 본 직업에 대한 정의와도 맞지 않는다. 본 직업명인 유기장관리자도 마찬가지이다. 볼링장관리자 혹은 당

---

47 교장공모제가 실시된 이후에는 교장직도 직업이라 할 수가 있음.

48 ibid., p.48.

구장관리자라고 하지 유기장관리자라고 하는 일반인들은 잘 없을 것이다.

또한 한국직업사전의 직업에 대한 개념 역시 직무와 구분을 잘 하지 않고 있는 것 같다.

본 직업에 대해 "산업현장에서 일반적으로 해당 직업으로 알려진 명칭 혹은 그 직무가 통상적으로 호칭되는 것", "작업자 스스로도 자신의 직업이 무엇으로 불리는지 알지 못하는 경우가 있는데 이는 작업자들 간에 사용하는 호칭과 기업 내 직무 편제상의 명칭이 다르기 때문이다."[49]라는 서술에서 한국직업사전을 만든 사람들은 직업을 직무와 동일한 것으로 생각하고 있음을 볼 수 있다.

따라서 한국직업사전에서 우리나라 직업 수를 총 16,891개[50]라고 표현하는 것은 잘못된 것이며 직업 명칭 수라고 해야 할 것이다. 설사 유사 명칭 4,068개를 제외하고 직업 수가 12,823개라 하더라도 이 역시 잘못된 통계이다. 여기에는 본 직업명과 관련 직명이 글자 상에서는 달라도 실질적으로 같은 직업이거나 본 직업명이 직업 명칭이 아닌 직업군의 명칭이라서 중복계산 되거나 계산에 넣지 말아야 할 것이 포함되어 있기 때문이다.

---

49 ibid., p.12.

50 ibid., p.7 참조

직업 및 진로 관련 분야에서의 직업분류

행정기관에서 사용하고 있는 직업분류는 세무행정이나 노무행정 등과 같은 행정상의 편의를 위한 분류이기 때문에 진로교육에서 직업교육과 관련한 교육을 할 때는 이를 참고 정도는 할 수 있지만 이를 준거로 사용하는 것에 대해서는 신중해야 한다.

대개 이런 분류는 기존에 이루어지고 있는 노동 상황을 기준으로 파악하기 때문에 급여를 받거나 사업 이익을 창출하는 직업적 활동에 국한한다. 따라서 미래직업이나 형성 중인 직업 활동은 잘 반영하지 못하는 특성이 있어 오늘이 아닌 내일을 준비하는 교육 현장에서 이런 점을 알고 활용해야 한다.

특히 직업에 관한 학생들의 의견을 조사할 때 이러한 분류체계를 적용하는 것은 미래 첨단직업과 관련한 정보를 담지 못하기 때문에 학생들의 꿈을 소중히 여기는 교육 분위기를 제대로 반영하지 못할 우려가 있어 신중해야 한다.

그러면 직업에 대한 정보를 제공하고 있는 워크넷, 커리어넷과 직무에 관한 정보를 제공하고 있는 국가직무능력표준에서는 어떻게 분류하고 있으며 외국에서는 어떻게 분류하고 있는지 살펴보기로 한다.

1) 워크넷의 직업분류

워크넷의 직업분류는 한국표준직업분류나 한국고용직업분류와는 달리 9가지

분류기준으로 구분하였는데 녹색직업 분야를 별도의 분류기준으로 삼은 것이 독특하다. 핵심 키워드를 중심으로 3~5개를 묶어 분류하였으며 모든 직업을 분류하려는 통계청이나 고용노동부와 달리 사회에서 관심을 가진 직업 분야 중심으로 그룹화하여 직업에 대한 정보를 간결하게 전달하려는 목적을 가진 듯하다.

그런데 워크넷에서의 직업분류 역시 우리가 일반적으로 익히 알고 있는 소수의 직업명을 제외하면 대다수 기술자, 전문가, 개발자, 시험원, 연구원, 제조원, 조작원, 검사원, 도장공, 승무원, 수금원, 판매원, 기사, 관리자, 사무원 등과 같이 직무를 직업 명칭으로 사용하고 있다. 이는 아직 직업으로 독립되지 못한 상태에 있거나 직업화된 지 얼마 되지 않은 상태라는 것을 말한다고 하겠다. 아니면 사회적 역할이 그다지 중요하지 않은 작업이라는 의미이기도 한 것 같다.

그런데 직업으로 완전히 독립되지 못한 상태에서는 직업이 갖는 직무의 내용이 다소 유동적이라 할 수 있다. 그래서 가구제조원이 경우에 따라서는 가구 조립이나 가구 수리도 하며 가구 디자인도 하는 것이 현실이다. 그리고 이 과정에서 목재 가공 기계를 조작하는데 이런 경우에 이를 구태여 각각 다른 직업으로 이야기할 필요가 있다는 생각이 들지 않는다. 그럼에도 불구하고 워크넷에서는 목재가공기계조작원과 가구조립원 및 가구수리원을 구분하고 있다.[51]

또한, 농림어업단순종사원, 채소작물재배원, 원예작물재배원, 곡식작물재배원, 과수작물재배원, 특용작물재배원은 구체적인 작업 내용들이 다르다. 하지만 유사한 활동들로 실제로 한 사람이 겸하는 경우가 많다. 같은 밭에서 들깨를 키우고 추수한 다음 배추를 심는 경우가 허다하다. 이 경우에 이 사람의 직업은 특용작물재배업자일까? 아니면 채소작물재배자일까? 직업을 너무 직무 중심으로 나누다 보면 사회에서 이야기하는 직업과는 거리가 있게 된다는 것이다.

녹색직업은 환경에 관한 사회적 관심의 대두와 함께 산업계의 친환경적 지향성을 상징적으로 표현한 것이지 직업 명칭이라고는 할 수 없다. 그래서 녹색직

---

51 워크넷 직업정보 > 직업정보 찾기 > 분류별 찾기 > 식품 · 환경 · 농림어업 · 군인 > 환경 · 인쇄 · 목재 · 가구 · 공예및생산단순직 > 목재가공 관련 기계조작원, 가구제조 및 수리원, 가구조립원

업에는 환경과 관련한 각종 직업들을 모아놓은 것이지 직업군이라고도 할 수 없으며 더구나 녹색직업이라는 것은 아직 없다고 보는 것이 타당하다.

현재 우리나라에는 '녹색건축물 조성 지원법'이 있어 녹색건축인증제 (G-SEED)가 시행되고 있는 정도이며 이와 관련하여 건축물에너지평가사 제도가 있는데 이를 녹색건축전문가라고 할 수는 없다.

《워크넷 직업분류표》[52]

1차 분류	2차 분류	3차 분류	4차 분류
관리·경영·금융·보험	관리직	의회의원·고위공무원 및 공공단체임원	고위공무원, 지방의회의원, 국회의원
		정부행정 관리자	정부행정관리자, 외교관
		부동산, 조사, 인력알선 및 그 외 전문서비스 관리자	시장 및 여론조사관리자, 부동산·임대업 관리자
		보건의료관리자	보건의료관리자
		건설 및 광업 관련 관리자	건설·채굴관리자
		정보통신 관련 관리자	정보통신관리자
		음식서비스 관련 관리자	음식서비스관리자
		기업고위임원	기업고위임원
		행정 및 경영지원 관련 서비스 관리자	경영지원관리자
		교육 관리자	유치원원장 및 원감, 대학교총장 및 대학학장, 중고등학교교장 및 교감, 초등학교교장 및 교감
		사회복지 관련 관리자	사회복지관리자
		제품 생산 관련 관리자	제조·생산관리자
		영업 및 판매 관리자	영업·판매관리자
		숙박·여행·오락 및 스포츠 관련 관리자	호텔관리자, 여행관리자
		경영지원 관리자	재무관리자, 마케팅·광고·홍보관리자, 총무 및 인사관리자

---

52 완전한 분류는 부록을 참조

1차 분류	2차 분류	3차 분류	4차 분류
		금융 및 보험 관리자	금융관리자, 보험관리자
		연구관리자	연구관리자
		법률·경찰·소방 및 교도 관리자	경찰관리자, 교도관리자, 소방관리자
		예술·디자인·방송 관리자	예술·디자인·방송관리자
		전기, 가스 및 수도 관련 관리자	전기·가스·수도관리자
		운송 관련 관리자	운송관리자
		환경·청소 및 경비 관련 관리자	경비·청소관리자
	경영·회계·사무 관련직	인사 및 노사 관련 전문가	노무사, 인적자원컨설턴트
		세무사	세무사
		광고 및 홍보 전문가	공연기획자, 광고홍보전문가
		기획 및 마케팅 사무원	마케팅사무원, 분양 및 임대사무원, 영업관리사무원, 경영기획사무원, 마케팅·광고·홍보사무원
		병무행정사무원	병무행정사무원
		무역사무원	무역사무원
		통계 관련 사무원	통계사무원
		도서정리 및 속기사	속기사
		경영 및 진단 전문가	경영컨설턴트, 창업컨설턴트, 품질인증심사전문가, 기업인수합병전문가
		관세사	관세사
		상품기획 전문가	스포츠마케터, 카테고리매니저, 상품기획자
		인사 및 교육·훈련사무원	인사·교육·훈련 사무원, 병원행정사무원, 교육 및 훈련 사무원
		조세행정사무원	조세행정사무원
		국가·지방 및 공공행정 사무원	입법공무원, 행정공무원, 법원공무원

1차 분류	2차 분류	3차 분류	4차 분류
		운송 사무원	물류사무원, 출입국심사관, 우편사무원, 해운포워더(복합운송주선인), 항공권발권사무원, …
		비서	비서, 행정사
		정부 및 공공행정 전문가	헤드헌터, 정부·공공행정 전문가
		회계사	회계사
		감정평가사 및 감정사	감정평가사, 문화재감정사, 음식료품감정사, 보석감정사
		조사 전문가	마케팅조사 전문가, 사회조사 전문가
		행사기획자	행사기획자, 파티플래너, 전시·회의기획자
		총무사무원	총무 및 일반사무원, 주택관리사, 교육행정사무원
		관세행정사무원	관세행정사무원
		자재관리사무원	자재관리사무원
		생산 및 품직 관리 사무원	생산관리사무원, 품질관리사무원
		회계사무원	회계사무원
		경리사무원	경리사무원
		안내·접수사무원 및 전화교환원	안내·접수원, 화랑 및 박물관안내원, 시설 및 견학안내원, 전화교환 및 번호안내원
		고객상담 및 모니터요원	고객상담원
		전산자료 입력원 및 사무보조원	사무보조원, 조사자료처리원
	금융·보험 관련직	투자 및 신용분석가	투자분석가, 신용분석가
		증권 및 외환딜러	증권중개인, 외환딜러, 선물거래중개인
		금융관련 사무원	은행사무원, 증권사무원
		자산운용가(펀드매니저)	자산운용가

1차 분류	2차 분류	3차 분류	4차 분류
		손해사정사	손해사정사
		보험심사원 및 사무원	보험모집인 및 보험설계사
		신용추심원	신용추심원
		보험 및 금융 상품 개발자	보험계리사, 금융상품 개발자
		기타 금융 및 보험 관련 전문가	투자인수심사원, 보험심사원, 리스크매니저, 부동산펀드매니저
		출납창구사무원	출납창구사무원
		보험설계사 및 간접투자증권 판매인	보험보상사무원, 보험대리인 및 중개인
교육·연구·법률·보건	교육 및 자연과학·사회과학 연구 관련직	대학교수	대학교수
		대학 교육조교	대학 교육조교
		사회과학연구원	정치학연구원, 심리학연구원, 법학연구원, 행정학연구원, 사회학연구원, 경제학연구원
		보조교사 및 기타 교사	보조교사
		컴퓨터강사	컴퓨터강사
		대학 시간강사	대학 시간강사
		자연과학연구원	빅데이터분석가, 임학연구원, 지리학연구원, 인공지능전문가, 환경 및 해양과학연구원, 지질학연구원, 기후변화전문가, 수학·통계학연구원, 천문·기상학연구원, 화학연구원, 물리학연구원
		자연과학시험원	자연과학시험원
		농림어업 관련 시험원	농림어업시험원
		초등학교교사	초등학교교사
		유치원교사	유치원교사
		기술 및 기능계 강사	디자인강사, 기술·기능계강사, 자동차운전강사, 요리강사, 이미용강사
		장학관·연구관 및 교육 관련 전문가	장학사, 입학사정관, 교재교구 및 이러닝 교육전문가

1차 분류	2차 분류	3차 분류	4차 분류
		생명과학연구원	생물학연구원, 약학연구원, 의학연구원, 축산학·수의학연구원, 농학연구원, 식품학연구원, 수산학연구원, 공항검역관, 생명정보학자
		인문과학연구원	교육학연구원, 언어학연구원, 역사학연구원, 철학연구원
		생명과학시험원	생명과학시험원
		중·고등학교교사	진로진학상담교사, 중·고등학교교사
		특수학교교사	특수교육교사
		문리 및 어학강사	외국어강사, 다문화언어지도사, 한국어강사, 문리학원강사
		예능강사	예능강사
		학습지 및 방문교사	학습지·교육교구방문강사
		기타 문리·기술 및 예능강사	방과후교사
	법률·경찰·소방·교도 관련직	판사 및 검사	판사, 검사
		소방관	소방관
		변호사	변호사
		변리사	변리사
		소년보호관 및 교도관	교도관, 소년원학교강사
		법무사 및 집행관	법무사 및 집행관
		경찰관	경찰관, 사이버수사요원, 검찰수사관, 해양경찰관
	보건·의료 관련직	전문의사	내과의사, 흉부외과전문의사, 병리과전문의사, 핵의학과전문의사, 정형외과전문의사, ...
		치과위생사	치과위생사
		임상병리사	임상병리사
		의지보조기기사	의료장비기사, 재활공학기사

1차 분류	2차 분류	3차 분류	4차 분류
		의무기록사	보건의료정보관리사
		기타 의료복직 관련 서비스 종사원	의료코디네이터, 의료관광코디네이터
		일반의사	일반의사
		치과의사	치과의사
		약사 및 한약사	약사, 한약사
		물리 및 작업치료사	물리치료사, 작업치료사
		방사선사	방사선사
		안경사	안경사
		위생사	위생사
		응급구조사	응급구조사, 인명구조원
		한의사	한의사
		수의사	수의사
		간호사	보건교사, 간호사, 중환자전문간호사, 정신전문간호사, 노인전문간호사, 가정전문간호사, …
		임상심리사 및 기타 치료사	임상심리사, 예술치료사, 청능치료사, 놀이치료사, 언어치료사, 중독치료사
		치과기공사	치과기공사
		안마사	안마사
		영양사	영양사
		간호조무사	간호조무사
		간병인	요양보호사 및 간병인
전기·전자·정보통신	전기·전자 관련직	전기공학기술자 및 연구원	송·배전설비기술자, 전지안전기술자, 발전설비기술자, 전기계측제어기술자, 전기기기·제품개발기술자 및 연구원
		PC 및 사무기기 설치 및 수리원	컴퓨터설치·수리원, 사무용전자기기설치·수리원

1차 분류	2차 분류	3차 분류	4차 분류
		전자부품 및 제품제조기계 조작원	전자부품·제품생산기계조작원
		전자공학기술자 및 연구원	반도체장비기술자, 전자제품 및 부품개발기술자, 전자계측제어기술자, 반도체공학기술자 및 연구원, 풍력발전연구 및 개발자, …
		가전제품 설치 및 수리원	가전제품 설치·수리원
		발전 및 배전장치 조작원	발전·배전장치 조작원, 풍력발전시스템 운영관리자
		전기·전자부품 및 제품 조립원	전기·전자부품·제품 조립원
		전기·전자 및 기계공학 시험원	전기·전자공학시험원
		산업전공	산업전기공
		내선전공	내선전기공
		외선전공	외선전기공
		기타 전기·전자기기 설치 및 수리원	이동전화기수리공
		전기 및 전자 설비조작원	전기·전자설비조작원
		전기부품 및 제품제조기계조작원	전기부품·제품제조기계조작원
	정보통신 관련직	컴퓨터하드웨어기술자 및 연구원	컴퓨터하드웨어기술자 및 연구원
		시스템소프트웨어개발자	경영정보시스템개발자, 시스템소프트웨어개발자
		데이터베이스개발자	데이터베이스개발자
		영상 및 관련장비 설치 및 수리원	방송장비설치·수리원
		통신공학기술자 및 연구원	통신공학기술자, RFID시스템개발자, 통신장비기술자, 통신기술개발자, 인공위성개발자, 통신망운영기술자, 통신기기·장비기술자
		응용소프트웨어개발자	IT테스터 및 QA전문가, 모바일앱개발자, 게임프로그래머, 컴퓨터프로그래머, 응용소프트웨어개발자, 증강현실전문가, 네트워크프로그래머

1차 분류	2차 분류	3차 분류	4차 분류
		정보시스템운영자	정보시스템운영자
		통신 및 관련 장비 설치 및 수리원	통신장비 설치·수리원
		컴퓨터시스템 설계 및 분석가	IT기술지원전문가, 컴퓨터시스템설계 및 분석가, 정보통신컨설턴트 및 감리원
		네트워크시스템개발자	네트워크관리자, 네트워크엔지니어
		컴퓨터보안전문가	정보보안전문가
		웹개발자	웹운영자, 웹프로그래머, 웹엔지니어
		웹 및 멀티미디어기획자	웹기획자, 음성처리전문가, 가상현실전문가, 디지털영상처리전문가, 애니메이션기획자, 게임기획자
		통신 및 방송송출장비기사	통신장비기사, 방송송출장비기사
		통신·방송 및 인터넷 케이블 설치 및 수리원	통신·방송·인터넷케이블 설치·수리원
녹색직업	녹색직업	자연과학연구원	기후변화전문가, 임학연구원, 환경 및 해양과학연구원
		화학공학기술자 및 연구원	연료전지 개발 및 연구자
		환경공학시험원	온실가스인증심사원, 환경시험원, 친환경제품인증심사원
		재활용처리 및 소각로조작원	재활용처리·소각로조작원
		건축가 및 건축공학기술자	친환경건축컨설턴트
		단열공	단열공
		전자공학기술자 및 연구원	LED연구 및 개발자, 풍력발전연구 및 개발자, 태양광발전연구 및 개발자, 태양열연구 및 개발자
		가스에너지기술자 및 연구원	바이오에너지연구 및 개발자, 원자력공학기술자, 에너지공학기술자
		조경원	조경원
		조경기술자	조경기술자
		기계공학기술자 및 연구원	지열시스템연구 및 개발자

1차 분류	2차 분류	3차 분류	4차 분류
		발전 및 배전장치조작원	풍력발전시스템운영관리자
		환경공학기술자 및 연구원	환경공학기술자, 환경컨설턴트, 토양환경기술자 및 연구원, 환경영향평가원, 소음진동기술자 및 연구원, 폐기물처리기술자, 대기환경기술자 및 연구원, 수질환경기술자
		기타 공학 관련 기술자 및 시험원	임학·산림학연구원, 해양수산기술자
		상·하수도처리장치조작원	상·하수도처리장치조작원
		조림·영림 및 벌목원	조림·산림경영인 및 벌목원

2) 국가직무능력표준의 직무 분류

국가직무능력표준(NCS, National Competency Standards)은 산업 인재 개발의 핵심 인프라를 구축하여 국가의 경쟁력을 향상시키기 위해 개발한 것으로 "산업현장에서 직무를 수행하기 위해 요구되는 지식·기술·태도 등의 내용을 국가가 체계화"[53]한 것이다.

한국고용직업분류 체계 등을 참고하여 현재 국내에서 이루어지는 전반적인 직업 활동을 직무 유형 중심으로 대분류, 중분류, 소분류, 세분류로 구분하는데 세분류는 직무 단위로 원칙적으로 세분류 상의 직무를 중심으로 직무표준이 만들어졌다.

≪국가직무능력표준 분류 현황≫

대분류	중분류	소분류	세분류
계	80개	257개	1,022개
01. 사업관리	1	2	5
02. 경영·회계·사무	4	11	27
03. 금융·보험	2	9	36

---

53 국가직무능력표준 사이트 > NCS란

대분류	중분류	소분류	세분류
04. 교육·자연·사회과학	2	3	8
05. 법률·경찰·소방·교도·국방	2	4	16
06. 보건·의료	1	2	11
07. 사회복지·종교	3	6	17
08. 문화·예술·디자인·방송	3	9	61
09. 운전·운송	4	8	31
10. 영업판매	3	8	18
11. 경비·청소	2	2	4
12. 이용·숙박·여행·오락·스포츠	4	12	46
13. 음식서비스	1	3	10
14. 건설	8	28	132
15. 기계	11	34	135
16. 재료	2	8	39
17. 화학	4	13	42
18. 섬유·의복	2	8	26
19. 전기·전자	3	33	108
20. 정보통신	3	15	95
21. 식품가공	2	4	21
22. 인쇄·목재·가구·공예	2	4	23
23. 환경·에너지·안전	6	18	57
24. 농림어업	4	13	54

자료 출처 : 국가직무능력표준 사이트(https://www.ncs.go.kr/)

현재까지 만들어져 있는 직무는 1,022개이며 계속 직무표준이 만들어지는 중으로 우리나라에 적어도 1,022개 이상의 직업이 있다는 것을 보여준다. 하지만 이들 직무 중에서 어떤 것들은 한 사람이 모두 할 수 있는 것들도 있어서 직무

수에 비하여 직업 수는 적을 수 있다.

예를 들면 '사회복지·종교 > 사회복지 > 사회복지서비스'의 4가지 직무인 사회복지프로그램 운영, 일상생활 기능 지원, 사회복지 면담, 사회복지사례 관리는 사회복지사 한 사람이 모두 하는 실정이기 때문에 4가지 직무가 있음에도 불구하고 직업은 한 가지밖에 안 된다. '건설 > 조경 > 조경'의 조경 설계, 조경 시공, 조경 관리, 조경사업 관리 4가지 직무도 조경사가 모두 하기 때문에 역시 직업은 한 가지밖에 되지 않는 경우이다.

그런데 '농림어업 > 농업 > 작물재배'에서 수도작재배, 전작재배, 채소재배, 과수재배, 화훼재배, 버섯재배, 특용작물재배, 시설원예, 유기재배는 분류 자체가 좀 모호한 성격을 가지는데 그 이유가 하나는 재배지 형태로 분류하고 또 하나는 재배 대상으로 분류하고, 또 하나는 재배 방식으로 분류하여 분류기준이 다원화되어 있기 때문이다. 말하자면 채소재배를 유기재배 방식으로 재배하는데 온실 속에서 시설재배를 하는 것이 요즈음 추세이다. 이때 이 농업인은 어떤 일을 하는 농업인일까? 과수재배를 하면서 채소재배나 특용작물을 재배하는 것이 일반적인데 이런 경우에 이 농업인은 과수재배자일까? 아니면 특용작물재배자, 아니면 채소재배자 중 어느 것이라 해야 할까?

따라서 아직 직무가 개발 중인 것도 있지만 한국직무능력표준을 근거로 볼 때 우리나라 직업은 1,000개 정도 되지 않을까 생각한다.

이는 한국직업사전에서 우리나라 직업 수가 16,891개라고 하는 것과 비교하면 너무 차이가 크다.

직무능력 역시 기존에 하나의 직무로 형성되어 있는 작업을 기술하기 때문에 학생들이 관심을 가질 미래직업이나 떠오르는 직업과 그 직무는 기술하지 못하고 있다. 따라서 현재 당장 취업하고자 하는 인력들에는 직무 중심의 취업 교육이 필요하겠지만 진로교육에 활용하기에는 한계가 있다. 즉 기존의 직업은 알 수 있지만 미래 첨단직업이나 새로운 직업은 기술이 곤란하여 알 수 없다는 것이 한계점이다.

또한 외국에는 있지만 우리나라에는 없는 직업도 이야기할 수 없는 것이 직무라는 것은 사회적 환경과 작업 환경에 따라 달라지기 때문에 외국에서의 직무 내용을 그대로 국내에 소개한다는 것은 직업을 이해하는데 있어서 정확성이 떨어진다.

여기에서 우리가 또 하나 생각해봐야 하는 사항은 단순 조작이나 조사, 수리, 검사, 조립 등과 같은 활동을 직업으로 볼 수 있을까 하는 의문이다. 즉 작업의 한 부분을 맡아 처리하는 것을 별개의 직업으로 볼 수 있는가 하는 것이다. 가구디자이너가 직접 가구를 제작하는 것은 일상적인 현상이다. 비록 소수의 큰 가구 제작사에는 별도의 가구디자이너가 있기도 하지만 대개는 가구디자이너가 직접 나무를 재단하고 가공하여 조립하고 도장한 다음에 다시 마지막 손질을 해서 가구를 완성한다. 이때 가구 설계, 나무 재단 기계 사용, 가구 조립, 가구 도장 등의 일은 가구를 제작하는 과정에서 장인이 하는 작업의 내용들이다. 물론 규모가 좀 있는 회사에서는 작업의 효율성을 높이기 위해 분업을 하기도 하는데 분업을 한다고 모두 별개의 직업으로 보는 것은 타당하지 않다. 예를 들어 동일한 그림을 대량으로 그려 판매할 경우에 작업의 효율성을 높이기 위해 그리는 작업을 나누어서 하는데 한 사람은 나무, 한 사람은 인물, 한 사람은 배경을 그린다면 이 경우에 각각 다른 직업인이라고 할 수 있을까? 만화를 그리는데 한 사람은 인물을 채색하고 한 사람은 배경을 채색하면 이들은 서로 다른 직업인이라 하는 것이 타당한 것인지 생각해봐야 한다. 즉 분업화된 기능을 직업으로 간주해서는 안 된다고 생각한다. 물론 분업화된 기능이 나름대로 독자적인 전문성을 갖고 있으며 그 전문성을 활용할 때는 직업으로 볼 수도 있다. 하지만 일반적인 작업의 한 과정을 직업으로 볼 수는 없다. 가구를 제작하는 마지막 단계에서 제품의 품질을 검사하는 일은 하는 사람도 가구제조인이지 가구검사원이라는 직업인은 아니라는 것이다.

하지만 한국직무능력표준은 좀 더 직업 현장에 대한 정보를 수용한 느낌이 드는 데 이유는 세분류 상의 직무가 한국표준직업분류나 한국고용직업분류보다 현실적인 직업 세계에서 이루어지고 있는 직무를 이야기하고 있기 때문이다.

대분류	중분류	소분류	세분류
01. 사업관리	사업관리	프로젝트관리	공적개발원조사업관리, 프로젝트관리, 산학협력관리
		해외관리	해외법인설립관리, 해외취업관리
02. 경영· 회계· 사무	기획사무	경영기획	경영기획, 경영평가
		홍보·광고	PR, 광고
		마케팅	마케팅전략기획, 고객관리, 통계조사
	총무·인사	총무	총무, 자산관리, 비상기획
		인사·조직	인사, 노무관리
		일반사무	비서, 사무행정
	재무·회계	재무	예산, 자금
		회계	회계·감사, 세무
	생산·품질관리	생산관리	구매조달, 자재관리, 공정관리, SCM
		품질관리	QM/QC관리
		무역·유통관리	물류관리, 수출입관리, 원산지관리, 유통관리
04. 교육· 자연· 사회과학	학교교육	학교교육	개발중
	평생교육	평생교육	개발중
		팽생교육운영	평생교육프로그램 기획·개발·평가, 평생교육프로그램 운영·상담·교수
	직업교육	직업교육	경력지도, 기업교육, 직무분석
		이러닝	이러닝시스템개발, 이러닝콘텐츠 개발, 이러인과정운영
07. 사회복지·종교	사회복지	사회복지정책	지역사회복지개발, 사회복지조직운영, 공공복지
	사회복지	사회복지서비스	사회복지프로그램운영, 일상생활기능지원, 사회복지면담, 사회복지사례관리
	상담	직업상담서비스	직업상담, 취업알선, 전직지원

54　완전한 분류는 부록을 참조. 자료 출처 : https://www.ncs.go.kr/

대분류	중분류	소분류	세분류
	상담	청소년지도	청소년활동, 청소년상담복지, 진로지원
		심리상담	심리상담
	보육	보육	보육, 산후육아지원, 아이돌봄
20. 정보통신	정보기술	정보기술전략·계획	정보기술잔략, 정보기술컨설팅, 정보기술기획, SW제품기획, 빅데이터분석, IOT융합서비스기획, 빅데이터기획, 핀테크기술기획
		정보기술개발	SW아키텍처, 응용SW엔지니어링, 임베디드SW엔지니어링, DB엔지니어링, NW엔지니어링, 보안엔지니어링, UI/UX엔지니어링, 시스템SW엔지니어링, 빅데이터플랫폼구축, 핀테크엔지니어링, 데이터아키텍처, IOT시스템연동, 인프라스트럭쳐 아키텍처 구축
		정보기술운영	IT시스템관리, IT기술교육, IT기술지원, 빅데이터운영·관리
		정보기술관리	IT프로젝트관리, IT품질보증, IT테스트, IT감리
		정보기술영업	IT기술영업, IT마케팅
		정보보호	정보보호관리·운영, 정보보호진단·분석, 보안사고분석대응, 정보보호암호·인증, 지능형영상정보처리, 생체인식(바이오인식), 개인정보보호, 디지털포렌식
		인공지능	인공지능플랫폼구축, 인공지능서비스시획, 인공지능모델링, 인공지능서비스운영관리, 인공지능서비스구현
		블록체인	블록체인분석·설계, 블록체인구축·운영, 블록체인서비스기획
		스마트물류	스마트물류체계기획, 스마트물류플랫폼구축, 스마트물류통합관리
		디지털트윈	디지털트윈기획
	통신기술	유선통신구축	교환시스템구축, 구내통신구축, 네트워크구축, 구내통신설비공사, 실감형플랫폼구축, 철도정보통신설비공사, 도로·교통정보통신설비공사, 항해·항만정보통신설비공사, 항공·항행정보통신시설공사, 클라우드플랫폼구축
		무선통신구축	무선통신시스템구축, 전송시스템구축, 무선통신망구축, 위성통신망구축, IOT통신망구축, 공공안전통신망구축
		통신서비스	유선설비접속서비스, 전용회선서비스, 초고속망서비스, 부가네트워크서비스, 전보서비스, 이동통신서비스,

대분류	중분류	소분류	세분류
			콘텐츠사용자서비스, 콘텐츠네트워크서비스, 무선초고속인터넷서비스, 주파수공용통신, 무선호출메시징서비스, 위성통신서비스, 특수이동통신서비스, 인터넷지원서비스, 부가통신응용중계서비스, 특수부가통신서비스, 무선데이터통신서비스, 디지털비즈니스지원서비스, 실감형통신서비스
		실감형콘텐츠제작	가상현실콘텐츠제작, 실감콘텐츠촬영, 증강현실(AR)콘텐츠제작
	방송기술	방송제작기술	중계방송, 방송품질관리
		방송플랫폼기술	라디오방송, 지상파TV방송, 지상파DMB, 케이블방송, 인터넷멀티미디어방송
		방송서비스	유무선통합서비스, 방송시스템운영, 정보시스템운영, 방송기술지원서비스, 방송장비설치유지보수, 소셜미디어방송서비스
21. 식품가공	식품가공	식품가공	수산식품가공, 두류식품가공, 축산식품가공, 유제품가공, 건강기능식품제조가공, 김치·반찬가공, 면류식품가공, 곡류·서류·견과류가공, 음료주류가공, 식품가공연구개발, 식품품질관리
		식품저장	수산식품저장, 농산식품저장, 축산식품저장
		식품유통	수산식품유통, 농산식품유통, 축산식품유통
	제과·제빵·떡제조	제과·제빵·떡제조	제과, 제빵, 떡제조, 한과제조
23. 환경·에너지·안전	산업환경	수질관리	수질오염분석, 수질공정관리, 수질환경관리, 정수시설운영관리, 상수관로시설운영관리, 하수관로시설운영관리
		대기관리	대기환경관리, 온실가스관리, 기상기술관리, 기후변화적응
		폐기물관리	폐기물처리시설설계·시공, 폐기물관리
		소음진동관리	소음진동관리, 소음진동측정·분석평가
		토양·지하수관리	지하수관리, 토양관리
	환경보건	환경보건관리	산업환경보건, 실내공기질관리, 위행성관리
	자연환경	생태복원·관리	생태복원, 생태관리
	환경서비스	환경경영	환경컨설팅, 환경시설운영, 환경관리

대분류	중분류	소분류	세분류
		환경평가	환경영향평가, 환경조사분석
	에너지·자원	광산조사·탐사	광산지질조사, 지구물리·화학탐사, 석유시추, 광물시추
		광물·석유자원 개발·생산	광물자원개발·생산, 석유자원개발·생산, 자원처리
		광산환경관리	광해조사, 광해복원
		광산보안	광산보안관리, 화약류관리
		신재생에너지 생산	태양광에너지생산, 태양열에너지생산, 연료전지에너지생산, 바이오에너지생산, 해양에너지생산, 풍력에너지생산, 폐자원에너지생산, 지열엔저지생산·활용
		에너지관리	에너지절약서비스, 건물에너지관리시스템운영관리
	산업안전	산업안전관리	기계안전관리, 전기안전관리, 건설안전관리, 화공안전관리, 가스안전관리, 방사선측정평가, 원자력발전소해체방사성폐기물관리
		산업보건관리	산업보건관리, 근로자작업환경관리
		비파괴검사	비파괴검사, 방사선비파괴검사, 초음파비파괴검사, 자기비파괴검사, 침투비파괴검사, 와전류비팍괴검사, 누설비파괴검사, 특수비파괴검사
24. 농림어업	농업	작물재배	수도작재배, 전작재배, 채소재배, 과수재배, 화훼재배, 버섯재배, 특용작물재배, 시설원예, 유기재배
		종자생산·유통	종자계획, 육종, 종자생산, 종자유통보급
		농촌개발	농촌체험상품개발, 농촌체험시설운영, 농업환경개선, 농산물품질관리
		화훼장식	단위화훼장식, 공간화훼장식
	축산	축산자원개발	사료생산, 종축, 동물용의약품제조, 수의서비스, 수의보조, 애완동물미용, 말이용, 반려동물행동교정
		사육관리	젖소사육, 돼지사육, 가금사육, 한우사육, 말사육, 곤충사육
	임업	산림자원조성	임업종묘, 산림조성
		산림관리	산림개발, 산림보호
		임산물생산·가공	임산물생산, 목재가공, 펄프·종이제조

대분류	중분류	소분류	세분류
	수산	어업	원양어업, 근해어업, 연안어업, 내수면어업
		양식	해면양식, 수산종묘생산, 내수면양식, 스마트양식
		수산자원관리	수산자원조성, 수산질병관리, 염생산
		어촌개발	어촌체험상품개발, 어촌체험시설운영, 어업환경개선

3) 커리어넷의 직업분류

커리어넷은 한국직업능력개발원 국가진로교육연구본부 진로교육센터에서 운영하고 있는 진로정보망으로 학생과 청소년들에게 직업과 학과에 대한 정보를 제공하는 활동을 하고 있다.

이 가운데 직업과 관련해서는 한국표준직업분류나 한국고용직업분류체계와는 달리 직업을 분류하려는 것보다는 직업에 대한 정보를 효율적으로 전달하기 위하여 454개의 직업을 35가지 직업군으로 묶어 간단한 정보를 제공하고 있다. 그리고 50개의 해외직업과 50개의 미래직업을 소개하고 있다.

행정적인 측면에서 직업을 분류하지 않고 교육적 측면에서 직업을 분류하고 있다는 점에서 긍정적으로 평가하지만 직업에 대한 개념적 정의 정도는 필요하다는 생각이 든다. 예를 들면 교도관, 경찰관, 소방관을 같은 수준에서 분류하고 있는데 경찰관은 내부적으로도 이미 경찰특공대, 과학수사관, 사이버수사관, 101경비단과 같이 일반 경찰관과 다른 직종의 존재를 인정하고 있다. 그래서 단순히 경찰관이라고 소개하는 것은 초등학생 수준에서는 무난하지만 중학생 정도가 되면 이를 보다 정확하게 전달해 주는 것이 필요하다.

또한 항공기정비원의 경우에도 항공기사, 항공기체정비기능사와 같은 국가기술자격증 소지자가 하는 항공정비기술자와 국가전문자격증인 항공정비사 자격증을 가지고 일하는 항공정비사가 있는데 이를 구분하지 않는 것은 생각해봐야 한다.

그리고 군무원은 행정과 관련한 작업을 하는 군무원도 있지만 주로 기술 분야를 중심으로 직업 활동을 한다. 이는 군대에서 군무원을 채용하는 목적과도 상관있는데 군인들의 잦은 보직 이동으로 말미암아 발생할 수 있는 업무 공백기를 최대한 보완하고 군사 장비의 운용 수준을 항상 일정하게 유지하기 위해 보직 이동이 없는 민간인을 채용하고 있다. 따라서 군무원을 경영이나 행정 또는 사무직군으로 소개하는 것은 군무원에 대한 개념을 오도할 수 있어 수정할 필요가 있다.

직업 명칭에 있어서는 아무리 현장에서 다양하게 사용하더라도 교육적 차원에서는 기준을 가지고 사용하는 것이 바람직하다고 본다. 예를 들어 중등교사라 하든지, 중학교 교사 또는 고등학교 교사라 하든지, 중등 국어교사, 중등 수학교사라고 해야지 자연계 중등학교 교사나 인문계 중등학교 교사라는 명칭은 없다. 또한 목사, 신부, 승려 등과 같은 종교와 관련한 활동을 하는 경우는 있지만 성직자라는 활동을 하는 직업은 없다. 성직자는 직업 명칭이라기보다는 오히려 직업군에 해당하는 명칭이라 하겠다.

약사와 한약사도 완전히 다른 직업인데 이를 약사 및 한약사라고 직업을 소개하는 것보다 각각 분리하여 소개하는 것이 바람직하다고 보며 선박 및 열차 객실승무원도 분리하여 소개하는 것이 학생들에게 좋을 것 같다.

군인 영역에서 직업군인이라고 한 것은 너무 무심한 행위이다. 오늘날 군인의 역할이 예전과 달라지면서 우주항공군과 같은 많은 전문 분야가 생겨나고 있는 것을 단순히 직업군인이라고 하는 것은 21세기 군인이라는 직업에 대한 학생들의 관심을 무디게 할까 염려된다.

보석감정사와 조향사를 경영·행정·사무직군으로 분류한 것도 잘못된 것이며 13개 분야의 전문간호사가 있음에도 호스피스전문간호사라고 소개하여 마치 전문간호사가 1개뿐인 것처럼 보이게 하는 것도 피해야 할 것이다.

주택관리사도 어떤 기준에서 경호·경비직으로 분류되는지? 그리고 학생들에게 그런 정보를 주는 데 대해서 신중하게 생각해야 한다.

우리나라의 커리어넷과 같은 외국의 진로교육 정보 사이트에서는 어떻게 하고 있는지 살펴보자.

직업군	직업 종류
관리직	행정부고위공무원, 스포츠에인전트, 국회의원, 호텔지배인, 교장, 기업고위임원, 외교관
경영·행정·사무직	마케팅전문가, 세무사, 감정평가사, 파티플래너, 군무원, 행사기획자, 경영컨설턴트, 관세사, 광고 및 홍보전문가, 광고기획자, 국제무역사무원, 국제회의전문가, 노무사, 물류관리사, 바이어(구매인), 보석감정사, 사무보조원, 설문조사원, 속기사, 시장 및 여론조사전문가, 일반공무원, 전문비서, 전자상거래전문가, 전화교환원, 조향사, 회계사, 회계사무원
금융·보험직	금융자산운용가(펀드매니저), 신용관련추심원, 영업원, 투자분석가(애널리스트), 보험계리인, 생활설계사, 선물중개인, 손해사정사, 신용조사원, 외환딜러, 은행출납사무원, 증권분석가, 증권중개인
인문·사회과학연구직	행정학연구원, 철학연구원, 교육학연구원, 사회학연구원, 경제학연구원, 심리학연구원, 언어학연구원, 역사학연구원, 정치학연구원
자연·생명과학연구직	자연과학연구원,신약개발연구원, 수질환경연구원, 기상연구원, 농업기술자, 물리학연구원, 생물공학연구원, 생물학연구원, 수학연구원, 유전공학연구원, 일기예보관, 지리학연구원, 지질학연구원, 천문학연구원, 통계학연구원, 해부학연구원, 해양학연구원, 화학연구원
정보통신연구개발직 및 공학기술직	베타테스트, 웹프로듀서, 가상현실전문가, 게임기획자, 시스템소프트웨어개발자, 시스템운영관리자, 애니메이션기획자, 컴퓨터하드웨어 기술자 및 연구원, 특수효과기술자, 고객관리시스템전문가, 네트워크엔지니어, 데이터베이스관리자, 무선주파수엔지니어, 사이버교육운영자, 시스템엔지니어, 웹마스터, 의료정보시스템개발지, 정보보호전문가, 정보중개인, 통신공학 기술자 및 연구원, 통신망설계운영기술자, 통신엔지니어, 통신장비기사, IT컨설턴트
건설·채굴연구개발직 및 공학기술자	건축사, 건설견적원, GIS전문가, 건설공사품질관리원, 건축공학기술자, 도시 및 교통설계전문가, 조경기술자, 측량사, 토목공학기술자
제조연구개발직 및 공학기술자	메카트로닉스공학기술자, 발명가, 대체에너지개발연구원, 환경영향평가원, 해양공학기술자, 환경공학기술자 및 연구원, 자동차공학기술자, 방사성폐기물관리원, 에너지공학기술자, 토양환경기술자, 해양환경기사, 화학공학기술자, 환경설비기술자, 환경위생검사원, 환경컨설턴트, 금속공학기술자, 기계공학기술자 및 연구원, 대기환경기술자, 로봇연구원, 반도체공학기술자, 비파괴검사원, 산업공학기술자, 산업안전관리원, 석유화학기술자, 섬유공학기술자, 소음진동기술자, 식품공학기술자, 신경회로망연구원, 원자력연구원, 인공위성개발원, 재료공학기술자, 전기공학기술자, 전자공학기술자, 조선공학기술자, 캐드원, 항공우주공학기술자, 해양수산기술자
교육직	자연계중등학교교사, 초등학교교사, 독서지도사, 음악강사, 학습지방문교사, 장학사, 인문사회계열교수, IT교육강사, 유치원교사, 이공학계열교수, 인문계중등학교교사, 직업능력개발훈련교사, 특수교사, 학원강사

55 자료 출처 : https://www.career.go.kr/cnet/front/base/job/jobList.do#tab1

직업군	직업 종류
법률직	검사, 법률사무원, 법무사, 변리사, 변호사, 판사
사회복지·종교직	사회복지사, 보육교사, 헤드헌터, 사회단체활동가, 상담전문가, 성직자, 직업상담 및 취업알선원
경찰·소방·교도직	교도관, 경찰관, 소방관
군인	직업군인
보건·의료직	보건의료정보관리사, 물리치료사, 간호조무사, 응급구조사, 위생사, 안만사, 일반의사, 병원코디네이터, 임상병리사, 간호사, 방사선사, 수의사, 안경사, 약사 및 한약사, 언어치료사, 영양사, 음악치료사, 임상심리사, 작업치료사, 전문의사, 치과기공사, 치과위생사, 치과의사, 한의사, 호스피스전문간호사
예술·디자인·방송직	스포츠해설가, 문화재보존원, 백댄서, 작가, 캐스팅디렉터, 마술사, 서예가, 북디자이너, 사진기자, 사진사, 소설가, 시각디자이너, 시인, 안무가, 애니메이션작가, 영화시나리오작가, 음반기획자, 음향기사, 조명기사, 출판편집자, 평론가, 가수, 개그맨, 광고디자이너, 구성작가, 국악인, 기자, 네이미스트, 녹음기사, 드라마작가, 리포터, 만화가, 모델, 무대감독, 무용가, 방송연출가, 번역가, 보석디자이너, 비디오저널리스트, 사서, 사진작가, 성악가, 성우, 쇼핑호스트, 스턴트맨, 아나운서, 애니메이터, 연극연출가, 연기자, 연예인매니저, 연주가, 영사기사, 영화감독, 영화기획자, 웹디자이너, 인테리어디자이너, 일러스레이터, 작곡가, 제품디자이너, 조각가, 지휘자, 촬영기사, 출판물기획전문가, 커피라이터, 캐릭터디자이너, 컬러리스트, 컴퓨터게임시나리오작가, 컴퓨터그래픽디자이너, 통역가, 패션디자이너, 편집기사, 학예사, 화가
스포츠·레크레이션직	카레이서, 치어리더, 프로게이머, 카지노딜러, 레크레이션지도자, 스포츠강사, 스포츠트레이너, 운동감독, 운동경기심판, 운동선수, 캐디, 프로바둑기사
미용·예식서비스직	애완동물미용사, 커플매니저, 혼례종사원, 이용사, 미용사, 네일아티스트, 메이크업아티스트, 분장사, 웨딩플래너, 이미지컨설턴트, 장례지도사, 체형관리사, 패션코디네이터, 피부관리사
여행·숙박·오락서비스직	선박 및 열차객실승무원, 여행상품개발원, 비행기승무원, 여행안내원
음식서비스직	주방보조원, 접객원, 바리스타, 바텐더, 소믈리에, 조리사 및 주방장, 푸드스타일리스트
경호·경비직	무인경비시스템종사원, 청원경찰, 경비원, 경호원, 주택관리사
돌봄서비스직(간병·육아)	간병인
청소 및 기타 개인서비스직	주차관리원, 구두미화원 및 수선원, 가사도우미, 가스·수도·전기계기검침원 및 안전점검원, 세탁원, 청소원
영업·판매직	계산원 및 매표원, 주유원, 상품대여원, 방문판매원, 농수산물중개인, 부동산중개인, 상점판매원, 상품중개인, IT기술영업원, 자동차영업원, 텔레마케터, 홍보도우미

직업군	직업 종류
운전·운송직	비행기조종사, 요리배달원, 선박갑판원, 지게차운전원, 도선사, 대형트럭 및 특수차운전원, 버스운전기사, 선장 및 항해사, 신호원 및 수송원, 우편물집배원, 펄도 및 지하철기관사, 크레인 및 호이스트운전원, 택배원, 택시운전기사, 트럭운전기사, 항공교통관제사
건설·채굴직	샷시원, 유리부착원, 단열원, 전통건축원, 콘크리트공, 상수도기술자, 건물도장원, 건설기계운전원, 광원 및 채석원, 도배원, 목공, 미장원, 바닥재시공원, 방수원, 배관원, 석공, 조적공, 철골공
기계설치·정비·생산직	항공기·선박조립 및 검사원, 자동조립라인 및 산업용로봇조작원, 공구제조원, 보일러공, 공작기계조작공, 금형원, 냉동기사, 선박정비원, 자동차정비원, 자동차조립원, 철도차량정비원, 항공기정비원
금속재료 설치·정비·생산직	도금원, 도장원, 단조원, 제관원, 금속가공장치조작원, 시멘트제조원, 압연원, 용접원, 유리제품제조원, 주조원, 판금원
전기·전자설치·정비·생산직	전기부품 및 제품 생산직, 전기설비조작원, 발전장치조작원, 전자부품 및 제품 생산직, 가전제품 설 및 수리원, 의료장비기사, 전공, 전자장비 설치 및 수리원, 정밀기기제품제조원, 컴퓨터설치·수리원
정보통신설치·정비직	통신설비설치 및 수리원, 방송장비 설치 및 수리원, 전화 설치 및 수리원, 통신케이블 설치 및 수리원
화학·환경설치·정비·생산직	상·하수도 처리장치조작원, 재활용처리 및 소각로 조작원, 타이어 및 고무제품 생산직, 플라스틱제품제조원, 화학제품제조원
섬유·의복생산직	의복제품검사원, 의복수선원, 섬유제조원, 양장사 및 양복사, 제화원, 직조원, 패턴사, 한복사
식품가공·생산직	식품가공검사원, 음료제조관련조작원, 도축원 및 육류가공원, 유제품제조원, 전통식품제조원, 제과사 및 제빵사
인쇄·목재·공예 및 기타 설치·정비·생산직	가구조립 및 검사원, 종이제품생산직(기계조작), 공예원, 귀금속 및 보석세공원, 가구제조·수리원, 간판제작원, 도자기제조원, 목재가공관련조작원, 사진인화 및 현상관련조작원, 악기수리 및 조율사, 악기제조원, 인쇄기조작원, 펄프 및 종이생산직, 플로리스트
제조단순직	포장원, 단순노무직
농림어업직	원양어부, 조림·영림 및 벌목원, 과수작물재배자, 채소 및 특용작물재배자, 원예기술자, 화훼재배기술자, 가축사육자, 곡식작물재배자, 동물조련사, 양식원, 연근해 어부 및 해녀, 조경원

4) 프랑스 ONISEP 직업분류

ONISEP(Office National d'Information Sur les Enseignements et les Professions)는 우리말로 '국립교육 및 직업정보기관'으로 국가교육 및 청소년부와 고등교육·연구 및 혁신부 소속의 국가기관인데 우리나라의 한국직업능력개발원과 같은 기관이며 그 기관에서 커리어넷과 같은 사이트를 운용하고 있다.

ONISEP은 학생, 학부모 및 교육자들에게 전국의 다양한 교육기관과 직업에 대한 정보를 개발하여 제공하고 있는데 정부의 정책에 부응하여 특히 학교 밖 청소년, 장애아동, 남녀평등, 기회균등, 청년들의 유럽 활동, 일자리 창출, 창업정신과 기업가정신 등에 초점을 두고 활동하고 있다.

파리에 본부를 두고 있으며 전국과 해외에 17개 지역본부를 두고 있으며 그 산하에 28개 지역센터를 운영하고 있다. 최근의 동향으로는 지역본부 중심으로 지역산업과 관련한 직업 및 진로에 대한 정보를 많이 개발하여 보급하고 있다.

다음은 ONISEP에서 직업을 분류하고 있는 방식이다. 직업을 분류하는 데 의의를 두지 않고 이 사이트를 이용하는 자들에게 교육적 차원의 정보를 제공하는 데 목적을 두고 있기 때문에 모든 직업을 취급하려는 의도는 아예 없다고 할 수 있다. 그래서 '기타 직업'이라든지 '단순직'이라는 명칭이 사용되지 않는다.

ONISEP에서 직업을 분류하는 것은 이용자들의 수준에 따라 쉽게 접근할 수 있도록 하기 위한 것인데 두 가지 방식을 사용하고 있다.

하나는 중·고등학교 이상의 연령자나 학력자를 위한 방식인데 직업 영역을 16개 설정하고 이에 따라 분류하고 있으며 또 하나는 초등학생이나 중학생을 위해 27개의 흥미를 중심으로 직업을 분류하고 있다.

학생, 학부모 및 교육자들에게 교육과 직업에 대한 정보를 보다 효율적으로 전달하는 데 목적이 있기 때문에 국제노동기구와 같은 기관에서 분류하고 있는 직업분류법과는 상관없다고 할 수 있다. 그리고 분류방식이 반드시 과학적일 필요도 없다. 목적은 직업과 그 직업을 가지는데 필요한 교육기관에 대한 정보를 효율적으로 제공하는 데 있기 때문이다.

직업 명칭에서 우리와 다른 점은 기술자, 전문가, 연구원, 조작원 등과 같은 포괄적 지칭이나 단순 기능을 표현하는 단어 대신에 좀 더 구체적인 명칭을 사용하고 있다. 이는 직업적 분화가 우리보다 많이 이루어져 있는 사회적 특성 때문이기도 하지만 무엇보다도 이러한 직업분류 작업에 종사한 사람들이 보다 정확한 정보를 전달하려고 노력했기 때문인 것 같다. 또 많은 다양한 직업을 소개하는 것보다는 주요 분야의 주요한 직업을 중심으로 소개하고 있는 것도 우리와 다르다. 많은 직업을 소개하는 것보다 주요 직업을 소개하는 것이 진로교육에 있어서 필요하기 때문이다.

프랑스는 우리와 마찬가지로 미래 첨단산업과 관련한 직업에 대한 정보는 그다지 많지 않으며 책임자, 반장과 같은 직위를 직업 명칭으로 사용하고 있어 직위를 직업과 구분하지 못하는 경향이 있다. 우리나라와 달리 직위가 직업이 되는 경우도 간간이 있다. 즉 일정한 분야의 직위는 승진으로 올라가는 것이 아니라 자격을 갖춘 사람이면 누구나 바로 채용 과정을 거쳐 입직하기도 한다. 군대의 장교처럼 일반 기업이나 기관의 간부직도 자격이 되면 채용시험에 응시하여 바로 입직하는 경우가 우리보다 많은 것 같다. 아마 엘리트 중심 교육이 발달한 결과라고 할 수도 있다.

그러면 프랑스 이외의 다른 나라에서는 진로교육을 위해 직업을 어떻게 분류하고 있는지 알아보자.

≪프랑스 ONISEP 직업분류체계≫[56]

대분류	중분류	소분류
1. 농업−목재 Agriculture − Bois	농업 Agriculture	농업경작자, 양식업자, 채소재배반장, 농기계운전자, 농업컨설턴트, 농기계 성능검사원, 원예재배원, 채소시험재배기사, 임업기사, 채소재배, 농기계기술자, 포도주양조전문가, 임업노동자, 임업기술자, 수의사, 포도재배원
	목재산업 Filière bois	연장 칼갈이(연삭기 날 정비원), 주방과 욕실 플래너, 대목수, 제지기계조작원, 제재소 작업반장, 산업디자이너, 가구제작자, 산림기사, 제지기사, 소목수, 임업노동자, 제재소 책임자, 임업기술자

56 완전한 분류는 부록을 참조. 자료 출처: https://www.onisep.fr/

대분류	중분류	소분류
2. 건축-조경-도시계획 Architecture - Paysage - Urbanisme	건축, 도시계획, 조경 Architecture, urban- isme, paysage	지역개발전문가, 건축가, 실내건축가, 개념설계사, 측량사, 조경원, 조경사, 기획가, 조경기술자, 도시계획가
4. 예술-공예-문화 Arts - Artisanat - Culture	미술, 디자인 Art, design	2D, 3D 애니메이터, 실내건축가, 무대장식가, 산업디자이 너, 만화가, 예술감독, 그래픽디자이너, 일러스트레이터, 편 집디자이너, 예술품복원전문가, 패션스타일리스트(의상개 념디자이너), 웹디자이너
	공예 Artisanat d'art	보석세공인, 자수전문가, 도예가, 가구제작자, 액자전문가, 악기제작자, 철물제작자, 시계제조공, 금세공인, 금박장식 공, 실내장식화가, 석재생산자, 양탄자제조공, 스테인글라 스제조공
	공연예술 Arts du spectacle	곡예사, 가수, PD, 코미디언, 의상담당, 무용수, 무대장식가, 예술감독, 조명기사, 무대장치기사, 음악가, 공연감독
	문화와 유물 Culture et Patrimoine	유물애호가, 골동품상, 고고학자, 고문서전문가, 경매인, 유 물보존전문가, 예술품복원전문가
	패션 Mode	구매전문가, 제화공, 자수전문가, 마케팅조사팀장, 상품머 천다이저 , 영업책임자, 수출담당, 구두수선공, 섬유기사, 가죽세공전문가, 의상모델디자이너, 모자제조인, 실크스크 린전문가, 패션스타일리스트(의상개념디자이너), 재단사와 재봉사, 패턴사, 마구제조인
6. 시청각예술-정보- 커뮤니케이션 Audiovisuel - Information - Communication	시청각예술 Audiovisuel	2D, 3D 애니메이터, 라디오와 TV진행자, 조감독, 촬영기 사, PD, 편집장, 촬영감독, 음향기사, 사진기자-리포터, 무 대장치기술자, 사운드믹서, 사진사, 무대감독, 대본작가, 스 크립트(기록담당)
	커뮤니케이션 Communication	보도자료담당, 내부고충상담원, 이벤트기획팀장, 홍보팀장, 회사이미지 관리자, 그래픽디자이너, 도판 담당, 일러스트 레이터, 편집디자이너, 웹디자이너, 웹마스터
	출판, 서점, 도서관 Edition, librairie, bib- liotheque	사서, 멀티미디어프로젝트관리인, 만화가, 편집인, 그래픽 산업제작자, 그래픽디자이너, 도판 담당, 일러스트레이터, 서점상, 편집디자이너, 온라인이미지홍보 작업자, 금박장식 가, 편집비서
	언론 Journalisme	기자, 사진기자-리포터, 편집장, 사진기자, 편집비서
	번역, 통역 Traduction, interprétation	여행가이드, 운송전문가, 영업보조, 헤드헌팅보조, 모집담 당관, 관광상품개발관리자, 세관업무담당, 다큐멘터리작가, 기자, 물류기사, 통번역사

대분류	중분류	소분류
7. 지속가능한건설– 건물과 토목 Construction durable – Bâtiment et Travaux publicstravaux publics	건물과 토목 Bâtiment et travaux publics	BIM 매니저, 타일공, 목수, 공사장감독, 건설장비운전자, 현장간부, 토목기술자, 프로젝트기안자, 건설경제학자, 전기공, 측량사, 기중기운전기사, 건축토목기사, 기후공학기사, 조적공, 소목수, 냉동공조설치자, 건물도장공, 배관공, 철물공
9. 교육–연구 Enseignement – Recherche	교육 Enseignment	교무주임, 스포츠지도자, 미술교사, 특수교사, 연구교사, 평생교육사, 농업교사, 중등교사, 실업계고등학교교사, 수학교사, 물리화학교사, 음악교사, 무용교사, 체육교사, 초등교사, 사서교사, 상담교사, 학교장
	연구 Recherche	농학자, 시험용동물사육사, 천체물리학자, 생체정보공학자, 환경생물학자, 생물학연구원, 화학연구원, 물리학연구원, 인구학자, 연구교사, 민속학자, 재생엔지니어기술자, 농식품기사, 언어학자, 해양학자, 약사, 사회학자, 동물학자
10. 에너지–환경 Énergies – Environnement	에너지 Énergie	풍력발전기획팀장, 실내공간에너지상담사, 에너지진단사, 전기설치기사, 지질학자, 지구물리학자, 태양에너지공학자, 재생에너지공학자, 가스공학자, 원자력공학자, 석유공학자, 지열공학자, 수력전문가, 화공학자, 전기공학자, 정유공장기술자, 가스관설치기술자, 고압선설치기술자, 석유탐사기술자, 보일러기술자
	환경 Environnement	도시환경미화원, 환경보호운동가, 환경생물학자, 산업안전환경책임자, 환경컨설턴터, 산림감시원, 기마감시원, 지리정보전문가, 수력기사, 환경공학자, 재생에너지연구개발엔지니어, 기상학자, 생활쓰레기수거책임자, 수맥탐사기술자, 폐기물처리기술자, 보일러기술자
11. 행정사무–운송–물류 Gestion administrative – Transport – Logistique	물류와 운송 Logistique et trans- port	운송전문가, 내수운항선원, 열차기관사, 노선운전기사, 선박중개인, 관세사, 물류기사, 창고지게차운전기사, 상선선원, 철도교통관제사

5) 벨기에 SIEP 직업분류

SIEP(Service d'Information sur les Etudes & les Professions)은 우리말로 '공부와 직업에 대한 정보 센터'인데 프랑스처럼 국가기관은 아니지만 Walloni와 Bruxelles 지역 정부로부터 지원받는 공공기관인데 1973년에 설립되어 지금은 벨기에의 Liège, Namur와 Mons 지역에 지부를 두고 있다.

SIEP는 ONISEP와 달리 교육적 목적보다는 모든 사람을 대상으로 직업과 공부에 대한 정보를 제공하여 모든 사람에게 모든 분야에 있어서 균등한 기회가 주어지도록 노력하는데 활동의 중심을 두고 있다.

그래서 모든 사람이 직업정보를 쉽게 얻을 수 있도록 직업 활동을 15개의 큰 영역으로 나누고 이를 다시 93개의 직업 분야로 나누어 1,258개의 직업정보를 수록하고 있다.

《벨기에 SIEP 직업분류체계》[57]

대분류	중분류	소분류
행정과 법제 Administration & législation	법률 Droit	특허대리인, 법률보조원, 변호사, 변호사회 회장, 사법칼럼니스트, 청소년지원상담사, 법률고문, 사회상담사, 사립탐정, 법심리전문가, 법정서기, 집행관, 판사, 회계감사원재판관, 기업체 변호사, 국제기구 변호사, 환경변호사, 법의학자, 중재자, 공증인, 옴부즈만, 사법비서, 법정속기사
	경영 Gestion administrative	예술단체 관리인, 여론조사전문가, 문화센터프로그램운영자, 유통관리인, 총무보좌관, 관리총무, 재무관리이사, 음반기획사 대표, 공연장 대표, 대표이사, 전력회사 사장, 재고업무 담당, 행정서사, 사무직원, 정보기록관리원, 요양기관 총무, 수출입업무 담당, 사회문화팀 관리자, 데이터입력업무 담당, 애프터서비스 책임자, 비서, 회계비서, 속기타이피스트, 정보시스템기술자, 전화상담 및 영업비서
	인사관리 Gestion des ressources humaines & travail	노조임원, 고용분석가, 헤드헌터, 고용 및 전직상담사, 사회복지상담사, 인사과장, 인간공학자, 노동심리학자
건축과 건설 Bâtiment & construction	설비 및 마감 Equipement & parachèvement	타일공, 공사장 감독, 태양열시스템기술고문, 지붕기술자, 스마트홈설계사, 전기기술자, 상수도기술자, 태양열업체사장, 태양에너지전문가, 전기설비검사원, 목재난로설치기술자, 통신설비시설원, 중앙난방기술자, 하수처리기술자, 난방기술자, 태양열집열판설치기술자, 도장공, 천장전문기술자, 미장공, 배관공, 바닥재시공자, 석공, 에어컨기술자, 태양열에너지전문기술자, 유리창시공자
	기본공사 Gros oeuvre	하수관기술자, 바닥공사기술자, 철골공, 거푸집공, 건설기계조종원, 풍력발전기초건설기술자, 지붕기술자, 배근공, 시추기술자, 기중기조종원, 조적공, 건설인부, 도로포장인부, 도로공사인부, 토공작업자
	부동산 Immobilier	공인중개사, 건축물에너지평가사, 사회복지주택관리운영자, 부동산전문가, 측량기사, 부동산개발자

---

57 완전한 분류는 부록을 참조. 자료 출처 : https://www.siep.be/

대분류	중분류	소분류
커뮤니케이션 Communica- tion	멀티미디어와 웹 Multimédia & Web	2D/3D 애니메이터, 멀티미디어 진행자, 정보아키텍처, 멀티미디어 구성작가, 멀티미디어프로젝트책임자, 이미지 관리자, 멀티미디어 컨셉 디자이너, 비디오 컨셉 디자이너, 편집 컨셉 디자이너, 웹통신 컨설턴트, 웹 개발자, 멀티미디어 예술 감독, 멀티미디어 인체공학자, 인터넷/멀티미디어 기술전문가, 멀티미디어 강사, 컴퓨터그래픽디자이너, 웹프로그래머, 멀티미디어 PD, 웹편집자, 웹사이트경쟁력관리인, 멀티미디어품질검사원, 음향디자이너, 컴퓨터이미지전문가, 온라인유통기획자, 경제동향분석가, 웹디자이너, 인터넷마케팅관리인, 웹마스터
	광고 Publicité	마케팅연구 담당, 광고물 제작책임자, 제품관리자, 이미지관리자, 편집컨셉디자이너, 광고물 미술감독, 광고물기획개발팀장, 마케팅팀장, 그래픽디자이너, 카피라이터, 미디어광고개발기획자, 미디어기획자, 광고영업책임자, 광고밑그림도안자, 광고전략기획자, 온라인유통기획자
문화 Culture	공예 Artisanat	중세기사 무장제조인, 보석세공인, 통 제조기술자, 도예가, 철판제조가공기술자, 금속조각가, 제화공, 칼 제조공, 가구장식가, 다이아몬드세공인, 금박장, 가구제작자, 액자전문가, 현악기제조기술자, 가구마무리기술자, 주조공/청동제조조각가, 모피제조인, 보석감정사, 시계공, 가죽세공전문가, 상감세공기술자, 금속공예가, 목재가구조립기술자, 모자이크기술자, 금은세공기술자, 제지기술자, 담배파이프제조공, 바인더제조기술자, 쿠숀제작기술자, 목조각가, 열쇠공, 보석세팅기술자, 천장마무리공, 묘지기념물제조기술자, 석공, 가죽제조판매인, 박제기술자, 직조공, 목제품가공기술자, 유리제조공, 스테인글라스전문가
	디지털예술 Arts numériques	2D/3D 애니메이터, 멀티미디어구성작가, 멀티미디어프로젝트책임자, 멀티미디어 컨셉 디자이너, 비디오 컨셉 디자이너, 멀티미디어 예술감독, 멀티미디어 기록물관리원, 멀티미디어 인체공학자, 게임디자이너, 컴퓨터그래픽디자이너, 멀티미디어 PD, 멀티미디어품질검사원, 음향디자이너, 컴퓨터이미지전문가, 특수효과전문가, 비디오 자키, 웹마스터
	조형 및 시각예술 Arts plastiques et visuels	만화가, 만평가, 도예가, 소묘작가, 그래피티 아티스트, 그래픽디자이너, 조각가, 문장 제작기술자, 일러스트레이터, 개념설계사, 카피라이터, 석판공, 모형제작자, 화가, 사진사, 사진리포터, 조형응용미술교수, 광고밑그림도안자, 조각가, 실크스크린인쇄기사, 스토리보드작가, 문신예술가
	패션 Mode	의류 및 액세서리구매대행자, 이미지 컨설턴트, 제화공, 무대의상담당자, 양장디자이너, 텍스타일 디자이너, 패션컬렉션 디렉터, 모델에이전시 디렉터, 모피제조인, 장갑제조인, 의상점 경영인, 직물점 경영인, 의류도매상, 패션모델, 가죽세공전문가, 모형제작자, 패턴디자이너, 여성모자제조인, 조향사, 재단사, 가발제작인, 패션사진작가, 패션트렌드 분석가, 의상제작실 책임자, 패션스타일리스트, 직조공, 의상부띠그 판매원, 비주얼머천다이저
	음악과 무용 Musique et danse	조율사, 편곡자, 가극 각본작가, 성악가/합창단원, 오케스트라 책임자, 합창단장, 안무가, 작곡가, 음악 비평가, 무용가, 음반사 대표, 뮤지컬 단장, 디스코텍/나이트클럽음반관리원, 음반가게 판매원, 음반DJ, 현악기 제조인, 음악가/기악가, 음악학자, 성악교수, 무용교수, 음악교수, 음악프로그램진행자

1) 줄기직업의 개념:

다른 직업으로 응용할 수 있는 탄력성이 높은 핵심 기술 직업

줄기직업이라는 말은 사회적으로 통용되고 있는 용어가 아니다. 단지 수많은 직업 중에서 학생들에게 소개할 때 직업을 선정하는 기준으로 삼았으면 하는 생각에서 나름대로 붙인 용어이다.

현실적으로 16,000여 개나 되는 직업을 소개하는 것은 물리적으로 불가능하다. 그렇다고 아무 직업이나 소개한다면 교육적인 효과가 의심스럽게 된다. 말하자면 학생들 자신의 진로에 별다른 도움이 되지 않을 수 있게 된다는 것이다.

그러면 진로교육에서 학생들에게 소개해야 하는 직업들은 어떻게 선정하는 것이 좋을지를 생각해보지 않을 수 없다. 아직 이러한 문제를 연구·소개한 자료는 없는 것 같다. 따라서 나름대로 객관적 기준을 설정하여 이에 따라 진로교육에서 소개할 직업들을 선정해보고자 한다.

이 작업에 이용될 기준은 '한국고용직업분류체계'이며 직업의 종류와 관련해서는 '2020 한국직업사전(통합본 제5판)'을 사용한다.

직업을 선정하는 기준은 다음과 같다.

> • 한국직업사전 상의 '본 직업'이어야 한다.

- 직업에 고유한 기술과 지식체계가 있어야 한다.
- 중요한 기술이 요구된다.
- 국가전문자격증 또는 국가기술자격증이 필요하다.
- 직업 탄력성이 높은 직업이어야 한다. 즉 다른 직업으로 전환이 용이한 기술이나 지식을 가진 직업이어야 한다.
- 직업의 개념적 가치에 부합해야 한다.
- 첨단직업에 대해서는 미래과학창조부, 산업통상자원부, 중소벤처기업부, 한국고용정보원, 산업연구원, 한국산업기술진흥원, 과학기술정책연구원, 한국과학기술기획평가원, 한국과학기술정보연구원, 정보통신기획평가원, UN2025미래보고서 등의 첨단·미래직업 관련 자료를 참고하여 선정한다.

이렇게 선정할 직업을 '줄기직업'이라 칭하고자 한다.

무엇보다 '줄기직업'은 자신의 고유한 역할을 담당하는 핵심 기술이나 지식을 필요로 하는 활동으로 환경에 따라 확장이 가능한 성질을 가지고 있어야 한다. 그래서 줄기직업과 관련된 자격증이나 기술을 획득하면 다른 직업 활동으로 전환할 때 약간의 노력으로 새로운 직업 활동을 할 수 있다. 그래서 진로교육에서 학생들에게 소개해야 할 직업은 사회의 다양한 영역에서 활동할 수 있는 이런 줄기직업을 우선으로 다루어야 한다고 생각한다.

줄기직업의 핵심 기술이나 지식은 환경과 결합하여 다양한 형태의 직업으로 발전해나가는 것이 줄기가 가지로 뻗어나가 열매를 맺는 것과 같은 형상이라는 취지에서 줄기직업이라 이름을 붙임.

간호사 자격이 있으면 조산사도 할 수 있고 교직과목을 이수한 경우에는 보건교사도 할 수 있다. 또한 보건·의료직 공무원도 할 수 있으며 119구조대 소방관으로 활동하거나 가정방문간호사로 보건소에서도 일할 수 있다. 이런 경우 간호사를 줄기직업이라 한다.

'뿌리산업'은 나무의 뿌리처럼 겉으로 드러나지 않으나 제조업에서 필수적으로 요구되는 기술로 제조업 경쟁력의 근간(根幹)을 형성한다는 의미에서 붙여진 이름인데 주조, 금형, 소성가공, 용접, 표면처리, 열처리 등 '제조공정 기술'을 활용하여 사업을 영위하는 6대 업종을 지칭함.

2) 줄기직업의 역할과 필요성

현대사회가 가지고 있는 직업의 수는 셀 수 없을 정도로 많다. 그 많은 직업 중에서 한 사람이 평생 가질 수 있는 직업은 채 10가지도 되지 않는다. 우리나라만 해도 직업 수가 한국직업사전에 의하면 16,000가지가 넘는다고 하는데 그 중에서 고작 2~3가지 직업 활동을 하면서 평생을 보내는 것이 일반적이다.

따라서 수많은 직업에 대해 알 필요도 없고 알 수도 없는 것이 현실인데 우리가 진로교육에서 직업에 대해 고민하는 이유는 그 많은 직업 중에서 자신의 삶이나 가치에 적합한 직업을 찾아가도록 하기 위함이다.

우리가 직업에 대해 잘못 알고 있는 것이 하나 있다. '직업에 귀천(貴賤)이 없다'라는 말이 있는데, 이는 우리가 모든 직업이 사회적 혹은 기술적 역할에 있어서 동등하다고 여긴다는 것이다. 직업이 사람의 삶에 기여하고, 각자의 적성과 능력에 따라 직업을 선택하여 삶을 살아간다는 점에서 직업에 귀천이 없다고 하지만 직업은 현실적으로 요구되는 기술적 난이도와 중요도가 모두 다르며 산업의 발전에 기여한 정도도 다르다. 그리고 사회적 역할에 있어서도 그 중요성의 정도가 각각 다른 것이 현실이다. 이러한 현실을 무시하고 직업이 갖는 외형적인 모습이나 사회적 편견에 따라 직업을 평가하는 것도 잘못된 것이지만 모든 직업이 모든 면에 있어서 동일한 가치를 가진다고 생각하는 것도 잘못된 생각이다. 따라서 우리는 학생들에게 직업의 세계에 대해 현실적 상황과 자료에 입각해서 교육하는 것이 필요하다.

하지만 그 많은 직업 중에서 어떤 직업을 학생들에게 소개할 것인지에 대해서는 그렇게 많은 사람이 고민하고 있지는 않은 것 같다.

매스컴에서 연일 인공지능의 중요성과 초연결사회를 이야기하고 있기 때문에 이들을 중심적으로 가르쳐야 할지, 공무원이 사회적 인기 직업으로 인정받으니 공무원이란 직업을 중심으로 가르쳐야 할지, 아니면 연예인이나 직업선수들에 대해 가르쳐야 할지, 아니면 교과서에 등장하는 직업들을 가르쳐야 할지 정말 막연하다.

정부에서는 교과와 연계하여 진로·직업교육을 하라 하고 창업정신을 교육과 관련하여 이야기하지만 이 모든 이야기들은 '잘 살도록 해라'고 하는 말과 다를 바가 없는 비현실적인 말에 지나지 않는다. 어떻게 하면 학생들이 잘살 수 있도록 할 것인가에 대한 현실적이고 구체적인 방향은 제시하지 않은 상태에서 결과만을 주문하고 있다. 이런 상황에서 우리는 학생들에게 어떤 직업을 소개하는 것이 좋을까 하는 생각을 과연 몇 번이나 해 봤을까?

또 직업 현장 체험을 할 때 어떤 기준으로 직업 현장을 선택하는지 생각해봐야 할 때이다. 체험할 기관이 없기 때문에, 학교와 가깝기 때문에, 경비가 적당하기 때문에, 안전하기 때문에, 학생들이 재미있어 하기 때문에 체험할 직업을 선정하는 것은 아닌지 돌이켜 생각해봐야 한다.

진로교육과 관련하여 우리가 직업을 선정할 때는 16,000개나 되는 직업 중에서 한 개의 직업을 소개하는 것이 아니고 한 개의 직업을 통해 직업의 세계를 들여다볼 수 있거나, 한 개의 직업을 통하여 직업의 사회적 역할을 체득할 수 있는 직업이었으면 좋겠다.

월급을 많이 받고 좋은 근무환경에서 일할 수 있는 지와 같은 직장 환경에 대한 정보도 개인적으로는 중요하지만 그보다는 직업이 갖는 사회적 가치와 직업의 사회적 탄력성과 같은 정보가 학생들이 진로를 결정하는 데 더 중요한 정보가 될 수 있도록 진로교육을 하는 것이 바람직하다. 왜냐하면 직장 환경에 대한 비중이 높을수록 진로교육보다는 취업 교육이라는 성격이 더 강한 것이기 때문이다.

아무리 경제가 사회생활에 있어서 중요한 요소라고 하더라도 초등학교부터 학생들에게 취업 교육을 하는 것은 공교육으로서는 문제가 있다. 진로교육에서 직업은 직업이기 때문에 어떠한 직업이라도 괜찮은 것이 아니고 개인이나 사회 조직이 서로 연관성을 가지고 활동하는 사회라는 마당(Field)에서 중요한 역할을 하는 직업이라야 할 것이다.

그리고 개인의 삶을 경제성과 가치성의 시각에서 살펴 생활에 필요한 일정한 수준의 보수를 받을 수 있으며 동시에 인간으로서의 자신의 가치관을 실현할 수 있는 직업이어야 할 것이다.

줄기직업은 직업 중의 핵심 직업으로서 나름대로 고유한 기술과 지식을 가지고 있으며 오랫동안 사회의 역학적 관계 속에서 중요한 역할을 해 왔고 또 해나갈 것이기 때문에 진로교육에서 필요로 하는 직업으로 적당하다.

또 줄기직업은 직업적 탄력성(타 직업으로의 전환 가능성)이 높기 때문에 앞으로 산업 환경이 변하더라도 변화하는 환경에 따라 적절한 형태의 직업인으로 적응할 수 있다는 점에서 더욱 유용하다.

만일 우리가 줄기직업을 찾아 교육할 수 있다면 앞으로 사회에서 사라질지도 모르는 직업을 걱정하지 않아도 될 것이며 상황에 따라서 새로운 환경에 맞는 직업을 창업할 수도 있다. 그 결과 진로교육을 받은 학생은 불확실성을 가진 다가오는 미래사회에 대해 자신감을 갖고 생활할 수 있을 것이다.

또 사회적으로 중요한 직업인지 아닌지를 판단할 수 있기 때문에 지엽적인 직업 활동에 대해 쓸데없이 시간과 노력을 기울이지 않아도 된다. 진로를 설계하는 데에는 모든 지식이 유용하고 모든 경험이 도움 된다는 무책임한 이야기는 교육 현장에서는 피해야 한다. 지엽적인 지식이나 흥미 위주의 체험은 오히려 사람의 생각이나 판단을 흐리게 할 가능성이 크며 특히 청소년에게는 더욱 그렇다.

창의성은 혼잡한 정신 가운데서 우연히 나오는 것이 아니고 깊은 지식체계 속에서 우연히 발견되는 것이기 때문이다.

3) 줄기직업의 사례

다음은 한국고용직업분류체계를 기준으로 하고 한국직업사전에 등장한 직업을 참고하여 앞에서 이야기한 방식대로 줄기직업의 사례를 찾아보고자 시도한 것이다.

한국고용직업분류 방식에서 중분류 단위 중에서 28개 기본 영역에서 줄기직업의 요건에 적합한 171개 줄기직업과 줄기직업에서 전환할 수 있는 직업을 선정했다.

아래의 줄기직업을 소개하면 오른쪽에 있는 직업정보도 가질 수 있다고 생각

하기 때문에 오른쪽의 개별 직업을 이야기하는 것보다 줄기직업을 이야기하는
것이 교육상 효율적일 것이라는 생각이 든다.

앞으로 계속 새로운 줄기직업을 찾아 보강할 것이다.

≪줄기직업의 사례≫

01. 관리직	정치인	대통령, 국회의원, 시장, 도지사, 군수, 구청장, 교육감, 도의원, 시의원, 군의원, 구의원, 비서관, 정책보좌관
02. 경영·행정· 사무직	가맹거래사	가맹거래사, 프랜차이즈전문가, 프랜차이즈 컨설턴트
	공인노무사	노무사, 중앙 및 지방노동위원회 공익위원, 퍼실리테이터
	공인회계사	공인회계사, 기업체 직원, 감사직 공무원, 회계직 공무원, 경영컨설턴트, 경영진단전문가, 경영지도사
	세무사	세무사, 세무직 공무원, 기업체 직원
	관세사	관세사, 관세직 공무원, 종합무역중개인
	감정평가사	감정평가사, 부동산감정평가사, 토지평가사, 한국부동산원 감정평가원, 은행 감정평가원, 토지개발공사 직원, 주택공사 직원, 보험회사 감정평가원
	광고기획자	광고전문가, 광고제작자, 디지털광고게시판기획자, 광고매체기획원, 스마트사이니지기획자, 기업체 홍보기획원, 옥외광고매체기획원, 광고영상연출기획원, 광고마케터, 공무원, 브랜드메이커, 카피라이터, 스토리텔러, 온라인광고기획자, 광고디자이너
	스토리텔러	작가, 카피라이터, 광고전문가, 게임기획자, 디지털미디어광고전문가
	사회조사분석가	시장조사분석가, 여론조사분석가, 마케팅연구원, 머천다이저, 소비자분석연구원
	행사기획자	국제회의전문가, 판촉행사기획자, 파티플래너, 전시기획자, 행사연출가, 기업체 직원
	공무원	행정공무원, 교육행정공무원, 세무공무원, 정치인, 관세사, 세무사, 감정평가사, 기업체 임원
	항공운항관리사	항공운항관리사, 항공화물탑재관리사
	물류관리사	물류관리사, 창고업자, 저온저장업자, 운송업자, 보세업자, 수출입화물검량원, 무역업자, 대형유통기관 직원, 기업체직원

	유통관리사	대형마트 유통담당직원, 백화점 유통담당직원, 농수산물유통회사 직원, 전자상거래전문가, 잡화상, 중소기업체물품유통전문가, 수출입전문가
	외교관	대사, 영사, 국제기구대표, 외교연구원교수, 대학교수, 정치인, 국제기구직원, 국제교역전문가, 군수산업전문가
	주택관리사	주택관리사, 아파트관리사무소장, 빌딩경영관리사, 공동주택관리사무소장, 주택관리사보
	사서	사서, 사서교사, 문헌정보제공기술자, 연구기관 자료분석기술자, 자료수집·분류전문가
03. 금융·보험직	신용분석가	애널리스트, 은행원, 보험회사 직원, 보험계리사, 펀드매니저, 증권분석사, 선물거래사, 금융시장분석가, 신탁자산관리운용원, 크라우드펀딩기획자, 증권투자전문가
	손해사정사	손해사정사, 보험회사 직원
	보험계리사	생명보험사직원, 손해재해보험사원, 보험계리사, 은행원, 증권회사직원, 보험손익분석가, 보험리스크관리인, 보험상품개발원
11. 인문·사회 과학연구직	교육학연구원	교육학연구원, 번역가, 교육학자, 교재교구개발자, 교수, 중등교사, 상담교사, 교육행정공무원, 청소년상담원, 작가
	역사학연구원	역사학연구원, 고전번역가, 교수, 중등교사, 소설가, 문화재전문가, 고고학자, 학예사, 민속학전문가, 유적발굴원, 정신문화연구원
	심리학연구원	심리학연구원, 임상심리사, 교수, 상담교사, 심리상담사, 청소년상담사, 심리검사개발원, 체육심리학연구원, 인지공학자, 신경망개발전문가, 정신분석가, 놀이치료사, 언어치료사, 원예치료사, 미술치료사
	경제학연구원	경제학연구원, 거시경제연구원, 경제분석가, 교수, 중등교사, 회사 직원, 국제경제분석가, 농촌경제연구원, 데이터분석가, 금융연구원, 보험계리사, 공무원, 은행원, 투자분석가
	사회과학연구원	정치학연구원, 경제학연구원, 경영학연구원, 사회학연구원, 사회복지학연구원, 언론학연구원, 국제관계연구원, 지역연구원, 외교연구원, 국가정책연구원, 대학교수, 대학강사, 전문직공무원, 국회의원보좌관, 국회연구원, 전문기자, 평론가, 칼럼리스트
12. 자연·생명과학 연구직	화학연구원	화학연구원, 제약연구원, 고분자화학연구원, 고체화학연구원, 플라스틱제조전문가, 농약제조연구원, 나노화학연구원, 교수, 중등교사, 화장품개발연구원, 신소재개발연구원
	물리학연구원	물리학연구원, 교수, 중등교사, 광학연구원, 무기개발연구원, 플라즈마연구원, 항공우주연구원, 군사과학자, 드론개발전문가, 반도체개발연구원, 천체물리학연구원

	생물학연구원	생물학연구원, 교수, 중등교사, 동물연구원, 곤충사업가, 육종전문가, 유전공학전문가, 식물연구원, 미생물연구원, 해양생물연구원, 바이오에너지전문가, 생태학자, 유전자원연구원, 유전자감식수사연구원, 천연물의약연구원, 나노바이오전문가
	농업연구원	농업전문가, 농업연구원, 농촌지도직 공무원, 교수, 중등교사, 종묘관리사, 육종전문가, 스마트파머, 정밀농업가, 도시농업가, 농산물품질검사원, 특용작물재배원, 친환경농업전문가, 한약재재배전문가, 농산물안전성검사원, 농업직 공무원, 축산가, 낙농업자, 식물검역관
	육종기술자	육종연구원, 종자관리사, 종자기사, 종자산업기사, 종자기능사, 버섯종균기능사, 종묘채집전문가, 육묘기술자
	생명과학연구원	생물학연구원, 의학연구원, 약학연구원, 농학연구원, 임학연구원, 수산학연구원, 식품학연구원, 축산 및 수의학 연구원, 그 외 생명과학연구원, 유전공학연구원, 줄기세포전문가, 동물학자, 식물학자, 미생물학자, 대학강사, 대학교수
	종자관리사	육종기술자, 종묘재배원, 종자기사, 종자산업기사, 종자산업기능사, 육묘업, 종자업, 유전자원채집전문가, 유전자원보존관리인, 원예재배기술자, 채소재배기술자
13. 정보통신 연구개발직 및 공학기술자	정보통신 기술자	정보보호, 블록체인, 사물인터넷전문가, 생체인식센서개발자, 가상현실전문가, 증강현실전문가, 스마트홈설계자, 스마트팩토리 설계자, 스마트팜시스템개발
	통신공학기술자	광통신시스템개발자, 도청탐지전문가, 무선인터넷연구원, 보안시스템기술자, 사물인터넷개발자, 스마트팜시스템개발자, 스마트홈시스템개발자, 방송설비기술자, 사이버수사관, 영상통신연구원
	컴퓨터시스템전문가	컴퓨터시스템전문가, 전산시스템분석원, 스마트시티개발기술자, 컴퓨터시스템엔지니어, 정보처리기술자, 클라우드시스템엔지니어, 정보보안감리기술자, 핀테크시스템기술자, 로봇개발연구원, 무기개발연구원, 사이버포렌식전문가, 사이버수사관, 해킹전문가
	소프트웨어개발자	시스템소프트웨어개발자, 임베디드소프웨어개발자, 가상현실전문가, 3D지도개발자, 가상훈련콘텐츠 개발자, 게임프로그래머, 디지털영상처리시스템개발자, 블록체인개발자, 모바일프로그래머, 증강현실전문가, 게임기획자, 멀티미디어분석가, 애니메이션기획자, 웹프로그래머, 인공지능딥러닝전문가, 인공지능연구원, 지식관리시스템전문가, 웹프로듀서, 홀로그램전문가, 웹운영자,
	데이터사이언티스트	빅데이터분석가, 빅데이터엔지니어, 통계전문가, 데이터과학자, 대학교수, 데이터 설계 및 프로그래머, 데이터 분석가, 데이터 관리 및 운영자, 데이터분석가, 데이터전문가, 데이터엔지니어, 데이터시각화전문가, 빅데이터분석가, 데이터사이언티스트, 시장조사분석가, 여론조사전문가, 빅데이터아키텍처전문가
	정보보안전문가	국가사이버요원, 보안프로그램개발자, 사이버수사관, 컴퓨터바이러스치료사, 정보보호프로그래머, 기업체 직원, 클라우드시스템정보보안전문가

	사물인터넷전문가	스마트시티 전문가, 유시티전문가, 스마트홈전문가, 스마트팜전문가, 정밀농업전문가, 도시농업전문가, 로봇전문가, 자율주행자동차전문가, 디지털헬스케어개발자, 드론, 지능형 교통전문가, 무기체계개발기술자, 수중드론개발자
	웹개발자	웹마스터, 웹엔지니어, 웹프로그래머, 디지털사이니지, 사물인터넷전문가, 자율주행자동차전문가, 무인항공기 전문가, 군사무기체계개발기술자, 사이보안기술자,
	인공지능개발자	기계학습연구원, 로봇연구원, 소프트웨어개발자, 자율주행차연구원, 국방과학연구원, 무기개발연구원, 전자제품개발연구원
	드론개발기술자	드론개발기술자, 드론조종사, 무인항공기개발기술자, 수중드론개발기술자, 무기개발연구원
	빅데이터전문가	정보중개인, 사회동향조사전문가, 사회조사원, 데이터사이언스
	디지털사이니지전문가	광고전문가, 디지털미디어콘텐츠 개발전문가, 디지털미디어광고디자이너, 컴퓨터그래픽디자이너, 홍보전문가, 디스플레이전문가, 컴퓨터프로그램개발자
	스마트파머	농업인, 시설재배농업인, 도시농업전문가, 스마트파밍관리프로그램개발자, 디지털농기계개발기술자, 센서개발기술자
14. 건설·채굴 연구개발직 및 공학기술자	건축가	건축가, 교수, 중등교사, 공무원, 건축감리사, 건축설계사, 도시계획가, 건축기사, 건축물에너지평가사, 도시재생전문가, 녹색건축가, BIM기술자
	건축공학기술자	건축공학기술자, 교수, 중등교사, 측량사, 도시계획가, 도시재생전문가, 건축구조 기술자, 건축기사, 건축시공 기술자, 건축설비 기술자, 건축안전 기술자, 건축에너지 관리 및 평가 기술자, 건축자재시험원, 기술직공무원
	토목공학기술자	토목공학기술자, 교수, 중등교사, 공무원, 도시재생전문가, 건설자재시험원
	도시계획전문가	도시교통전문가, 도기계획전문가, 유비쿼터스도시기획자, 지능형첨단교통망연구원, 도시재생기술자, 교통영향평가원, 공무원, 교수, 교통안전연구원, 스마트시티기획자
15. 제조 연구개발 직 및 공학기술자	기계공학기술자	기계공학기술자, 교수, 중등교사, 기업체 직원, 공무원, 기계개발연구원, 제어시스템개발연구원, 공장자동화컨설턴트, 농업기계개발연구원, 국방과학연구원, 무기개발연구원, 장비설계기술자, 로봇하드웨어개발자, 풍력발전기기계설계기술자, 산업용로봇자동화설비설계기술자, 금형설계원, 발사체기술연구원, 선박설계기술자, 의료장비기술자, 지능형운송시스템개발자
	재료공학기술자	금속공학기술자, 교수, 재료공학연구원, 금속품질관리기술자, 나노공학기술자, 세라믹소재개발기술자, 무기소재연구원, 유리기술자, 시멘트연구원, 환경소재연구원, 탄소섬유제조기술자, 나노소재설계원, 탄소나노튜브연구개발자

	전기공학기술자	가정용전기기구제조기술자, 소수력연구원, 교수, 중등교사, 공무원, 기업체 직원, 수력발전시스템기술자, 스마트그리드제품개발원, 신재생하이브리드시스템개발자, 연료전지시스템연구원, 조명기구연구원, 태양열발전시스템연구원, 해양에너지시스템기술자, 전동기개발원
	전자공학기술자	멀티미디어연구원, 교수, 중등교사, 공무원, 메모리반도체소자연구원, 생체인식전문가, 기업체 직원, 센서개발자, 스마트헬스기기개발자, 시스템반도체제조기술자, 의료기기기술자, 차세대디스플레이개발자, LED조명제어시스템개발자, 음향기기기술자, 3D프린터개발자, 전자제품기술자, 태양전지공정기술연구원, 태양전지연구원
	화학공학기술자	화학공학기술자, 교수, 중등교사, 기업체 직원, 공무원, 가스제조연구원, 고무제품연구원, 농약연구원, 리튬이온전지개발자, 수소에너지연구원, 에너지저장연구원, 의약품연구원, 이차전지관리시스템개발자, 화장품개발기술자
	환경공학기술자	환경공학기술자, 교수, 기업체 직원, 공무원, 환경운동가, 언론전문기자, 수자원환경연구원, 소음진동기술자, 지하수관리기술자, 토양환경기술자, 폐기물처리기술자, 하수시설관리기술자, 하수처리기술자, 해양기술자, 해양환경연구원, 환경기술자, 환경연구원, 환경영향평가원, 산업위생관리원, 상수원수질관리원
	바이오에너지기술자	바이오에너지전문가, 해양바이오에너지개발기술자, 신재생에너지개발기술자, 바이오환경에너지개발기술자, 폐기물처리전문가, 바이오에너지작물재배원, 바이오에너지생산관리인, 바이오에너지시스템설계기술자, 바이오연료시스템설치운영원
	식품공학기술자	식품공학기술자, 교수, 중등교사, 기업체 직원, 곤충식품연구원, 수산식품위생연구원, 식품가공연구원, 식품연구원, 식품분석연구원, 식품영양연구원, 식품재료연구원, 유산균응용연구원, 음식료품개발원, 전통장연구원, 주류제품연구원, 할랄제품연구원
	비파괴검사원	비파괴검사원, 방사선비파괴검사원, 초음파비파괴검사원, 침투비파괴검사원, 자기비파괴검사원, 비파괴검사연구원
	3D프린터개발연구원	3D프린터개발연구원, 소재개발연구원, 3D프린터하드웨어설계자
	센서개발연구원	센서개발연구원, 생체인식센서개발연구원, 온도센서개발자, 음향센서개발연구원, 기후센서개발연구원, 토양분석센서개발연구원, 광센서개발연구원, 무기개발연구원, 우주항공산업연구원, 디지털사이니지개발연구원, 스마트팜개발연구원, 로봇개발연구원, 스마트팩토리개발연구원
	로봇개발전문가	로봇부품개발기술자, 로봇엔진개발전문가, 자동화프로그램개발운영자, 제어시스템개발기술자, 소프트웨어개발자, 센서공학기술자
	신재생에너지전문가	풍력에너지전문가, 태양에너지기술자, 바이오에너지개발전문가, 폐기물에너지기술자, 패릿제조생산자
21. 교육직	대학교수	교수, 강사, 연구원, 강연자, 창업자, 평론가, 정부프로젝트수임원, 공공기관 정책과제연구원, 정부프로젝트 심사위원

	중등교사	중등교사, 장학사, 장학관, 교육연구원, 교재교구개발원, 평생교육사, 이러닝콘텐츠 개발자, 이러닝과정개발자, 학원강사, 방과후교사, 교재저자, 전문상담교사, 사서교사, 보건교사, 특수학교교사, 진로상담교사
	초등교사	초등교사, 장학사, 장학관, 교육연구원, 교재교구개발원
	유치원교사	유치원교사, 원감, 원장
	특수교육교사	특수학교교사(초등, 중등, 체육, 직업교육, 재활복지), 이료교사
	문화예술교육사	연극인, 국안인, 공예인, 미술가, 음악가, 디자이너, 사진작가, 만화/애니메이션전문가
	이러닝전문가	이러닝전문기술자, 이러닝기획가, 콘텐츠 개발자, 이러닝시스템개발자, 이러닝서비스운영인, 이러닝교수설계사, 게임프로그래밍전문가, 웹디자인기능사, 정보처리기사, 멀티미디어콘텐츠제작전문가, 사무장동화기술자
22. 법률직	변호사	검사, 판사, 재판연구관, 군법무관, 국제변호사, 인권변호사, 국선변호사, 법률고문, 정치인, 변호사, 공무원, 변리사, 각종 기관이나 단체 법률고문, 기업 법률팀, 경찰공무원 교수
	변리사	변리사, 특허청 공무원
23. 사회복지·종교직	사회복지사	사회복지사, 사회복지전담공무원, 정신건강사회복지사, 학교사회복지사, 군사회복지사, 청소년지도사, 장애인재활상담사, 전문상담사, 범죄피해자상담원
	보육교사	보육교사, 가정보육원, 아동돌봄도우미
	청소년상담사	청소년상담사, 청소년지도사, 심리상담사, 재활심리상담사, 청소년쉼터관리인, 학교사회복지사, 임상심리사
	직업상담사	직업상담사, 직업소개소운영인, 종합사회복지관 상담사, 고용센터직원, 일자리희망센터직원, 재활직업상담사, 인력은행 직원, 전직지원센터상담원
24. 경찰·소방·교도직	경찰관	경찰관, 경찰특공대, 해양경찰관, 철도경찰공무원, 자치경찰공무원, 형사, 재외공관근무경찰관, 사이버수사관, 학교전담경찰관, 피해자심리전문요원, 외사경찰관, 101경비단, 해상교통관제사
	소방관	소방관, 119구조구급대원, 화재감식전문가
25. 군인	장교	육군, 공군, 해군, 해병대, 교관, 해외주재무관, 군무원, 군사연구가, 조종사, 군수산업전문가, 무기체계개발연두가
	전문사관	법무행정장교, 군의장교, 간호장교, 통역장교, 수의장교, 치의장교, 군악장교, 전산장교, 의정장교

	준사관	육군, 공군, 해군, 해병대, 헬기준사관, 방공무기통제준사관, 군무원
	부사관	육군, 공군, 해군, 해병대, 군무원, 경찰관, 항공교통관제사,
	군무원	육군, 공군, 해군, 해병대
30. 보건·의료직	의사	일반의사, 전문의사, 교수, 공무원, 국립과학수사연구원 요원, 군의장교, 법의학전문가, 의학전문기자
	한의사	일반한의사, 전문한의사, 교수, 군의장교
	치과의사	일반치과의사, 전문치과의사, 교수
	약사	군인(장교), 제약연구원, 대학교수, 약무직 공무원, 제약회사원, 관리약사, 건강관리전문가
	수의사	수의사, 수의장교, 공무원, 검역관, 가축방역관, 인수전염병연구원, 동물브리더
	간호사	조산사, 보건진료직공무원, 간호직공무원, 보건직 공무원, 전문간호사, 보건교사, 간호학교수, 의료관광코디네이터, 병원코디네이터, 요양보호사, 구급직 소방공무원, 보험심사간호사, 정신보건간호사, 산업간호사, 간호장교, 가정방문전문간호사
	영양사	임상영양사, 영양교사, 다이어트컨설턴트, 조리사, 제과제빵사, 대학교수, 건강식전문가, 교양프로강사, 이유식 전문가, 급식영양사, 상담영양사, 다이어트컨설턴트
	물리치료사	병원 의료기사, 보건소 직원, 보건직 공무원, 군 물리치료사(장교 또는 부사관), 특수학교 치료교사, 대학교수, 의료기술직 공무원
	방사선사	병원 의료기사, 군인(부사관), 보건소직원, 보건직공무원, 의료기술직 공무원
	임상병리사	병원 의료기사, 군인(부사관), 보건소직원, 보건직공무원, 의료기술직 공무원
	임상심리사	임상심리사, 놀이치료사, 미술치료사, 원예치료사, 웃음치료사, 청소년상담사, 언어재활사, 청소년상담사, 상담교사, 청소년지도사
	원예치료사	농업인, 원예원, 치유농업사, 교육농장관리인, 식물원관리인
	응급구조사	응급구조사, 병원응급실응급구조담당원, 소방공무원, 119구급구조대원, 응급의료이송업체직원, 부사관, 공무원, 산업체 응급의료담당
	위생사	건물위생관리업체직원, 보건소직원, 보건직 공무원, 대형마트식품위생담당직원, 집단급식소 직원, 환경 위생 관련 업체 직원, 의료폐기물처리업체 직원, 공기업 직원

41. 예술· 디자인· 방송직	미술가	서양화가, 동양화가, 수채화가, 서예가, 조형예술가, 문화예술교육사, 조각가, 행위예술가, 판화가, 소묘작가, 민화작가
	공예가	금속공예가, 유리공예가, 칠공예가, 목공예가, 가구디자이너, 장식공예가, 도예가, 석공예가, 보석공예가, 염색전문가, 칠보공예가, 공예학원강사, 평생교육원강사, 공예학원원장
	음악가	작곡가, 기악연주자, 성악가, 지휘자, 국악인, 대중가수, 문화예술교육사
	무용가	발레리나, 고전무용가, 백댄서, 안무가, 학원강사, 무용학과 교수
	국악인	국악인, 국악교수, 국악강사, 국악교사, 국악작곡편곡자, 국악연주가, 전통예능인, 국악학원원장, 평생교육원강사
	디자이너	공간디자이너, 제품디자이너, 환경디자이너, 텍스타일디자이너, 실내디자이너, 전시디자이너, 디지털디자이너, 조명디자이너, 경험서비스디자이너, 캡스톤디자이너, 시각디자이너, 광고그래픽디자이너, 포장디자이너
	패션디자이너	재단사, 재봉사, 한복디자이너, 패턴디자이너, 머천다이저, 의상실, 의류유통업, 속옷디자이너
	편집디자이너	출판기획, 인쇄업, 신문사기자, 잡지사기자, 화보제작, 팜플렛제작
	만화가	애니메이터, 광고디자이너, 캐릭터디자이너, 게임그래픽디자이너, 학습만화가, 디지털광고디자이너, 카툰작가, 전문만화가, 삽화가, 그림책디자이너, 만평가, 콘티작가, 만화스토리작가, 만화출판기획자
	일러스트레이터	그림책 편집자, 만화가, 인포그라피스트, 광고디자이너, 그래픽디자이너,
	배우	탤런트, 연극배우, 영화감독, 코미디언, 학원강사, 대학교수, 광고모델, 연출가, 정치가, 연기학원원장, 엔터테인먼트기업인
	모델	패션모델, 사진모델, 광고모델, 부분모델, 예술모델, 모델학원원장, 모델학원강사, 연예인, 엔터테인먼트 기획가
	문화재보수전문가	문화재보존처리전문가, 그림복원전문가, 문화재보수감리원, 문화재실측설계전문가, 단청전문가
	멀티미디어콘텐츠제작전문가	웹디자이너, 멀티미디어디자이너, 게임그래픽디자이너, 사용자 경험 및 인터페이스 디자이너, 미디어콘텐츠디자이너, 컴퓨터그래픽디자이너
	컴퓨터그래픽디자이너	광고디자이너, 산업디자이너, 컴퓨터영상디자이너, 시각디자이너, 멀티미디어콘텐츠제작전문가, 디지털미디어디자이너, 게임그래픽디자이너
	작가	소설가, 시인, 수필가, 시나리오작가, 방송작가, 만화스토리작가, 게임시나리오작가, 작사가, 평론가, 번역작가, 희곡작가, 카피라이터

	사진작가	사진관장, 사진기자, 스톡사진가, 광고사진작가, 기념품제작기술자, 보도기자, 촬영기사, 홍보물 및 광고물 제작기술자, 이미지컨설턴트, 화보제작전문가, 영상광고전문가,
	언론인	기자, 아나운서, 평론가, 리포터, 앵커, 전문기자, 편집기자, 잡지 기자, 주간지 기자, 사진기자, 특파원, 논설위원, 만평가, 대학교수, 정치인, 스포츠 기자, 인터넷 기자, 월간지 기자, 작가, 1인방송, SNS전문가, 인터넷신문사장, 편집기자
	무대예술전문인	무대기계전문인, 무대조명전문인, 무대음향전문인, 음향기사, 무대감독, 조명감독, 무대장식전문가, 무대음향감독
	통번역사	통역사, 번역사, 국제회의 통역사, 관광통역사, 영화자막번역기술자, 국제의료관광코디네이터, 동시통역사, 고전번역원, 공무원, 통번역학원강사, 교수, 공공기관 직원, 군장교, 무역회사 직원, 기업체 직원, 생명보험사 직원, 외국어번역행정사, 외교직 공무원, 국가정보원 직원, 번역공증사무소직원, 사법통역사, 의료통역사, 기술분야전문번역사
42. 스포츠· 레크레이션직	전문스포츠인	직업선수, 코치, 감독, 심판원, 전문스포츠지도사, 생활스포츠지도사, 레포츠사업가, 유소년스포츠지도사, 교수, 중등교사, 경찰관, 경호원, 공무원, 스포츠아나운서, 스포츠해설자, 스포츠지도사, 건강운동관리사, 노인스포츠지도사
	수상레포츠기사	수상레저기구강사, 수상레저업체관리인, 수상오토바이강사, 수상레저스포츠서비스업체 직원, 모터보트운전자, 세일링요트강사
	생활스포츠지도사	체육관관리인, 수영강사, 태권도사범, 테니스 강사, 스키강사, 요가강사, 댄스스포츠강사, 줄넘기강사, 검도사범, 유도사범, 승마교관, 스포츠센터 강사, 헬스클럽 강사, 청소년체육교실운영인, 여성생활체육강좌운영인
51. 미용·예식 서비스직	미용사	헤어미용사, 피부미용사, 네일아티스트, 메이크업전문가, 특수분장사, 무대분장사, 이용사, 분장사, 특수분장사, 이미지컨설턴트, 패션코디네이터, 신부화장전문가, 미용학원장, 미용학원강사, 체형관리사
	반려동물미용사	반려동물호텔업자, 반려동물샵, 반려동물카페, 반려동물유치원
	웨딩플래너	웨딩플래너, 커플매니저, 파티플래너
52. 여행·숙박· 오락서비스직	여행상품개발자	여행상품개발자, 여행작가, 여행사 운영, 국제의료코디네이터, 관광안내원, 해외관광인솔자
	여행안내원	여행상담사, 여행상품개발자, 해외여행안내원, 문화관광해설사, 관광통역안내사, 스튜어디스, 여행작가, 수필가,
	호텔리어	호텔리어, 리조트관리원, 레저시설 관리원, 조리사, 호텔컨시어지
	스튜어디스	스튜어디스, 스튜어디스 학원강사, 여행사 직원
53. 음식서비스직	조리사	교육공무직(급식), 요리강사, 학원강사, 호텔 주방장, 푸드스타일리스트, 요리연구가, 케이터링, 일식조리사, 중식조리사, 양식조리사, 기업체구내식당조리사, 레스토랑관리인, 기업체 직원, 요리연구가

54. 경호·경비직	경호원	대통령경호직 공무원, 경호원, 청원경찰, 경비원, 호송경비원, 주차단속원, 매장감시원, 특수경비원
61. 영업·판매직	전자상거래사	인터넷쇼핑몰운영자, 모바일상거래사, SNS입점운영자
	공인중개사	공인중개사, 부동산개발전문가, 주택관리사, 부동산정보분석사, 부동산데이터분석가, 인터넷부동산정보제공원
	보세사	보세사, 보세구역관리인, 보세가공업경영인, 보세운송기사, 물류관리사, 창고업, 보세판매장운영인, 보세전시장관리인
62. 운전·운송직	항공기조종사	민항기조종사, 화물기조종사, 전투기조종사, 수송기조종사, 자가용조종사, 사업용조종사, 경찰, 공무원, 조종교관
	항해사	상선선장, 여객선선장, 원양어선선장, 항해사, 해군, 해양경찰관, 수면비행선박조종사, 도선사, 해상교통관제사
	헬기조종사	소방공무원, 육군헬기조종사, 해군헬기조종사, 공군헬기조종사, 조종교관
	항공교통관제사	항공교통관제사, 공군장교, 공군부사관
	해상교통관제사	해상교통관제사, 해양경찰관
	철도기관사	디젤기관사, 전동차기관사, 철도교통관제사, 고속철도기관사, 기지내차량운전
	항공운항관리사	항공운항관리사, 공군장교, 공군부사관, 항공교통관제사, 공무원, 항공사직원
	드론조종사	드론조종사, 농업드론방제사, 드론조종교관, 드론사진촬영사
81. 기계설치· 정비·생산직	항공기정비사	항공기정비사, 회전익정비사, 고정익정비사, 창정비사, 운항정비사, 엔진전문정비사, 기체전문정비사, 전자전기계기전문정비사, 제트엔진검사원, 항공기관정비원, 항공기기체정비원, 항공기부품정비원
	자동차정비원	자동차검사원, 자동차도장정비원, 자동차엔진정비원, 자동차튜너, 자동차판금정비원, 모터사이클수리원, 전기자전거정비원
	냉동·냉장·공조기 설치·정비원	가스기능사, 가스산업기사, 가스설비정비원, 공조냉동산업기사, 냉장장비수리원
	보일러 설치·정비원	보일러검사원, 보일러설치원, 보일러수리원, 지열시스템연결원
	선박 정비원	선박정비원, 레저산박선체정비원, 선박기관정비원, 선박정비원, 선박기관사, 선체정비원, 수상레저기구정비원
	철도기관차·전동차정비원	고속철도차량유지보수원, 기관차기관정비원, 열차검수승무원, 전동차부품정비원, 전동차정비원, 철도차량검사원, 철도차량정비원

	금형원	금형모델프로그래머, 금형설계원, 금형기능사, 사출금형산업기사, 프레스금형산업기사, 금형정비원, 금형제작원, 자동차금형원형제작원, 자동차모형제작원, 그라인딩기조작원, 금속제품연마원, 기계프레스조작원, 밀링기조작원, 선반원
82. 금속재료 설치·정비· 생산직	판금원	차체판금원, 판금제관산업기사, 보일러관체제작원, 제관원, 조관원
	단조원	단조공정관리인, 단조원, 프레스단조원, 햄머단조원, 단조기조작원
	주조원	기계조형원, 주조기능사, 주조원, 목형제작원, 왁스모형제작원, 조형반장, 주물사상원, 주물사제조원, 주물주조원, 주형제작원, 금괴주조원, 비철주조원
	용접원	가스용접원, 산소용접원, 선박용접원, 스폿용접원, 아르곤용접원, 아크용접원, 용접절단원, 저항용접원, 잇나화탄소용접원, 테르밋용접원, 특수용접원, 용접기조작원, 선박용접로봇조작원, 초음파용접기조작원, 용접기사
86. 섬유·의복 생산직	패턴사	패턴사, 패션디자이너, 모피의류패턴사, 의복패턴사, 양복기능사, 양장기능사, 재단사, 모피재단사, 재봉사
	한복제조원	한복제조원, 한복기능사
	양장·양복제조원	양복사, 재단사, 재봉사, 맞춤양복사, 양장사, 양복기능사, 웨딩드레스제조원
87. 식품가공 생산직	발효식품기술자	식초제조기술자, 주조기술자, 김치제조기술자, 장류제조기술자, 젓갈제조기술자, 건강식품제조기술자,
	식품가공기술자	김치전문가, 장류전문가, 건강식품제조자, 한과사, 제과제빵사, 떡제조원, 발효식품전문가, 인스탄트식품개발자, 애완동물사료개발자, 치즈제조가, 국수제조가, 천연조미료 제조가, 국수제조원, 제분·도정기계조작원, 조미기술자, 치즈가공기술자, 어묵제조원, 아이스크림제조원
	제과제빵사	제과사, 제빵사, 베이커리관리인, 케이크장식원, 식품산업기사, 식품가공기능사
	떡제조원	한과제조원, 떡제조원, 떡케이크제조원, 경단제조원, 시루떡제조원, 가래떡제조원, 떡집운영자, 한식조리사, 강정제조원, 정과제조원
	김치·반찬제조원	배추절임원, 김치제조원, 물김치제조원, 깍두기제조원, 도시락제조원, 반찬제조원, 반찬가게운영
88. 인쇄·목재· 공예 및 기타 설치· 정비·생산직	인쇄기술자	인쇄기조작원, 광디스크인쇄원, 디지털제판원, 실크스크린인쇄원, 오프셋인쇄기조작원
	목재가공기술자	가구목재성형원, 톱정비원, 목재절단기조작원, 목재건조반장, 목재가공기기조작원, 목재연마원, 패릿제조원, 무늬목제조기술자, 목재방부처리기술자
	가구제조원	가구제작기능사, 가구디자이너, 목공, 가구조립원, 가구수리원, 등가구제작원

	공예원	유리조각사, 장신구수리원, 보석가공기술자, 금은세공기술자, 금속장식세공원, 플로리스트, 활제조원, 양궁제조원, 꽃꽂이전문가, 화훼장식가, 칠공예가, 표구기술자, 모형제작자, 철물공, 죽제품세공원, 자개세공원, 도예가, 단청기술자, 금속공예가, 목공예원, 석공예원, 섬유공예원
	악기제조원	악기제조기술자, 조율사, 건반악기조율원, 건반악기수리원, 국악기수리원, 국악기제조원
90. 농림어업직	농업인	작물재배종사자, 원예가, 과수재배, 특용작물재배, 식품가공, 육묘재배원, 종묘상, 농산물유통, 발효식품, 플로리스트, 꽃집경영인, 조경사, 원예치료, 육묘작물, 화훼작물재배, 곡식재배, 채소작물재배, 특용작물재배, 과수 재배, 스마트파머, 도시농업전문가, 농산물전자상거래상, 식물원관리원, 양묘작원원, 시설작물재배원, 스마트파머, 도시농업인, 버서재배자
	축산업자	양계업자, 양돈업자, 젖소사육자, 오리사육자, 종돈사육가, 동물원직원, 낙농업자, 인공수정사
	동물행동교정사	동물행동교정사, 애완동물상담원, 동물보호센터직원, 개훈련사, 동물원관리인, 동물매개심리치료사, 재활승마치료사, 안내견훈련사, 말관리사, 동물원사육사
	조림관리원	산림보호원, 양묘관리원, 임목종자채취원, 임산물채취원, 임업직 공무원, 숲해설사, 산림치유지도사
	수산질병관리사	가두리양식, 수산업교사, 수산종묘생산자, 수산물품질관리사, 패류종묘관리사, 수산질병관리사, 어패류양식기술자, 해조류양식기술자, 해양수산직공무원, 수산질병연구원
	양식원	양식장관리원, 양식장관리기사, 종묘생산작업원, 새우양식장작업원, 조개양식장작업원, 해조류양식장작업원, 어류양식장작업원, 게양식장관리기사, 관상어관리기사, 수족관관리원
	6차 산업컨설턴트	6차산업 컨설턴트, 농촌지도직 공무원, 농업직 공무원, 교육농장관리인, 농촌개발전문가, 여가문화사, 농식품가공기술자, 농업협동조합관리인

V

직업 세계에 대한
교육적 접근의 준거

학교급별 콘텐츠 접근 방식에 관한 이론적 기초

1) 진로 콘텐츠 접근을 위한 논리적 근거

가. 지식에서 행동으로 가는 과정

지식 영역	이론적 지식 ——— 경험적 지식 ↓ 실천적 지식

⬇

적응 과정	판단

⬇

방법화	행동의 구체적, 시도(試圖)적 방법 개발

⬇

행동 영역	행동

⬇

방법 수정	수정된 행동

현대사회는 어떤 측면에서 보면 지식이라는 더미 안에 만들어진 지식사회라

할 수 있다. 말하자면 자연 상태의 사회가 아니고 문화화된 인공적 성질을 가지고 있어 자연의 영향력을 극복해나가는 인위적인 사회라는 것이다.

하지만 아직 자연 상태를 완전히 벗어난 것은 아니면 그것은 사실 불가능하다고 하겠다. 왜냐하면 지식사회라 하더라도 땅을 바탕으로 만들어져 있고 지구는 그 자체가 자연이기 때문이다. 그래서 인위적인 행위는 항상 자연과 타협하게 되는데 자연과 타협할 때 인간이 사용하는 카드가 바로 지식이다.

오늘날 지식은 대부분이 책이나 강단에서 전수받는 이론적 지식이고 인간이 생활하면서 겪는 경험적 지식은 그다지 많지 않다. 하지만 이론적 지식은 칸트가 말한 것처럼 항상 정당한 것이 아니라는 단점을 가지고 있다.

인간이 체험을 통해 스스로 얻게 되거나 간접적으로 얻는 경험적 지식은 그 양이 많지 않지만 현실이라는 실재(實在)에서 얻은 실증적(實證的) 지식이라는 점에서 불확실성을 가지고 있는 이론적 지식에 제동(制動)을 걸게 된다. 그 결과 이론적 지식은 수정(修正)받게 되는데 이러한 현상은 이론적 지식을 사회에 응용하려 할 경우에 더욱 두드러지게 나타난다. 왜냐하면 '이론적'이라는 말은 현실과 상관없이 추상적이고 사변적인 지식에서 연유한다는 것으로 그 자체로는 아무런 가치를 갖지 못하는 지식의 체계적인 질서를 말하기 때문이다.

이론적 지식이 가치를 발휘하기 위해서는 현실에서 활용되어야 한다. 이를 위해 먼저 획득된 또는 획득할 수 있는 경험적 지식과 타협하여 평형(平衡)을 이루어야 한다. 즉 타협·수정하여 경험적 지식과의 충돌점을 제거해야 한다. 이렇게 수정된 지식을 실천적 지식이라 할 수 있고 이 실천적 지식을 근거로 이성(理性)적인 판단 과정을 거쳐 실천적 지식에 가치를 부여할 수 있는 시험적인 방법을 찾아야 한다. 그리고 이 방법을 통해 실천적 지식이 구현되는 과정과 결과를 보고 시험적인 방법을 수정하고 보완하여 사회에 활용할 수 있는 방법을 만들게 된다. 이 방법을 통해 사람들은 지식을 행동으로 옮길 수가 있게 된다. 아울러 개발된 방법은 이후 계속하여 피드백을 거치면서 효율성을 높여나가 어느 정도 높아지면 사회에서 통상적으로 전문화 되었다고 한다.

그런데 동양 사회문화의 특성 중 하나는 지식이 행위로 구현되는 과정에 대해서는 그다지 관심을 두지 않는다는 것이다. 즉 지식에 있어서 방법론에 관한 지식이 발달하지 않았다는 것이다. 방법론에 대한 지식은 현실 타협주의라고 잘못 생각하는 경향까지 등장했다. 그 결과 방법보다는 결과를 중요시하는 사회적 풍조가 형성되어 현실적으로 쓸모없는 이론적 논쟁만 무성해진 것 같다.

진로교육도 마찬가지라고 생각한다. 진로교육이 중요하다는 것은 맞다. 그리고 진로교육의 개념적 정의도 중요하고 진로교육에서 체험교육이 중요하다는 것도 동의한다. 하지만 어떻게 진로교육을 해야 하는지에 대한 방법론적 접근이 사실상 진로교육 자체에 대한 이론적이고 개념적인 접근과 잘 구분하지 못하는 것 같다. 이는 어떤 측면에서 보면 방법론적 사고(思考)에 익숙하지 못하기 때문이 아닌지 하는 생각이 든다.

진로교육에서도 방법론이 중요하다. 진로교육에 필요한 콘텐츠 개발에서도 방법론이 중요하다고 하겠다. 그럼에도 불구하고 진로교육 콘텐츠 개발은 개발자들의 개인적 취향에 따라 이루어지고 있고 그것에 대한 교육적 효과에 대해서는 별다른 이야기들을 하지 않고 있다.

여기에서는 진로교육 콘텐츠 개발 방법을 앞에서 말한 진로교육상의 직업교육의 의의와 역할을 바탕으로 초보적이지만 한 번 시도하려고 한다. 그리고 여기에 대해 누군가가 비판하면서 수정해 주길 바란다. 지금의 작업은 진로교육에 필요한 콘텐츠 개발 방법을 수립하기 위한 단초(端初)를 제공한다는 데 의미를 두고 싶다.

나. 인지발달 단계와 교수·학습 접근

진로교육 콘텐츠는 다양한 소재로 다양한 방식으로 만들 수가 있다. 하지만 그 콘텐츠를 개발한 이유가 학생들의 진로교육에 도움을 주고자 함이다. 아무리 재미있는 콘텐츠라도 그것이 진로교육의 목적과 거리가 멀다면 좋은 교육콘텐츠라고 할 수 없다고 생각한다.

진로교육 콘텐츠의 개발은 먼저 콘텐츠를 이용할 대상자를 선정하고 그 대상자가 의미를 가지고 접근할 수 있는 방식으로 교육적 정보를 담아 만들어져야 한다.

모든 교육활동은 그 대상이 되는 학습자의 특성에 따라 교육 내용과 교수 방법을 달리하는 것이 일반적인데 이는 학습자가 교육 내용을 이해할 수 있을 때 교육활동이 의미를 가지기 때문이다. 쉽게 말해 학생들이 이해할 수 없는 내용을 이해할 수 없는 방법으로 교사가 가르친다면, 혹은 교육목적과 상관없이 재미있게만 수업한다면 그 수업은 교육적 의미가 없다는 것이다. 그래서 교사들이 학생들의 학습 동기를 유발하기 위해 다양한 방법을 고민하게 되는데 이는 단지 학생들의 동기만을 유발하는 것이 아니고 교육목적과 관련하여 동기를 유발해야 하기 때문이다.

그러한 방법 중에 많이 생각하는 것이 학생들이 해당 차시에 학습할 내용에 흥미를 느끼도록 유도하는 것이다. 동기 유발에는 반드시 흥미만이 효과적인 것은 아니다. 학습자의 특성에 따라 다양한 동기 유발 방법이 있다. 성적, 승진, 상금, 칭찬, 보직 등의 방법이 있을 수 있고 상황에 따라서는 강제성도 동기 유발 방법으로 효과가 있을 수 있다. 다만 학생, 특히 초등학생과 같이 연령이 어린 학습자를 대상으로 할 때는 흥미를 동기 유발 방법으로 많이 사용할 뿐이다.

흥미는 어떤 대상에 대해 적극적인 관심과 호응을 불러일으킨다는 점에서 학습 동기를 유발하는 유용한 방법이다. 이는 학생들의 학습 활동에 있어서 흥미가 학습 의욕을 일으켜 인지력을 활성화함으로써 좋은 학습 결과를 가져오기 때문이다.

그러나 흥미 자체가 항상 교육적인 가치를 가지고 있는 것이 아니기 때문에 간혹 흥미에 너무 관심을 두다가 흥미가 가지는 교육 방법론으로서의 의미를 상실하는 경우도 적지 않다. 그리고 학생들의 흥미를 유발하는 행위가 시간적으로는 짧을지라도 흥미의 강도 면에서는 수업 내용보다 더 센 경우가 생기거나 수업 내용과 관계가 그다지 없는 내용과 방식으로 흥미를 유발하여 수업에 대한 몰입도로 이어지지 않는 경우도 흔히 볼 수 있는데 이는 바람직한 방법이 아니다.

비록 흥미의 사례에 따라서는 교육적이지 않은 경우가 있다 하더라도 교사의 능숙한 수업 진행으로 교육적 효과를 끌어내는 경우도 있다. 하지만 이는 일반적인 현상은 아니다.

수업 활동의 도입부에서 학생들의 흥미를 유발하는 활동이 있어야 한다는 것을 거의 공식화하고 있는데 이 역시 타성적인 교수 방법이다. 비록 학생의 내부에서 흥미가 일어나도록 자극하는 것이 유용한 방법이기는 하지만 흥미 이외에도 다양한 방법으로 학습 동기를 유발할 수 있기 때문이다.

그러면 학습 동기 유발과 관련하여 사람들이 일반적으로 어떤 과정을 거쳐 지식을 습득하는지를 간단히 살펴보고 학교급별 진로교육 콘텐츠 개발의 접근 방식을 살펴보고자 한다.

선생님들이 수업을 시작할 때 학생들의 흥미를 유발하려고 하는 이유는 감각기관을 통해서 전달되는 정보를 자기방어적 본능에서 파악하려는 '인지(認知) 메커니즘'을 우호적으로 작동시키기 때문이다. 그래서 흥미는 학생들의 신경적·심리적 환경에서 일어나는 것으로 강제적으로 유발할 수는 없다.

인지 메커니즘은 신경 반응을 통해 전달되는 정보를 선별하는 역할을 하는데 이를 통해 선별적으로 얻어지는 정보는 자신만의 인식(認識) 시스템의 검증을 거쳐 지식의 형태로 저장된다. 이 과정에서 인지된 정보가 이미 자기화된 정보인 지식을 검증 재료로 사용하는 인식 시스템과 충돌이 일어날 경우에 가지고 있는 지식이 풍부하다면 스스로의 가치 기준(이성)을 통해 판단과 수정을 하겠지만 그렇지 못하다면 학생은 질문이라는 방법을 사용하여 합리적인 판단을 구하려고 한다.

여기에서 우리가 동기 유발 방식으로 흥미를 말하는 것은 흥미 자체가 교육적 가치를 가지고 있기 때문이 아니고 유치원 아동들이나 초등학교 학생들에게는 흥미가 학습 동기를 유발하는 데 효과적으로 활용될 수 있기 때문이다. 보다 구체적으로 보면 유치원 아동들에게는 감각적인 단순한 자극이 효과적이지만 초등학생의 경우에는 좀 지적인 자극이 효과적이다. 이는 초등학생의 경우에 유치원생보다 인지 메커니즘이 보다 활성화되기 때문이다. 즉 유치원생의 경우에는 감각기관을 자극하는 수준으로도 미숙한 인지 메커니즘을 작동시켜 관심과 흥미를 유발할 수 있지만 초등학생의 경우에는 그렇게 되지 않는다는 것이다.

하지만 중학생의 경우에는 감각기관의 자극과 관련한 방식으로는 관심과 흥미를 통한 학습 동기를 쉽게 유발할 수 없다. 그냥 재미에서 그쳐 버리는 경우가 일반적이며 고등학생의 경우에는 더욱 그러하다고 할 수 있다.

중학생 경우에는 인지 방식이 감성적 성향에서 벗어나기 때문에 사물이나 현상을 보고 해석·판단하는 자신의 개념적 틀(지성)의 영향을 받기 때문이다. 즉 외부에서 들어오는 자극에 대해 인지 메커니즘이 자동으로 작동하는 것이 아니고 자신의 개념적 틀에 반사되어 조건반사식으로 인지 메커니즘이 작동하는 것이다.

학생들의 입장에서 보면 초등학생의 경우에는 인지 메커니즘이 자극에 수동적으로 반응하는 경향이 강한 반면에 중학생의 경우에는 자신의 개념적 틀에서 나오는 가치관의 영향을 많이 받는다고 할 수 있다.

고등학교의 경우에는 감각기관의 감성적 기능을 자극하는 것보다는 직접 인지 메커니즘을 자극할 때, 즉 가치관을 자극할 때 학습 동기가 더 쉽게 유발된다.

이처럼 학교급에 따라 학생들의 인지발달 단계가 다르기[58] 때문에 초·중등 학생을 학생이라는 동일한 개념체로 보고 수업이나 교육활동을 한다는 것은 비효율적인 방법이다. 학교급에 따라 적합한 방식이나 소재를 가지고 학습 동기를 유발하고 이를 동력원으로 삼아 교육활동을 진행해야 좋은 교육적 효과를 얻을 수 있다.

진로 교과목은 국어나 수학 또는 과학 등등과 같은 일반 교과목과 달리 과정적인 특성이 강한 교과목이다. 일반 교과목이 과목 자체의 정체성 때문에 교육활동의 내용이 한정되어 있다면 진로 과목은 학생의 성장 발달과 직접적인 연계성을 가진다는 점에서 변화의 개념을 속성으로 가지고 있다. 즉 미성년자인 아동에서 성인으로 성장해가는 과정을 교육활동의 근간으로 하여 미래를 준비

---

58 피아제(J. Piaget)의 인지발달 이론 참고

하는 역량을 길러주는 교과목이다. 신체적, 정신적으로 성장해가면서 사회와 직업의 세계와 자신의 인생에 대해 살펴보고 방향을 합리적으로 결정할 수 있도록 도와주고 훈련하는 교과라는 특성이 있다.

따라서 진로교육은 학습자의 인지발달 과정에 따라 학교급별로 나타나는 특성을 고려하여 이루어지는 것이 더 합리적이다.

2) 학교급별 진로 콘텐츠 접근 방식

가. 초등학교와 진로

예전에는 교육활동이 하얀 종이 위에 그림을 그리는 것과 같아서 처음으로 그려진 그림이 오랫동안 흔적을 남기듯이 어릴 때의 교육이 평생을 두고 영향을 끼치기 때문에 중요하다고 생각했다. 그래서 조기교육이 중요하다고 생각했다.

그런데 요즈음에는 아이가 하얀 종이 상태로 태어나는 것이 아니고, 태어날 때 이미 유전적으로나 환경적으로 자기만의 개념적 틀인 양식(mode + style)을 지니고 있다고 본다. 유아뿐만 아니라 갓난아기도 나름대로 개성적인 원형의 틀을 갖고 있다는 것이다.

이 원형의 틀은 아이의 성장과 더불어 점차 구체화하는데 인지력의 발달 상황과 직접적인 상관성을 가지고 있다고 생각한다. 즉 태어나면서 원초적으로 가지게 된 원형의 틀은 아이의 인지력 발달과 더불어 환경과의 상호작용을 통하여 구체화 되어 한 사람의 인식 시스템을 형성한다.

초등학생의 진로교육은 초등학생이 성장 과정에서 갖는 인지력 발달 특성에 입각하여 이루어져야 한다고 생각한다. 즉, 초등학생들에게 산업사회의 구조나 메커니즘을 이야기한다면 이해는 고사하고 이야기를 듣는 행위 자체를 거부할 것이다. 거꾸로 고등학생들에게 직업에 관한 그림책으로 수업을 한다면 유치하다고 역시 외면할 것이다. 그래서 초등학교에서는 초등학생의 인지적 특성에 맞추어 수업을 해야 한다.

초등학교 연령 단계에 있는 아동들은 인지발달 과정에서 볼 때 사물이나 현상을 감각기관의 기능을 통해 있는 그대로 받아들이고, 받아들인 그대로 인식

한다고 한다.

초등학생의 지식 습득과정에서는 감각기관의 기능인 감성이 중요한 의미를 가진다. 초등학생에게는 감각기관이 지닌 감성을 자극하는 것으로도 충분히 학습 동기를 유발할 수 있으며, 학생들은 촉발된 학습 동기에 의해 교육받은 내용을 그대로 학습하게 되는 것이 가능하다. 그래서 감성을 자극하기 쉬운 음악, 미술, 스포츠와 같은 과목은 초등학교 때에 가르치는 것이 학습효과가 높다.

진로교육에서도 이처럼 흥미를 중심으로 수업을 한다는 것은 초등학교 수업에서는 아주 유용한 방식이다. 즉 학생들 개인의 '적성이 무엇이냐?', '흥미가 무엇이냐?', '인성이 어떠하냐?'를 묻기 전에 학생들이 행위로써 무엇을 잘하고, 무엇을 좋아하고, 무엇에 흥미를 느끼는 지를 관찰하거나 연구된 자료를 근거로 학생들과 진로 및 직업 세계와의 심리적 유대 관계를 형성할 수 있는 교육활동을 전개하는 것이 바람직하다. 즉 초등학생에게는 흥미를 통하여 진로와 직업 세계에 접근하도록 하는 것이 교육적 효과가 좋을 것이다.

학생들의 흥미는 검사를 통하여 유형을 정의하거나 분류해야 발생하는 것이 아니고 학생들이 원초적으로 가지고 있는 감성의 일종이기 때문에 검사를 하지 않아도, 자신의 흥미 유형을 몰라도 학생들은 누구나 흥미로운 것을 찾아갈 수 있는 능력을 본능적으로 가지고 있다.

그래서 초등학교에서는 아직 형성 과정에 있어 완성되지 않은 학생 자신에 대한 이해보다는 원초적으로 가지고 있는 감성을 교육활동에 활용하고 동시에 흥미와 연계된 진로 및 직업 세계에 대한 교육 자료와 탐색 방법을 제공하여 흥미를 따라 스스로 인식의 범주를 넓혀 나가고 지식을 얻도록 해야 한다.

나. 중학교와 진로

중학교 단계에서는 추상적으로 생각할 수 있는 인식 능력이 생겨 논리적으로 생각을 이어가는 사유를 할 수 있다고 한다. 그래서 초등학교 때와는 달리 인과적 상호관계에서 생각이 머무는 것이 아니고 좀 더 분석적이고 객관적인 추리와 검증을 할 수 있게 된다.

이러한 인지력과 인식 능력의 변화는 중학교 단계에서 완성되는 것이 아니고 단지 시작할 뿐이라는 데에 관심을 두어야 한다. 그래서 초등학교 시절의 감성 중심적 인지 방식과 공존하게 되면서 심리적인 혼란과 복합적인 반응을 보이게 되는데 이러한 심리적 상태로 인하여 중학생 중에 간혹 어른들의 상식으로 이해할 수 없는 이질적인 행동을 하는 현상이 나타나는 것 같다.

이론적이고 이성적인 이야기를 하기에는 아직 어리고, 감성적인 이야기를 하기에는 너무 어른스러운 아이가 바로 중학생이라 할 수 있다. 그래서 흥미 중심으로만 수업을 한다는 것은 중학교에서는 다시 한번 생각해봐야 한다.

그렇다고 중학교 수업을 이론이나 논리 중심으로 하는 것은 수업 자체를 학생들의 인지 메커니즘이 거부하는 역효과를 낳을 수 있어서 위험하다. 사실 중학교 단계에서 학생들의 일탈행동에는 어떤 측면에서는 교사들의 교수 방법이 상당한 정도로 영향을 끼친다고 볼 수 있다. 즉 학생 개인의 생활이나 성격상의 문제에서 야기되기도 하지만 교사들의 교수활동에 의해서도 일어날 수 있다는 것이다.

그래서 중학교 교육활동에서는 아직도 흥미가 학습 동기 유발의 수단으로 사용되고 있지만 이 역시 인지력이 발달한 학생들에게는 수업을 거부하게 하는 역효과를 가져올 수 있다는 것을 알아야 한다.

여기서 우리가 생각을 해봐야 하는 것이 '흥미'라는 단어이다. 사실 흥미라는 용어가 교육활동에서 중요한 의미로 쓰이게 된 것은 서양 교육학 때문일 것이다.

서양 교육학이 교육 이론의 전부인 우리나라 교육계에서는 교육학 이론에 대한 반성이나 반추보다는 이론 자체를 수용하는 데 급급하다 보니 이론이 자생한 서양 교육계와는 달리 문제점들이 생겨나고 있는 것 같다. 그 가운데 하나가 '흥미'라는 개념 도구인데 이 말은 서양 언어 'interest(영어)', 'intérêt(프랑스어)'를 단순히 한국어로 번역한 것 같다.

사실 서양 학자들도 'interest'를 개념적으로 다르게 생각하고 있다. interest가 교육활동에 방해가 된다고 하는 학자도 있고 도움이 된다고 하는 학자도 있는

데 그 이유는 interest의 개념에 대한 해석이 다르기 때문이다.[59]

방해가 된다는 사람은 interest를 동물적 감정 상태로 생각하기 때문에 흥미를 유발한다는 것은 동물적 감정을 활성화하는 것으로 판단하여 비감정적인 지식을 가르치는 교육활동에 가장 큰 방해가 된다고 생각한다.[60]

도움이 된다는 사람은 interest가 학생들의 자발적인 탐구 의욕을 활성화하는 중요한 역할을 하기 때문에 교육활동에 없어서는 안 된다고 생각한다.[61]

interest의 역할에 대한 이러한 대립을 해결하기 위하여 어떤 학자는 interest를 심리적인 것과 규범적인 것으로 나누어 규범적인 interest에서 심리적인 interest를 느끼도록 하는 교사가 훌륭한 교사라고 설명하기도 한다.[62]

이러한 기본적인 생각 차이는 서양의 교육 현장에 그대로 남아있는데 어떤 시각에서 보면 개념을 적절하게 표현할 수 있는 용어가 마땅치 않았기 때문이기도 한 것 같다.

이러한 서양 교육계의 문제점은 우리에게 그대로 전파되어 우리나라의 교육 현장에서도 흥미에 대한 교육적 논란이 일어나고 있다. 이는 흥미라는 개념을 미분화된 감정 상태로 사용할 경우보다는 분석적으로 사용하면서 편파적인 개념을 담아 사용하는 교육이론 관계자들에게서 주로 찾아볼 수 있다.

서양에서 사용하는 interest라는 말을 우리나라에서는 '흥미'와 '관심'이라는 말로 표현할 수 있을 것 같다. 어떤 관점에서 보면 흥미가 서양 사람들이 말하는 심리적 흥미이고 관심이라는 것이 규범적 흥미에 해당하는 것 같기도 하다.

우리나라에서는 '관심'이라는 말 대신에 주로 '흥미'라는 말을 사용하는데 흥미는 규범적 개념이 빠진 감정적 심리상태인 흥미 위주의 개념으로 사용하고 있는 느낌이 든다. 그 결과 중학교 이상의 수업에서 흥미를 말하는 것이 경우에

---

59 양은주, '듀이의 흥미 개념과 학생 중심 교육과정', 한국교육과정학회, 교육과정연구 제21권 제1호, 2003, pp. 181-184 참고

60 W. T. Harris

61 J. F. Herbart, J. Dewey

62 R. S. Peters

따라서는 좀 어색한 분위기를 만들어내기도 하는 것 같다.

말하자면 중학교에서는 interest를 수업의 방법으로 활용하는 것이 좋은데 그것이 우리말로는 '흥미'가 아니고 '관심'이라는 것이다. 즉 인지 메커니즘에서 수용된 정보라는 것이다.

'관심'은 서양에서처럼 규범적인 '흥미'가 아니고 역시 심리적 현상의 일종이지만 추상적이고 논리적인 사고 활동이 가능한 단계에서 나타나는 현상이라 할 수 있다. 이는 인지 메커니즘이 자극에 직접 반응하는 것이 아니고 심리 내부의 개념적 틀에 반사되어 수용된 자극에 반응하는 현상이다. 즉, 외부의 자극에 반응하여 인지 메커니즘이 작동하는 '흥미'와는 달리 내부적인 반사적 자극이 인지 메커니즘을 작동시킨 결과로 생겨난다. 그 결과, 관심은 능동적으로 학습 욕구를 만들어낸다.

이러한 점에서 관심은 지적(知的)이고 추상적이며 논리적인 인지력이 발달하는 중학생의 학습 동기 유발 방법으로 적합하다고 생각한다. 초등학교에서 흥미 중심으로 교육활동을 전개한다면 중학교에서는 관심을 매개 수단으로 사용하여 교육활동을 하는 것이 바람직한 것 같다.

진로교육과 관련해서는 사회 구조 속에서 갖는 역할을 중심으로 직업교육을 진행하는 것이 중학생의 인지력 수준에 부합한다고 할 수 있다.

다. 고등학교 이후와 진로

고등학생이 되면 이미 성인에게 필요한 인지력과 인식 능력은 기본적으로 갖추었다고 생각해야 한다. 추상적 개념을 생각의 소재로 삼아 논리적 타당성을 검토하고 이해할 수 있으며 감각기관을 통하여 획득한 정보를 조합하여 가상적 실체를 인지할 수 있는 것이다.

아는 것과 모르는 것 사이의 관계를 논리적으로 검증할 수 있으며 현상의 내면에서 작동하는 메커니즘이나 구조에 대해서도 인식할 수 있게 된다. 검증된 지식을 기억하고 이를 소재로 삼아 논증을 통하여 사유할 능력과 판단력도 가지게 된다. 말하자면 한 명의 성인으로서의 인지 구조와 함께 개념적인 추상적

인식 능력을 갖추었다고 볼 수 있다.

그래서 사물이나 현상 상호 간의 인과관계를 넘어 인간 의지의 개입으로 움직이는 사회의 시스템이나 메커니즘에 대해서도 이해를 하고 자기의 가치 기준에 따라 문제를 해결해나가는 역량을 가지게 된다.

다만 이론적 문제점에 대해서 논리적으로 접근할 수 있지만 사회적 경험이 부족하다 보니 이를 객관적으로 인식하고 판단하는 부분에 있어서는 미숙한 점이 많다고 하겠다. 그 결과 생각과 행동이 엇박자를 내기도 하고 지나친 자기 과시욕이나 지나친 자기통제 등의 부자연스러운 심리적 현상을 표출하기도 한다.

이 시기에는 형성된 인식 능력을 통해 사물이나 현상을 해석하여 이를 자기화하는 과정에서 개인의 지적 수준이나 범주가 심화되어 가며 동시에 사회적 역량도 길러진다. 따라서 사회에 대한 감성적 인식이나 단순한 관심에서 벗어나 사회 자체의 구조나 메커니즘에 대해 이해할 수 있기 때문에 보다 지식적인 자극을 통해 학습 동기를 유발하는 것이 바람직할 것이다.

진로교육과 관련해서도 욕구나 흥미 또는 관심의 차원에서 벗어나 사회 메커니즘 속에서 산업 활동이 가지는 역할과 가치 중심으로 교육하는 것이 고등학생들의 탐구 욕구를 자극할 수 있을 것이다. 그렇게 함으로써 사회 구성원으로서의 자기의 정체성도 자연스럽게 인식하게 될 것이고 진로교육이 목적으로 하는 민주시민으로서의 자질도 길러질 것이다.

대학은 고등학교 이상을 졸업한 사람을 대상으로 학문, 공학, 기술, 예술 등에 관해 전문적인 지식과 방법론을 교육하는 기관으로 어떤 시각으로 보면 사회의 인턴과정이라 할 수 있다.

진로라는 관점에서 보면 대학은 사회와 학교의 중간 영역으로서 사회에 나갈 최종 준비를 하는 곳이다. 그래서 흔히들 진로교육을 대학생들에게까지 이야기하는 경우가 심심치 않게 있는데 대학 단계에서는 진로교육보다는 취업 교육이 필요하다고 하겠다.

진로교육은 미래에 대한 역량 강화로 고등학교 단계에서 마무리하고 대학에서는 취업역량을 기르는 것이 바람직할 것이다.

진로교육 교수·학습 메커니즘

1) 교수활동의 교육적 의미

사람이 대상을 인식하는 것은 사람이 가지고 있는 감각기관을 통해 들어오는 정보를 통해서인데 우리의 감각기관은 선택적으로 정보를 받아들인다. 그래서 사람이 알고 있는 정보와 그를 바탕으로 하는 지식은 사람만의 것이라 할 수 있다. 이를 우리는 '주관적'이라고 표현하는데 소위 참된 지식이 되기 위해서는 대상과 합치되는지를 검증해야 한다. 그 결과 인간이 인지한 정보의 세계를 넘어 대상과 합치할 때 이를 '객관적'이라고 하게 된다.

이는 우리가 사회를 바라볼 때도 마찬가지이다. 우리가 보고 느끼고 있는 사회 현상도 실제와 다를 수 있다. 이러한 사회적 착시 현상에서 벗어나 올바른 판단과 선택을 하려면 사람이 가지고 있는 감각기관이 착각할 수도 있다는 것을 알고 사회의 실제 모습에 대해 알도록 노력해야 한다.

초등학생은 보는 대로 느끼고 생각하지만 중학생이 되면 인지발달 단계로 볼 때 '보는 것'을 넘어 '추상적인 것'을 생각할 수 있는 능력이 생기기 시작한다. 그래서 '보이지 않는 것'에 대해서도 이해하고 알 수 있게 된다.

이러한 능력이 활성화되는 것은 생리학적으로 저절로 이루어지는 것은 아니다. 사회의 실제 모습에 대해 알려고 노력해야 하며 동시에 사회에 대한 정보도 많이 얻어야 가능하다. 이론에 대한 지식도 중요하지만 실제 사회에서 움직이고 있는 힘의 상호관계에 대한 정보도 얻어야 한다. 진로 교과가 체험을 중요시 하는 이유 중 하나라 하겠다.

체험활동은 재미를 위해 하는 것이 아니다. 사회적 힘의 근원을 알고 힘의 내용도 알기 위해 직접 체험활동을 하는 것이다. 그래야 사회의 실제 모습을 볼 수 있고, 그를 통해 얻어지는 바른 정보가 있어야 나의 진로를 합리적으로 결정할 수 있게 된다.

무엇보다도 눈으로 보고 귀로 듣는 사회의 현상이 모든 것이라 생각하고 판단하지 말아야 한다. 그런 사회적 현상을 일으키는 배경을 알아야 헛된 생각이나 판단을 하지 않게 된다. 그렇게 될 때 성공적인 진로의 첫걸음을 뗄 수 있다. 사회 속에서 부딪혀보고 그제야 사회의 실체를 알고 진로를 수정한다면 인생의 시간과 노력을 너무 헛되이 소모하는 결과가 된다. 그런 불상사를 예방하기 위하여 진로교육을 하는 것이다.

진로교육은 학생들에게 그러한 능력과 의지를 계발해주는 현실적이고 실용적인 교과목이다. 그것이 진로 교과목이 다른 교과목과 다른 점이며 그 때문에 진로교육 활동은 다른 일반 교과목들의 교육활동과 성질을 달리해야 한다고 생각한다.

그러면 사회적 현상의 실체를 아는 방법에는 어떤 것들이 있을까?

사회적 현상이 복잡·다양한 만큼 그 방법도 아주 다양하지만 우리가 기본적으로 알아야 하는 것은 사회적 현상은 사회 속의 사람들이 만들어낸다는 것과 그것을 만들어내는 데 가장 중요한 도구가 법률이고 기술이라는 것이다.

오늘날 현대사회의 사람들은 법률과 기술은 활용하여 자신의 사회적 욕구에 충족하면서 사회생활을 하고 있다는 사실을 알아야 한다. 자기 스스로 나는 그렇게 생활하고 있지 않다고 생각하는 사람들은 자신이 어떻게 살고 있는지를 모를 뿐이다. 하지만 자신은 이미 그렇게 살고 있다. 그러므로 우리가 진로와 관련하여 무엇을 알고 싶을 때는 여기저기에서 다른 사람들의 개인적이고 주관적인 정보나 의견을 들으려고 하기 전에 먼저 관련 법률을 찾아보고 관련 직무를 파악한 다음 그와 관련한 시장 환경과 직업 환경을 알아보는 것이 필요하다.

그렇게 해야 사회적 착시 현상을 극복할 수 있다. 경험자의 개인적인 경험이나 현직 종사자들의 조언은 듣는 사람이 실체에 대한 객관적인 정보와 지식을 가진 다음에 조언을 들어야 제대로 그 의미와 가치를 찾아볼 수 있다.

체험도 마찬가지이다. 아무리 체험 프로그램이 잘 구성되어 있다 하더라도 직업이나 산업의 실체를 전부 보여줄 수는 절대 없다. 다른 사람들의 경험이나 조언 또는 체험이 그 자체로서 객관적인 가치를 가지는 것은 아니기 때문에 직업인들의 경험이나 조언을 듣거나 또는 체험 프로그램에 참여했다는 것만으로 교육적 의미가 있다고 생각하는 것은 큰 잘못이다.

학습자가 해당 직업 분야에 대한 객관적이고 기본적인 지식과 정보를 가지지 않은 상태에서 다른 사람의 경험담을 듣거나 체험을 하게 되면 오히려 실체에 대해 알기보다는 실체에 대해 잘못된 판단과 왜곡된 정보에 의해 편견을 가지기 쉽다. 설사 그들의 경험적 지식을 통해 감명을 받았다 하더라도 그 지식이 편향되어 있다면 나중에 그 직업을 선택했을 때 오히려 심리적 충격을 더 받을 수도 있다.

따라서 모든 진로교육은 직업 분야에 대한 객관적 정보와 지식을 중심으로 하는 실체적 교육이 이루어져야 하며 체험활동의 경우에는 더욱 그러해야 비로소 제 값어치를 발할 수 있을 것이다.

어리석은 사람은 보이는 것만으로 판단하지만 현명한 사람은 보이는 것 뒤에서 움직이는 힘의 관계를 보고 판단한다. 보이는 형상이 달라도 내용이 같을 수가 있고 보이는 형상이 같은 내용이 다른 경우도 있기 때문이다.

사람들은 보이는 현상이 다르게 느껴지면 그 내용도 다를 것이라고 쉽게 생각한다. 하지만 보이는 것 뒤에서 이를 움직이는 힘의 관계와 원리에 대한 정보를 사전에 알도록 해주면 어리석은 판단을 하지 않을 확률이 훨씬 높아질 것이다. 이렇게 학생들에게 활동의 방향성을 제시하고 학생들 스스로 정보원을 찾아 판단할 수 있도록 도와주어야 한다. 바로 교수활동이 필요한 이유이고 교수활동이 교육에서 가지는 의미이다. 교사의 이런 교수활동이 있어야 학생들은 사회적 착시 현상에서 벗어나 사회의 실체를 비교적 정확하게 알 수 있게 되어 자신의 진로를 합리적으로 설계할 수 있다.

진로교육은 교사들의 이런 교수활동이 전제되어야 비로소 그 의미와 가치를 가지게 되며 동시에 진로교육이 필요하다고 이야기할 수 있다.

2) 진로 교수 · 학습 활동의 구성 원리와 학습 목표

가. 진로교육 교수·학습 활동의 구성 원리

교사의 교수활동이 없는 학생의 학습 활동은 교육적으로 의미가 없다. 학교교육과 관련한 모든 활동에는 교사의 교수활동이 선행되어야 한다.

진로 교사의 교수활동은 '도입 → 전개 → 정리 → 평가'보다는 좀 더 실체적인 형태를 가져야 하는 것이 진로교육의 목표를 달성하는 데 효율적이다.

먼저 교사의 교수활동은 학습 목표와 관련한 기본적이고 핵심적인 정보와 지식을 소개하는 교수(Teaching) 활동에서 시작되어야 한다. 그러면 학생은 학습(Learning) 활동을 통해 해당 학습 활동에서 기본적이고 핵심적인 지식과 정보를 획득하게 된다.

교수활동 다음으로 교사가 교수한 내용을 훈련(Training)으로 체득하게 하면 학생들은 연습(Exercising) 과정을 통해 배운 지식과 정보를 조사와 검색을 통해 확인과 검증하는 방법을 알게 된다.

이 과정이 끝나면 지금까지 체득한 내용과 방법적 지식에 대해 학생 스스로 비판하게 하는 지도(Instructing)를 해야 하고 학생들은 자신이 체득한 내용과 방법적 지식에 대해 비판적 사고를 하게 되며 그 결과로 학습 내용에 대한 비판적 지식을 얻게 되어 자신의 지식화가 이루어진다.

이후에 배운 학습 내용을 바탕으로 실천(Practicing)하는 방법을 고안하도록 과제를 부여하면 학생들은 자신이 체득한 정보와 지식으로 문제를 해결하는 방안(Approaching)을 탐구하게 되면서 현실적인 문제를 이해하고 해결하는 능력을 함양하게 된다. 그리고 이 능력에 의해 학생 스스로 자신의 진로를 설계할 수 있게 된다.

교사의 교수활동 마지막은 학생들에게 형성된 문제 해결 능력을 평가(Evaluation)하는 것으로 학생의 입장에서는 성취도(Achievement)로 나타날 것이며 교육활동 전체에 있어서는 학습 목표의 성취 여부로 나타날 것이다.

따라서 교사의 교수활동은 '교수 → 훈련 → 지도 → 실천 → 평가'의 5개 과정을 거쳐 진행되어야 한다.

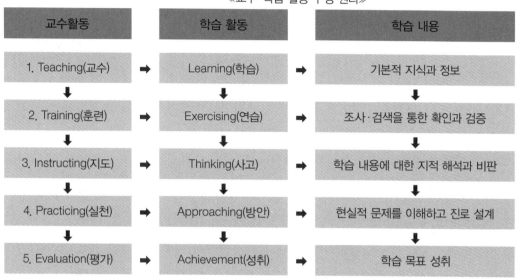

≪교수·학습 활동 구성 원리≫

교수활동	학습 활동	학습 내용
1. Teaching(교수)	Learning(학습)	기본적 지식과 정보
2. Training(훈련)	Exercising(연습)	조사·검색을 통한 확인과 검증
3. Instructing(지도)	Thinking(사고)	학습 내용에 대한 지적 해석과 비판
4. Practicing(실천)	Approaching(방안)	현실적 문제를 이해하고 진로 설계
5. Evaluation(평가)	Achievement(성취)	학습 목표 성취

나. 진로교육 교수활동 과정별 학습 목표

진로교육은 교사의 교수활동에서 시작해야 한다. 교사가 해당 차시의 학습 목표를 달성하는데 필요한 교수활동 내용을 학생들에게 전달하는 것으로 수업이 시작되어야 한다.

항간에 재량활동이나 창의성 개발 교육과 같은 용어들이 등장하면서 마치 교사들의 개입이 학생들의 학습 활동을 방해하는 것처럼 생각하는데 이는 잘못된 생각이다. 교사들의 교수활동 없이 학생 스스로 학습 활동을 진행하도록 하는 것은 교육활동이 아니고 방임이다. 그것은 청소년이라는 학습자의 인지적 특성을 무시하는 것으로 정상적인 교육활동이 이루어지기 어렵다.

교육은 목표를 가진 의도적 활동이기 때문에 모든 교육에는 전달하고자 하는 내용이 있다. 진로교육의 목표는 진학과 직업 세계에 대한 정보전달 및 학생 스스로 정보원을 탐색하여 정확한 데이터를 확보할 수 있는 능력을 함양하는 것이다. 그리고 결과적으로 진로 장애를 극복하고 자신의 진로를 설계하는 능력을 가지도록 이끌어 가는 것이다.

그 시작점으로서의 교수활동은 진로와 관련한 기본적이고 핵심적인 지식과 정보를 학생에게 제공하는 데 있다. 그것은 학생들이 가져야 할 최소한도의 지식과 정보이자 진로교육의 해당 차시 학습 내용의 핵심적인 지식과 정보여야 한다.

진로교육에서 전달하는 지식과 정보는 일반 교과의 것과 성질이 다른 실재적인 데이터라서 정확성이 중요하다. 따라서 교사로부터 획득한 지식과 정보를 가지고 생각하기 전에 그 짓과 정보의 정확성에 대해 정보원을 찾아 확인할 수 있는 능력이 있어야 한다. 정보원을 확인할 수 있는 능력을 길러 주는 활동도 진로교육 활동의 중요한 내용이지만 이는 교사가 학생들에게 지식과 정보처럼 '전달해주는 방식'으로는 목적을 달성할 수 없다. 이 능력은 지식처럼, 아는 것으로 생기는 것이 아니기 때문이다. 이는 훈련을 통해서 비로소 목적을 달성할 수 있기 때문에 진로교육이 정상적으로 이루어지려면 이 훈련 방법도 당연히 개발되어야 한다. 이 점이 교수·학습 방법에서 진로 교과가 일반 교과와 다른 중요한 사항이다.

교수활동에서 얻은 지식과 정보를 정보원을 찾아 확인한 다음에는 획득한 지식과 정보에 대해 반추(反芻)를 통해 학생 각자의 인식 시스템으로 해석하도록 교사가 지도하는 것이 필요하다. 즉, 반추적 사고를 할 수 있도록 학생들에게 문제를 제시하는 것이 필요하다. 예를 들면 '공인중개사가 인기 직종이라서 많은 사람이 자격증을 취득했는데 왜 자격증 소지자의 1/3 가량이 공인중개사를 개업하지 않고 있을까?'와 같은 질문을 던지는 것이다. 자격증 소지자 중 많은 사람이 활동하지 않는다고 아는 데서 그치는 것이 아니라 그 원인을 생각해보게 하는 것이다. 그러면 직업 활동의 내용과 관련하여 자신만의 지식체계를 가질 수 있다고 본다. 말하자면 지식을 자기화(自己化)하는 것이다.

다음으로는 자기화된 지식과 정보를 현실의 사회에 적용하는 방법을 나름대로 구상하는 과제를 제시한다. 교사는 이 단계에서 과제만 제시해야지 방향까지 암시해서는 안 된다. 이 단계에서 학생들의 창의성이 발현(發現)될 수 있기 때문이다. 그래서 학생들이 고안한 적용 방안의 내용에 대해서는 교사가 평가해서는 안 된다.

교사의 평가는 학생이 행위로 표현한 결과에 대해 하는 것이 아니고 그러한 결과를 도출해내는 과정에 대해 이루어져야 한다. 즉 단위 수업 활동 결과에 대해 평가하는 것이 아니고 학생들의 진로 역량에 대해 평가하는 것이다.

《진로와 직업 관련 교수·학습 활동 구성 원리에 따른 학습 목표》

1. 교수(Teaching)	진로와 직업에 관한 기본적이고 핵심적인 지식과 정보를 전달받는다.
2. 훈련(Training)	필요하고 정확한 정보와 데이터를 스스로 검색하고 확인할 수 있다.
3. 지도(Instructing)	획득한 정보와 데이터를 자신의 사고 양식에 따라 해석·정리하고 문제점을 찾을 수 있다.
4. 실천(Practicing)	진로와 직업 및 나와 관련한 현실적인 문제를 이해하고 실천하는 방안을 설계할 수 있다.
5. 평가(Evaluation)	학습 목표로 설정한 진로 역량을 갖는다.

3절 학교급별 직업 세계 접근 사례

1) 학교급별 진로교육 체계에 대한 재고

청소년의 성장 발달 과정과 학교급에 따라 진로교육을 진행해야 하며 직업과 관련한 교육활동은 줄기직업을 기준으로 하는 것이 바람직하다.

그런데 개별 줄기직업 자체를 교육하는 것보다는 학생들의 인지발달 단계에 부합하는 학습 동기 유발 인소(因素)를 중심으로 하는 직업군 형태로 교육하는 것이 학교교육에서 적합하다. 왜냐하면 학교교육에서 할애되는 시간 수에 비하여 직업 수가 너무 많아서 교육활동을 통해 지식과 정보를 전달하는 데는 한계가 있기 때문이다. 그렇다고 일부 특정 직업만 소개하는 것도 교육적으로 문제가 있을 수 있기에 직업군 형태로 교육하고 개별 직업은 학생들 스스로 탐구하도록 지도하는 것이 합리적이다.

따라서 진로교육 콘텐츠는 학생들의 인지발달 단계에 맞는 동기 유발 인소를 중심으로 편성하고, 개별 직업보다는 직업군 중심으로 일반적인 특성과 사회적 역할 및 시장 현황을 개괄적으로 기술하고 관련 직업들의 주요 직무, 직업 환경 및 입직 과정을 소개하는 방식으로 개발하는 것이 바람직하다. 그래서 초등학생을 대상으로 하는 콘텐츠는 흥미를 중심으로 분류하고, 중학생은 주제를 중심으로, 고등학생은 산업과 서비스를 중심으로 편제하는 것이 합리적이다.

진로교육에서 진로 인식, 진로 탐색, 진로 설계, 진로 선택 등의 단계[63]로 나누어 교육을 진행한다고 일반적으로 이야기하는데 이는 너무 진로교육의 실체와는 동떨어진 형식적인 이야기라서 교육 현장에 적용할 수도 없고 교육적인 효과도 도출할 수 없다고 본다.

진로 인식(進路認識)은 인식 능력이 제대로 형성되지 않은 초등학생에게는 너무 힘든 주제이다. 제대로 진로를 인식하려면 고등학교 고학년 학생이나 대학생 정도가 되어야 겨우 가능할 것이다.

진로 탐색(進路探索)은 인식(認識)과는 다른 성질의 능력으로 주로 기능적인 성질이 강하여 중학교 단계에서보다는 초등학교 단계에서 교육하는 것이 더 효율적이다.

고등학교 단계에서 진로 설계를 중심으로 교육한다는 것은 지식(知識)의 획득 과정에 대한 생각이 결여된 것이다. 고등학생이 진로를 설계하려면 진로 설계에 필요한 지식과 정보가 있어야 하는 데 그 지식과 정보가 초등학교와 중학교에서 획득된 것을 바탕으로 한다면 그 진로 설계는 허상(虛像)을 설계하는 결과를 가져올 것이다. 고등학생은 초등학생이나 중학생과는 다른 인식 능력을 지니고 있기 때문에 지식과 정보에 대해 해석하는 관점이나 가치가 당연히 다르고 또한 고등학생이 되려면 긴 시간을 거쳐야 한다. 그래서 초등학생이나 중학생 때 얻은 지식이나 정보는 낡아버려 현실적인 가치가 상실되거나 저하 될 수 있는데 이를 바탕으로 진로를 설계하는 것은 잘못된 방법이다.

대학교에서 진로 선택을 교육 주제로 삼는 것은 말이 안 된다. 고등학교에서 진로를 설계하면 고등학교 졸업과 동시에 진로를 선택하는 첫 발걸음을 내딛는 것인데 자신의 진로를 향해 방향을 정하고 첫 발걸음을 내디뎠는데 다시 진로를 선택한다는 것이 논리적으로 전혀 맞지 않기 때문이다.

진로교육은 각 학교 급별 단계마다 진로 인식, 진로 탐색, 진로 설계에 대한 교육이 총체적으로 이루어져야 하며 대학교에서는 진로 선택이 아니라 취업 교

63　교육부, 제2차 진로교육 5개년 기본계획(안), 2016.4., p. 4

육이 진행되어야 하므로 진로교육 과정에서 제외해야 한다. 대학 이전 단계에서 진로교육을 제대로 받지 못한 대학생을 위한 특별과정으로서의 진로교육 프로그램을 운용할 수는 있지만 대학교 단계에서 진로교육을 진로 선택이라는 주제로 진행한다는 것은 잘못이다.

각 학교 급별 단계마다 진로 인식, 진로 탐색, 진로 설계에 대한 교육이 총체적으로 이루어질 때 학생의 인지력 발달과 함께 진로 인식 능력과 진로 탐색 능력 및 진로 설계 능력도 발전하게 되어 총체적으로 학생 개인의 진로 역량이 갖추어질 수 있는 것이다. 따라서 초등학교 단계에서 진로를 인식하고, 중학교 단계에서 진로를 탐색하며, 고등학교 단계에서 진로 설계 역량을 갖추고 대학에서 진로를 선택한다는 구상은 수정되어야 할 것이다.

2) 흥미 중심의 초등학교 진로 콘텐츠 접근 사례

▶ 돌아다니는 것을 좋아한다. ≪콘텐츠 편제 목차≫

제목: 돌아다니는 직업이 좋아요!

1. 돌아다니는 것을 좋아하는 사람들의 행동 특성
2. 돌아다니는 것을 좋아하는 아이들이 가질 수 있는 꿈과 활동 무대
3. 주요 직업 영역

관광 관련 일	• 관광업의 특성과 하는 일 • 직업 현황 : 관광안내원, 관광상품개발원, 스튜어디스, 호텔리어, 관광통역안내사 • 정보원 : 문화체육관광부, 한국관광공사, 한국관광협회중앙회, 한국호텔업협회
운송 관련 일	• 운송업의 특성과 하는 일 • 직업 현황 : 조종사, 선장, 철도기관사, 유통관리사, 드론조종사 • 정보원 : 국토교통부, 항공정보포털시스템, 한국해양수산연수원, 한국철도공사, …
스포츠 관련 일	• 직업 스포츠선수와 스포츠인이 하는 일 • 직업 현황 : 스포츠 선수, 선수단 감독, 경기 심판, 트레이너, 스포츠 전문 언론인, • 정보원 : 문화체육관광부, 대한체육회, 체육지도자연수원, 국민체육진흥공단, …
건설 관련 일	• 건설업의 종류와 하는 일 • 직업 현황 : 건축사, 건축기사, 토목기사, 조경사, 실내건축가, 도시계획가, … • 정보원 : 대한건축사협회, 한국건설기술인협회, 대한건설협회, 한국도시계획가협회

| 국제 활동과 관련한 일 | • 국제 활동 영역의 종류와 하는 일
• 직업 현황 : 통번역사, 외교관, 다국적기업 직원, 국제기구 직원, 국제 NGO, …
• 정보원 : 국립외교원, 외교부, 한국번역가협회, 국경없는 의사회, … |

4. 관련 교육기관

항공교육훈련포털, 대학 관광학과, 대학공군학군단, 조종장교장학생, 체육고등학교, 체육대학, 대학 건축학과, 대학건축공학과, 국립외교원, 통번역대학원, …

5. 관련 있는 다른 직업들

- 가정방문간호사
- 여행작가
- 국제의료관광코디네이터
- 가수
- 고고학자
- 연예인
- 기자

▶ 그림 그리는 것을 좋아한다.

• 화가, 삽화가, 만화가, 문화재수리전문가, 컴퓨터 그래픽 디자이너, 디자이너, 일러스트레이터

▶ 조사하는 것을 좋아한다.

• 감정평가사, 감사직 공무원, 비파괴검사원, 과학수사관, 손해평가사, 손해사정사

▶ 가르치는 것을 좋아한다.

• 유치원 교사, 초등학교 교사, 중등교사, 특수학교 교사, 대학 교수, 문화예술교육사

▶ 꾸미는 것을 좋아한다.

• 인테리어 디자이너, 디스플레이어, 미용사, 플로리스트, 조경사, 장신구 디자이너, 스타일리스트, 큐레이터

▶ 건강에 관심이 많다.

• 다이어트프로그래머, 피부미용사, 영양사, 한약사, 향기치료사, 물리치료사, 산림치유지도사, 치유농업사, 놀이치료사, 음악치료사, 미술치료사, 원예치료사

▶ 정리하는 것을 좋아한다.

- 사서, 해상교통관제사, 항공교통관제사, 보세사, 편집디자이너, 의무기록사

▶ 계획 세우는 것을 좋아한다.

- 큐레이터, 파티플래너, 웨딩플래너, 여행서비스전문가, 광고디자이너, 6차 산업컨설턴트, 출판편집인

▶ 말하는 것을 좋아한다.

- 정치가, 아나운서, 외교관, 통역사, 관광통역안내사, 변호사, 방송연출가, 개그맨, 쇼핑호스트, 교사

▶ 치료하는 것을 좋아한다.

- 의사, 한의사, 치과의사, 간호사, 한약사, 약사, 물리치료사, 임상병리사, 방사선사, 작업치료사, 치위생사, 요양보호사, 임상심리사, 간호조무사, 언어재활사, 정신과 의사

3) 주제 중심의 중학교 진로 콘텐츠 접근 사례

▶ 항공기 ≪콘텐츠 편제 목차≫

제목: 비행기 속에는 어떤 직업들이?

1. 비행기의 특성과 사회적 역할
2. 항공산업의 영역과 앞으로의 발전 가능성
3. 주요 직업 영역

비행기 조종 관련 일	• 조종사와 비행 업무 • 조종사의 종류와 근무 환경 • 직업 현황 : 공군조종사, 민간항공기조종사, 헬기조종사, 소방헬기공무원 • 정보원 : 국토교통부, 항공정보포털시스템, 대한민국공군모집, 대한항공
항공 교통관제 관련 일	• 비행항로와 항공교통관제업무 • 항공교통관제사의 근무 환경 • 직업 현황 : 공군관제사, 항공교통관세사 공무원 • 정보원 : 국토교통부, 항공정보포털시스템, 항공교통관제교육원, 항공기술원
항공기 운항 관련 일	• 항공운항관리사가 하는 일 • 항공운항관리사의 직업적 환경 • 직업 현황 : 민간항공사 항공운항관리사 • 정보원 : 국토교통부, 항공정보포털시스템, 한국항공협회, 한국공항공사, …

항공기 정비 관련 일	• 항공기 정비사의 종류와 하는 일 • 항공정비산업의 오늘과 내일 • 직업 현황 : 항공기정비기술자, 항공정비사, 항공기관사 • 정보원 : 항공교육훈련포털, 항공정보포털시스템, 한국항공협회, 한국공항공사, …
객실 승무원 관련 일	• 객실승무원의 근무 방식과 하는 일 • 객실승무원의 직급체제와 승진 • 직업 현황 : 국제노선 승무원, 국내노선 승무원 • 정보원 : 항공객실안전협회, 대한항공, …

4. 관련 교육기관

공군사관학교, 대학공군학군단, 조종장교 장학생, 대학항공운항학과, 비행교육원, 대학 항공객실서비스학과, 한국항공전문학교, 한국교통대학, 한서대학, 한국항공대학, 항공기술교육원, 정비직업훈련원, …

5. 관련 있는 다른 직업들

– 드론조종사	– 항공무기통제관	– 항공준사관
– 무인항공기개발연구원	– 공군장교	– 공군부사관 – 비행교관

▶ **병원**

• 의사, 간호사, 한의사, 치과의사, 치위생사, 치기공사, 임상병리사, 방사선사, 작업치료사, 물리치료사, 임상영양사, …

▶ **공항**

• 조종사, 항공교통관제사, 항공사직원, 항공운항관리사, 공항검역관, 세관원, 공항경찰관, 출입국관리직 공무원, 항공정비사, 공항보안요원, 공항소방관, …

▶ **시청**

• 정무직 시장, 행정직 부시장, 정무직 부시장, 행정공무원, 세무직 공무원, 기술직 공무원, 농촌지도직 공무원, 별정직 공무원, …

▶ **법원**

• 판사, 법원직 공무원, 행정직 공무원, 등기직 공무원, 집행관, 재판연구관, …

▶ 군대

- 전투병과 장교, 행정병과 장교, 기술병과 장교, 법무병과 장교, 부사관, 군무원, 전문사관, 준사관, 해외공관주재무관, 헌병, 전투조종사, 해군장교, 공군장교, …

▶ 학교

- 정교사, 교육행정공무원, 교육공무직원, 장학사, 장학관, 사서교사, 상담교사, 보건교사, 영양교사, 교육연구관, 교육연구사, 청소년수련원장, 실습교사, 원어민교사

▶ 선박

- 선장, 항해사, 기관사, 도선사, 해상교통관제사, 선박설계사, 선박정비사, 해군, 해양경찰관, 예인선선장, 조선기사, 선체건조기능사, 용접원, …

▶ 자동차

- 자동차정비원, 자동차디자이너, 교통경찰관, 자율주행차개발기술자, 친환경차개발연구원, 수소차개발기술자, 연료전지개발연구원, 기능형도로설계전문가, 운송업자, …

▶ 뷰티샵

- 미용사, 피부미용사, 네일아티스트, 메이크업아티스트, 헤어디자이너, 화장품개발연구원, 향기치료사, 무대분장사, 미용학원 운영, 체형관리사, …

4) 산업·서비스 중심의 고등학교 진로 콘텐츠 접근 사례

▶ 음악 산업 《콘텐츠 편제 목차》

제목 : 음악 산업의 세계

1. 음악의 세계와 직업
2. 음악 관련 직업 활동의 종류와 형태
3. 음악과 음악산업 현황
   ① 음악 시장과 음악 산업
   ② 음악 산업의 종류

– 음악 제작업　　– 음악 및 오디오물 출판업　　– 음반복제·배급업과 음반 도소매업

– 온라인 음악 유통업　　　– 음악 공연업　　　– 노래연습장 운영업

③ 엔터테인먼트 산업과 스타시스템

– 대중가수 준비과정　　　– 스타시스템

4. 음악가들의 여러 가지 진로

① 중등 음악교사와 음악대학 교수　　② 음악치료사

③ 문화예술교육사　④ 음악학원 운영

⑤ 무대예술전문인

5. 관련 자료 및 자료원

① 관련 법률

– 공연법　　　　　　– 문화예술교육지원법　　　– 음악산업진흥에 관한 법률

– 저작권법　　　　　– 콘텐츠산업 진흥법

② 관련 주요 사이트

– 국가문화예술지원시스템(https://www.ncas.or.kr/)

– 국립국악원(http://www.gugak.go.kr/)

– 국립남도국악원(https://jindo.gugak.go.kr/)

– 국립부산국악원(http://busan.gugak.go.kr/)

– 국립민속국악원(https://namwon.gugak.go.kr/)

– 교육통계서비스(https://kess.kedi.re.kr/)

– 무대예술전문인 자격검정위원회(https://www.staff.or.kr/)

– 무대음향협회(http://www.soundkorea.or.kr/)

– 문화관광체육부 문화포털(http://www.culture.go.kr/)

6. 관련 교육기관

예술중·고등학교, 예술대학, 국립국악원, 한국예술종합학교, 국립국악중하교, 공연예술고등학교, 국립국악고등학교, 연예예술고등학교, 정보예술고등학교, 국립전통예술고등학교

▶ 외식업

• 한식조리사, 일식조리사, 중식조리사, 양식조리사, 제과제빵사, 푸드스타

일리스트, 집단급식소 조리사, 외식업 운영인, 요리학원 관리인, 요리책 저

술가, 음식업 프랜차이즈, …

▶ **공무원**

• 행정공무원, 경찰관, 판사, 검사, 국가정보원직원, 법원직 공무원, 국회사무직공무원, 선거관리위원회 공무원, 교사, 교육행정공무원, 외교직 공무원, 농림직 공무원, 세무직 공무원, 출입국관리직 공무원, 감사직 공무원, 보건직 공무원, 경호공무원, …

▶ **스포츠산업**

• 스포츠용품제조업, 스포츠용품유통업, 스포츠시설관리인, 스포츠서비스업, 직업선수, 감독, 코치, 심판, 트레이너, 전문스포츠지도사, 생활스포츠지도사, 노인스포츠디조사, 건강운동관리사, 스포츠전문기자, 스포츠중계아나운서, 운동경기기록원, …

▶ **의료업**

• 의사, 간호사, 한의사, 치과의사, 치위생사, 치기공사, 임상병리사, 보건의료정보관리사, 방사선사, 의지보조기기사, 의료기기개발기술자, 작업치료사, 물리치료사, 임상영양사, …

▶ **미술산업**

• 화가, 한국화가, 민화작가, 서예가, 조작가, 만화가, 공예가, 건축사, 디자이너, 삽화가, 조형예술가, 금속공예가, 시각디자이너, 그래픽디자이너, 갤러리운영인, 학예사, 큐레이터, …

▶ **부동산업**

• 공인중개사, 감정평가사, 주택관리사, 경매사, 등기직 공무원, 임대주택업자, 실내장식가, 건축리모델링기술자, 건축사, 녹색건축가, 빌딩에너지평가사, …

▶ **신재생에너지산업**

• 태양열에너지전문가, 태양광에너지기술자, 풍력에너지기술자, 소수력발전기술자, 바이오에너지개발전문가, 폐기물에너지전문가, 지열에너지전문가, 수소에너지전문가, 연료전지개발자, …

▶ 로봇산업

• 산업로봇기술자, 로봇시스템전문가, 로봇하드웨어 설계전문가, 로봇소프트
웨어개발전문가, 로봇몸체개발전문가, 딥러닝시스템개발자, 로봇서비스사
업가, 개인서비스로봇개발자, …

▶ 3D산업

• 프린터 몸체제작 전문가, 3D프린팅소재개발연구원, 3D프린터서비스업자,
3D프린팅강사, 3D프린터제어프로그램개발전문가, 3D프린팅디자이너,
3D프린터 및 부품 제작전문가, …

VI

진로교육 콘텐츠의 요건과
종류에 따른 구성 편제의 예

진로교육 콘텐츠의 요건

1) 진로교육에 있어서 콘텐츠의 필요성

진로교육 콘텐츠는 학생들에게 진로 설계와 선택에 필요한 정보를 제공하거나 진로 역량을 기르는 데 도움을 주는 자료를 말한다.[64]

가. 진로 과정 및 사회적 환경에 대한 실제적 정보 제공

진로교육은 교육 내용이 어느 교과보다 다양한 특색을 가지는데 특히 시대적 상황과 밀접한 관련성을 가지고 있다는 점에 유의해야 한다. 말하자면 학생들의 성장 단계에 따라 거쳐 가야 하는 교육과정의 변화뿐만 아니라 학교급에 따라 교육 내용이나 방법이 달라져야 하며 동시에 시대적 상황 변화에 따라서도 달라져야 한다.

교육과정을 매년 새롭게 개정하는 것은 사실상 불가능하기 때문에 결국 진로교육 콘텐츠를 활용하여 진로 과정 및 사회적 환경에 대한 실제적 정보를 제공하는 것이 합리적인 방법이다.

진로교육 콘텐츠는 진로교육 자체의 정체성과 관련한 콘텐츠가 되어서는 안되며 재미있는 수업을 진행하기 위한 콘텐츠도 안 된다. 진로에 대한 기본적인

---

64 커리어넷 사이트

정보나 지식을 가지기도 전인 어린 나이에 성인들의 직업에 대한 개인적인 생각이나 경험을 먼저 접하게 하는 것은 자칫 진로에 대한 편견을 가지게 하거나 직업의 세계가 요구하는 객관적인 요건을 경시하게 할 수도 있기 때문에 교육적 측면에서 생각을 다시 해야 한다. 어릴 때 정서적으로 감명받아 진로를 선택하게 하는 것이 과연 바람직한 진로교육이 될 수 있는가를 생각해보자는 것이다. 물론 어릴 때 받은 감명을 잊지 못하여 온갖 역경을 극복하고 마침내 어릴 때부터 꿈꾸던 직업을 가질 수 있다면 긍정적으로 평가할 수 있겠지만 과연 그렇게 하여 얻은 직업생활에 만족하며 살아갈 수 있을까 하는 문제는 또 별개이다.

그런데 진로교육은 직업을 얻게 하는 것이 목적이 아니고 자신의 가치관과 적성에 부합하는 것은 물론이고 사회 속에서 자신의 역할과 존재 의미를 줄 직업과 진로를 교육하여 민주시민으로서 행복한 삶을 영위할 수 있도록 하는 것이다.

따라서 진로교육은 정확하고도 객관적인 정보를 통해 무엇보다도 학생들이 성인이 되어 생활할 무대의 실제 모습과 상황을 인식하도록 해야 한다.

이러한 진로교육이 효율적으로 진행될 수 있도록 하기 위해 진로교육 콘텐츠는 첨단기술, 미래사회 및 직업의 세계에 관한 신속하고도 실제적인 정보와 지식을 제공하는 것은 물론이고 그러한 정보와 지식을 구할 수 있는 정보원에 대해 직접 탐구할 수 있는 역량을 함양하는 것도 진로교육 콘텐츠가 해야 할 역할이다.

이러한 지식과 정보를 생산된 그대로 학생들에게 제공하는 것이 아니고 학생들의 진로 성장 단계에 따라 그들이 이해할 수 있는 구조로 지식이나 정보를 재구성하여 제공해야 한다. 그냥 제공하는 것이 아니라 이해할 수 있도록 해야 한다.

이러한 작업은 진로 전담 교사가 맡아서 하는 것은 시간적으로나 업무적으로 너무 부담될 뿐 아니라 경제성적인 측면에서도 비효율적이기 때문에 이를 전문적으로 개발하여 제공하는 전문가 집단이 맡아서 해야 한다. 즉 진로 전담 교사

개인마다 수업에 필요한 교육 콘텐츠를 직접 개발하여 사용한다는 것은 노력, 시간, 예산을 낭비하는 결과를 가져올 수 있다. 진로교육 콘텐츠 개발 전문가 집단이 구성되어 이를 개발하여 보급한다면 진로 전담 교사의 부담을 줄일 수 있을 뿐 아니라 교육의 형평성 측면에서도 긍정적인 효과가 있을 것이다.

진로교육 콘텐츠는 학생들이 성장해가는 과정에 따라 이루어지는 교육과정 및 미래사회와 직업 세계에 대한 실제적 정보 탐색 능력과 비판력을 가지도록 지원하는 역할을 하도록 해야 한다.

나. 진로 탐색 능력 교육

지식과 정보가 주로 책이나 교수활동 또는 지식인들에 의해 주어지던 이전 시대와 달리 오늘날에는 인터넷을 통한 쌍방향 통신이 발달하면서 정보의 양은 기하급수적으로 늘어나 정보의 홍수 시대를 맞이하고 있다. 그래서 이제는 정보이기 때문에 가치가 있다고 생각하는 것은 잘못이다. 특히 고의로 때로는 장난으로 인터넷상에 소개되는 거짓 정보들이 난무하고 있어서 정보를 있는 그대로 신뢰할 수 없는 지경에 이르렀다. 따라서 올바른 정보를 얻는 것이 정보를 얻는 것이다. 말하자면 객관적이고 믿을 만한 정보를 찾는 것이 바로 정보를 얻는 것이다.

그런데 신뢰할 수 있는 정보를 얻는다는 것이 생각보다 쉽지 않다. 어느 정도 지식이나 정보를 가지고 있는 사람들은 인터넷상의 지식이나 정보가 신뢰할 수 있는 것인지 아닌지를 어느 정도 구분할 수 있지만 학생들의 경우에는 대다수 이런 능력이 있다고 볼 수 없다. 고의로 사람들을 기만하기 위하여 만든 정보는 전문가들도 구별하기가 쉽지 않기 때문이다. 그리고 이런 종류의 거짓이나 부정확한 정보들이 인터넷에는 너무 많아서 학생들이 잘못된 정보를 가지고 자신의 진로와 관련해 잘못 판단할 우려가 농후한 것이 현실이다.

학생들에게 진로에 대한 정보나 지식을 교사들이 검증을 거쳐 전해 줄 수도 있지만 이는 시대적 상황으로 미루어 볼 때 너무 비효율적인 방식이다. 따라서 학생들에게 정보를 제공해주는 것과 동시에 정보를 탐색할 수 있는 역량도 길러주어야 한다. 이는 자신이 관심 있는 분야에 대한 정확하고 객관적인 정보와 지식을 얻게도 해주지만 그보다 더 중요한 교육적 목적은 학생들이 능동적으로 자신의 진로를 탐색하는 역량을 길러준다.

진로 교과나 진로교육 활동에서는 진로 탐색 역량의 중요성을 이야기하고 있으면서도 정작 진로 탐색 역량을 현실적으로 교육할 준비가 충분하게 이루어진 것 같지는 않다.

진로와 관련한 정보나 데이터는 학생들이 자신의 진로를 설계해나가는 데 중요한 역할을 하기 때문에 무엇보다도 정확하고 객관적인 신뢰성이 보장되어야 한다. 그래서 유럽에서는 학생들이 진로와 관련하여 교사와 상담할 때도 반드시 2명 이상의 교사와 상담하도록 지도하고 있다.

진로교육 콘텐츠는 학생들에게 진로와 관련한 정보와 지식을 전달하는 것도 중요하지만 무엇보다도 정보원에 대한 정보를 제공하여 학생들의 정보 탐색 능력을 향상하는 데 기여하는 것이 필요하다.

다. 학교교육에 대한 실용적 정보 제공

진로교육은 취업 교육과 달라서 진학이라는 기본 틀에서 벗어나서는 안 되며, 진학이라는 목표점을 잊어버리는 순간 진로교육은 취업 교육으로 바뀌게 된다.

진로교육은 학생들의 인지력 발달 단계에 따라 세상을 보는 눈이 달라진다는 것을 전제로 각 단계에 맞추어 적절한 진로 역량을 배양하는 것이다.

오늘날 진로교육은 대학까지 진학하는 것을 기본 모델로 삼고 있다. 혹자는 대학 진학이라는 과정에서 벗어나도록 하는 것이 진로교육의 목적이라고 주장하기도 하는데 우리나라에 진로교육 과정이 도입될 당시의 상황으로 보면 완전히 틀린 생각은 아니라고 할 수 있다. 하지만 그러한 생각은 그야말로 단편적이고 임시방편식의 생각일 뿐이다. 오늘날과 같이 첨단과학과 기술이 발달한 사회에서 대학 진학을 못 하도록 한다는 것은 말이 안 되기 때문이다. 그래서 대학 교육과정을 4년으로 하는 것도 모자란다고 생각하여 6년으로 늘려나가고 있는 상황인데 대학 진학에 대한 열망을 다른 곳으로 돌린다는 것은 정말 잘못된 판단이다.

진로교육은 대학으로의 진학을 막는 것이 아니라 생각 없이 대학에 진학하는 것을 바꾸어보자는 것이다. 즉 나의 삶의 방향을 설정하고 그 방향에 맞게 준비하도록 교육하여 대학에서의 전문교육이 사회에 그대로 연장되어 활용될 수 있도록 하자는 것이다. 그러면 개인적으로나 사회적으로 막대한 인적자원을 효율적으로 활용할 수 있기 때문이다. 즉 대학에 진학하지 말고 취업이나 창업하라고 교육하는 것이 진로교육이 아니고 자신이 갈 길을 똑바로 바라보고 인생의 성공을 향해 적극적인 자세로 대학을 활용하는 방법을 가르치는 것이 진로교육이라 하겠다.

따라서 진로교육에서는 가장 기본적으로 우리나라 교육체계에 대한 실질적인 정보를 제공하는 것이 필요하다. 그리고 학교급에 맞추어 학생들이 활용할 수 있는 방법을 알게 해야 한다. 즉 중학교는 이러이러한 교육기관이니까 이런 것을 준비하고 이런 역량과 지식을 배워야 하며 고등학교와 대학은 이러한 목적을 가지고 설립한 교육기관이기 때문에 여기에서는 각각 이러한 방향으로 나 자신의 진로를 준비할 필요가 있다는 것을 알려주어야 한다는 것이다.

교육 현장에서 활용하고 있는 교육체계에 대한 콘텐츠는 그다지 찾아볼 수가 없는 것이 현실이다. 따라서 앞으로 진로교육 콘텐츠는 학교교육에 대한 실용적 정보를 제공하는 방향으로 개발되고 보급되어야 할 것이다.

라. 진로교육의 현실성 체감

진로교육에서는 체험과 견학 또는 캠프와 같은 활동을 통하여 직업 세계에 대한 현실적인 상황을 체감하는 것이 무엇보다도 중요하다.

그런데 현실적 체감이라는 것이 눈과 귀로 보고 듣는 것만으로 이루어지는 것은 아니다. 즉 감각기관을 통해 얻는 것을 진로교육에서 말하는 현실적 체감이라고 생각하면 안 된다. 그러한 생각은 사람의 인식 과정에 대한 아주 초보적인 수준으로 오늘날에는 그렇게 생각하는 사람은 없다.

현실적 체감이 비록 사람의 감각기관을 통해 시작하지만 감각기관에서 인지한 정보를 해석하는 것은 감각이 아니라 문자로 훈련된 인식체계이다. 직업 체험을 한다고 학생들에게 자유롭게 하고 싶은 대로 활동하게 하는 것은 가장 원시적인 체험 방법이다.

직업 체험도 학습 대상에 따라 경험적 지식을 획득하는 과정을 구조화하여야 하고 학생들은 이 구조화된 과정에 따라 체험을 진행해야 진로 체험교육의 교육적 목적을 달성할 수 있다.

체험은 몸으로 직접 겪는 활동이라고 생각하고 학생들을 별다른 사전 준비없이 교육활동에 참여시키는 것은 냉정하게 반성해야 할 문제이다.

진로교육 활동에서 체험을 통한 교육에는 반드시 체험활동을 진행하는 교육자의 지도안이 국가직무능력표준을 중심으로 만들어져 있어야 하며 학생들의 활동지도 만들어져 있어야 한다. 그렇지 않으면 학생들은 재미 위주로 활동하게 되고 체험의 교육적 효과는 별로 없다고 생각한다.

체험활동 후에 학생들을 대상으로 체험 만족도를 묻는 조사는 교육적 만족도 조사라기보다는 얼마나 재미있었냐를 조사하는 것이라 여겨지는데 이는 지식을 획득하는 과정이 정립되어 있지 않은 상태에서 활동하는 것은 놀이에 지나지 않기 때문이다.

진로 체험활동의 교육적 효과를 높이기 위해서는 체험활동을 교육적 차원에서 구조화하여 학생들이 직접 체험으로 경험적 지식을 획득하도록 해야 하며 이러한 교육활동을 지원할 콘텐츠가 개발되어 운용되어야 할 것이다.

2) 콘텐츠의 역할과 기능

진로교육 콘텐츠는 그 자체가 교육적 목적을 갖는 것이 아니고 진로교육법에서 규정한 진로교육 활동을 보다 효율적으로 지원하는 것을 목적으로 해야 한다.

특히 교육이라는 형식적 활동에서 자칫 간과하기 쉬운 경험적 지식과 정보를 얻을 수 있도록 콘텐츠 내용을 구성하는 것이 필요하다. 따라서 교육적 이념을 쫓아 관념적으로 콘텐츠 개발에 접근하는 것은 바람직하다고 볼 수 없다. 학생 자신의 가치관과 적성에 맞는 진로를 택해야 한다는 내용보다는 그러한 방향에서 진로를 택하는 기술적 방법에 대해 정보를 제공해주거나 그러한 방법을 익힐 수 있는 실무적인 지식이나 데이터를 제공하는 방식으로 콘텐츠가 개발되어야 할 것이다.

직업과 진로 교과서가 일반적으로 '되어야 할 바'에 대해 교육한다면 진로교육 콘텐츠는 '되는 방법'에 대해 교육함으로써 진로교육 활동을 시스템적으로 완성한다는 점에서 의미가 있다. 진로교육 콘텐츠는 단순한 보조 교구나 자료집이 되어서는 안 된다. 그것은 어디까지나 교구나 자료집일 뿐 교육 콘텐츠라고 할 수 없다.

진로교육 콘텐츠는 진로 교과 활동을 교실에서 사회 현실로 연결하여 사회활동을 구성하고 있는 요소와 관계에 대한 정보를 얻을 수 있도록 하는 도구 역할을 해야 하며 이 도구를 사용하는 기술을 훈련시키는 작업도 동시에 진행해야 한다. 말하자면 직업에 대한 정보도 중요하지만 직업이 사회의 제반 활동 중에서 가지는 의의와 직업을 구성하고 있는 주요 지식이나 기술의 상관관계에 대한 인식의 눈을 뜨게 하며 이와 관련한 공공기관의 활동에 대해 관심과 동시에 접근 과정을 알려주어야 한다는 말이다.

즉 직업 세계에 대한 고정된 모습이나 고정된 정보를 제공해주는 것이 아니고 직업 세계의 변화에 대처하여 그 변화하는 모습을 관찰하여 학생들 자신의 미래를 설계하는데 참고할 수 있도록 한다. 따라서 진로교육은 사회의 유동성에 초점을 맞추어야 하고 교육 콘텐츠는 그것을 훈련하는 기능을 가져야 할 것이다.

가. 직업 세계에 대해 개괄적으로 소개하는 역할

직업 세계는 광대하여 모든 직업에 대해 정보를 얻을 수 없으며 얻을 필요도 없다. 그래서 직업 세계에 접근하는 방법이 중요하며 다음으로는 직업 세계를 소개하는 방법이 중요하다.

먼저 직업 세계에 대한 접근 방법으로는 앞에서 말한 학생들의 인식 발달 단계에 따른 학교급별 접근방식이 합리적이라고 생각한다. 직업 세계에 대해 구체적이고 실제적인 정보를 얻는 것보다 직업 세계의 일반적 특성에 대해 아는 것이 학생들에게는 더 중요한 의미를 가지기 때문이다. 무엇보다도 직업은 사람들과의 관계에서 의미를 갖는다는 것과 그 의미가 시대적 상황에 따라 변화한다는 것부터 아는 것이 직업을 제대로 이해하는데 효율적이다.

자신의 내부에서 우러나오는 흥미를 중심으로 직업 세계에 접근하는 것이 필요하다. 이때 우리가 조심해야 할 것은 학생들의 내적 심리상태를 외적 척도로 규정해서는 안 된다는 것이다. 우리는 어떠한 이유에서인지는 잘 모르지만 심리검사에 과도하게 열중하는 경향이 있는데, 이는 어린 청소년들이 자신의 내적 역량을 자유롭게 꽃 피우는 데 장애가 되지 않을까 염려가 된다. 사람의 내적 역량을 검사지가 다 검사할 수는 없으며 결국 대표성(表象 representation)을 중심으로 구조화하는데, 성인(成人)들에게는 그 정확성이 어떨지 모르지만 어린아이에게 적용한다는 것은 폭포에서 떨어지는 물줄기를 몇 개의 흐름(특성)으로 나누어 폭포수의 성향을 이야기하는 것과 같기 때문에 이를 절대시하는 것은 피하는 것이 좋다. 심리검사와 상관없이 아이들이 좋아하고 흥미를 느끼는 것에서 출발하여 직업 세계에 접근하는 것이 좋다.

이렇게 시작한 직업 세계로의 여행은 그야말로 여행이기에 밖에서 크게 보는 시각이 필요하다. 여행을 가서 한 곳에 너무 집착하게 되면 쉽사리 피곤해져서 다른 여행지를 돌아볼 여력이 없게 된다. 이는 아이들에게 특정 직업에 대한 고정관념을 만들어줄 우려가 있는데, 이렇게 하여 획득한 지식이나 정보가 아이의 성장과 시대의 변화와 더불어 변질하기 때문에 어릴 때 생긴 고정관념은 별다른 의미가 없으며 오히려 성장 이후의 생각과 판단에 좋지 않은 영향을 줄 수 있어 교육활동에서는 되도록 이런 현상이 발생하지 않도록 하는 것이 바람직하다.

진로교육 콘텐츠는 학교급별로 접근방식을 달리하여 직업 세계에 대해 개괄적으로 소개하는 것이 바람직하다. 즉 관련 산업 개요, 직업 환경, 주요 직무와 직업, 직업 특성, 직업에 필요한 정신적·육체적 조건, 관련 직업, 직업 준비 교육과정, 주요 기관, 주요 관련 사이트, 주요 데이터, 관련 법률, 참고도서 등으로 구성할 필요가 있다.

이러한 교육 콘텐츠는 학생들에게 직업에 대한 편파적이지 않은 공정한 시각을 제공할 것이며 과장되거나 거짓 정보로 인한 잘못된 진로 선택을 예방할 수 있을 것이다.

진로 문제는 사회의 현실과 직접적으로 관련이 있으므로 생각 이외로 부정확한 정보가 난무하고 있어 무엇보다도 정확하고 객관적이며 현실적인 정보와 지식을 학생들에게 제공해주도록 노력해야 한다.

지나갔기에 고정되어버린 어제의 직업 세계에 관한 정보에 사로잡히지 않도록 하고 다가오지 않아 검증할 수 없기에 무책임하게 늘어놓는 직업에 관한 허황한 망상이나 공상 또는 현실적 상황과 거리가 먼 이론 속의 정보로부터 현실적 감각을 잃지 않도록 하는 것이 진로교육 콘텐츠가 해야 할 역할이고 기능이다.

나. 진로 정보 탐색 역량 훈련 기능

한 설문조사에 의하면 학생들이 진로와 관련하여 가장 많이 상의하는 대상자가 선배, 친구, 부모, 교사 순이라는 것은 우리 학생들이 정보 획득 과정의 무능함을 여과 없이 보여준다. 이는 학생들만 그런 것이 아니다. 사회에서 활동하는 다수의 성인도 그들이 무엇을 시도하려 할 때 제일 먼저 상의하는 사람은 전문가가 아니고 자신이 잘 알고 있는 친구들이다.

환자가 병을 고치려면 좋은 의사를 찾아야 한다. 하지만 어린아이들은 의사를 찾는 자체를 싫어한다. 사업을 하려면 그 사업에 대해 잘 아는 전문가를 찾아가야 하는데 용기가 나지 않아 주변의 비전문가에게 물어보고 난 뒤에 용기를 얻어 전문가를 찾아가는 모습이 어쩌면 자연스럽다고 할 수도 있다. 하지만 그것은 시간 낭비일 뿐이다. 그 결과 대학을 졸업한 경우에도 자신의 진로에 대해 고민하는 많은 사람이 있게 된다.

진로교육은 학생들이 직업적 환경과 자신의 역량에 비추어 합리적으로 진로를 설계해나가는 역량을 길러 주는 것이다. 즉 직업 세계에 대한 정보와 자신의 역량을 요소로 삼아 관계 속에서 자신의 가치와 의지를 실현하는 경로를 설계해나가며 각종 장애를 극복하여 자신이 바라는 삶을 이룩하도록 지도하는 것이다. 따라서 이 교육과정에서 가장 중요한 것은 정보의 실제성, 객관성 및 정확성이다. 이러한 정보가 진로교육에서 가장 중요하며 이러한 정보를 획득하는 능력이 무엇보다 중요하다. 어떤 점에서 보면 나 자신을 아는 것보다 이러한 정보를 얻는 방법을 아는 것이 더 중요하다.

우리 사회에서 정보를 얻는 방법은 오로지 선생님에게나 부모님에게 의존하는 것으로 많이 뒤떨어져 있는 것이 현실이다. 이는 우리 사회만 그런 것이 아니고 전통적인 동양 사회에서 볼 수 있는 공통적인 현상이다. 이는 동양 문화가 방법론적으로 발달하지 못했던 과거의 학문체계에 영향받은 탓이기도 하다.

진로교육은 현실 사회에 대한 교육이기 때문에 무엇보다 정보의 성질이 중요하다. 그래서 진로와 관련하여 객관적이고 정확한 정보를 얻는 것이 자신의 진로를 설계하는데 제일 중요하다고까지 말할 수 있다. 정확한 정보는 정확한 방법을 말해줄 수 있기 때문이다. 진로와 관련한 정보원을 직접 탐색하는 능력을 학생들에게 길러 주는 것은 정말로 필요하며 진로교육 콘텐츠가 해야 하고 진로교육 콘텐츠만 할 수 있는 과제라 할 수 있다.

현재 우리 사회에서 산업이나 작업 또는 첨단기술과 관련한 정보를 그나마 객관적으로 제공하고 있는 곳으로는 정부 기관 및 국가 공공기관인데 학생들이 접근하여 자신의 진로와 관련한 정확하고도 현실적인 정보를 얻는 것이 용이하지는 않다. 따라서 이들에 대한 합법적인 접근 방법을 가르치고 훈련하는 것이 필요하다.

예를 들면 프랜차이즈 사업과 관련해서는 반드시 공정거래위원회의 가맹사업거래 사이트를 탐색하여 스스로 필요한 정보를 찾도록 해야 한다. 프랜차이즈 사업은 무엇이 문제이고 무엇이 장점인지에 대해 일반 사람들에게 개인적 경험이나 상식을 묻지 말고 공정거래위원회에서 제공하는 정보를 참고하도록 해야 한다는 것이다. 그리고 독점규제 및 공정거래에 관한 법률을 찾아보라고 해야 한다. 학생들이라고 어린아이 취급하는 것은 더 이상 현대교육에서 있어서는 안 될 것이다.

나. 진로 판단 및 선택을 통해 진로를 설계할 수 있는 훈련

'사람은 생각하면 무엇이든지 알 수 있다'고 생각하는 것이 동양 사회에서는 널리 퍼져 있지만 생각은 배우지 않으면 못 한다고 하겠다. 즉 사람은 생각하는 능력을 지니고 태어나기 때문에 배우지 않아도 누구나 생각할 수 있다는 것이다. 하지만 사람은 생각할 수 있는 잠재 능력을 지니고 태어나기 때문에 교육을 받으면 생각할 수 있지만 그렇지 않으면 생각을 할 수 없게 된다. 새의 울음소리를 흉내 낼 수는 있지만 새의 울음소리를 글자로 표기할 수는 없다. 하지만 참새가 어떻게 울고 부엉이가 어떻게 우는지 교육받으면 글자로 표기를 할 수 있게 된다. 생각도 글자로 이루어지기 때문이다.

학생들을 가만히 두고 알아서 자신의 장래에 대해 생각해보고 선택하라고 하면 학생들은 결국 아무런 것도 하지 못하고 졸업하게 되는 경우를 우리는 너무 많이 보고 있다. '선생님 저는 하고 싶은 것이 없어 고민입니다.' '선생님 저는 무엇을 해야 할지 모르겠습니다.'라고 이야기하는 학생들은 학생들 자신이 잘 못해서 그런 상황에 처하게 된 것이 아니고 잘못된 교육 때문에 그렇게 되었다고 할 수 있다.

학생을 정보 속에 밀어 넣는다고 하여 학생 스스로 생각하고 판단할 것이라 생각한다면 잘못이다. 생각하기 위해서는 정보도 있어야 하지만 무엇보다 중요한 것은 생각하는 방법을 배워야 한다.

> • 이런 경우에는 어떻게 해야 할까? 왜 그렇게 해야 하지?
> • 두 발로 걷는 털 없는 동물이 사람이라고 하는데 너는 어떻게 생각하니?
> • 국민은 누구나 국가의 법률을 지켜야 한다고 하는데 왜 지켜야 하지?

생각할 줄 아는 사람과 생각할 줄 모르는 사람 모두 이 질문에 대답할 수는 있지만 한 사람은 자기 인식체계를 거쳐서 대답하는 사람이고 한 사람은 이유도 모른 채 당연히 대답하는 사람이다. 우리는 앞의 사람을 생각할 줄 아는 사람이라 하는데 생각할 줄 아는 사람은 살아가면서 만나는 다양한 문제를 자신의 지혜를 활용하여 슬기롭게 헤쳐 나갈 수 있다. 즉 삶의 역량을 갖춘 사람이라 할 수 있는 것이다.

진로와 관련한 문제도 마찬가지이다. 진로나 직업에 대한 정보만 제공해주고 알아서 하라고 한다면 많은 정보와 체험을 통해서도 자신의 진로를 판단하고 선택할 수 없게 될 가능성이 크다. 진로 체험활동 장소에 학생들을 데리고 가서 풀어놓는 것으로 진로 체험활동을 자유롭게 진행했다고 한다면 교육적으로 정말 큰 문제다.

정보를 가지고 생각하고 판단하는 교육이 있어야 한다.

> • 이러한 직업은 현재 그다지 인기가 없는데 앞으로도 계속 인기가 없을까? '그렇게 생각하는 이유가 무엇일까?'
> • 앞으로 인공 지능이 사람을 대신하여 일하기 때문에 사람들이 일할 수 있는 많은 직업이 사라진다고 한다. 정말 가능할까? 그러면 인공지능을 개발하는 것이 인류의 적일까?

등 진로와 관련한 정보를 제공하고 이를 가지고 생각하는 방법을 훈련해야 한다.

이러한 훈련은 교사가 수업을 진행하면서 대화로써 할 수도 있지만 진로교육 콘텐츠를 활용하면 좀 더 효율적으로 훈련할 수 있다. 이는 말을 할 때보다 글을 쓸 때 생각이 더 깊어지는 이유 때문이다.

그래서 교육 콘텐츠는 학생들이 진로와 관련한 정보나 데이터를 가지고 자신의 진로와 연관 지어 생각할 수 있게 하고 그 생각을 바탕으로 판단하여 자신의 진로를 설계하는 능력을 지니도록 하는 것이 바람직하다. 그럴 때 진로 장애를 극복해나가는 역량이 저절로 생기게 된다. 진로 장애를 극복해야 한다고 말은 하지만 정작 현장에서는 어떻게 하는 것이 진로 장애를 극복하는 방법인가를 말해주는 것이 그렇게 일반적이지 않다고 본다.

따라서 진로교육 콘텐츠는 학생들이 자신의 진로에 대해 각종 정보와 자료로 생각하고 판단하는 훈련을 위한 도구로서의 역할과 기능을 가져야 한다.

3) 진로교육 콘텐츠 개발에 요구되는 요건

진로교육에서 콘텐츠는 앞에서 말한 교사의 교수활동을 보완하기 위한 수단으로서 역할을 해야 하기 때문에 진로교육과 관련한 콘텐츠를 개발하는 것이 필요하다.

진로나 직업과 관련한 콘텐츠를 만든다고 모두 진로교육 콘텐츠라고 할 수 없으며 또한 진로교육에 도움이 되지도 않을 것이다. 오히려 교육 목적을 상실한 콘텐츠의 경우에는 학생들이 놀이와 교육활동을 혼동하도록 하여 진로교육 활동에 역행할 수도 있다.

교육 목적을 달성하기 위한 방법론이 없으며 교육활동이 체계적이지 못하다면 학생들이 얻는 것은 재미있게 시간을 보낸다는 이상의 의미를 가지지 못할 것이다.

교육활동에서 가장 경계해야 하는 것은 학생들이 알아서 스스로 배운다는 생각이다. 즉 교사가 필요 없다는 생각이다. 교사의 교육활동이 없는 곳에 교육은 있을 수 없다는 것을 잊지 말아야 한다.

학생들은 배우지 않으면 알 수 없으며, 배우지 않으면 생각할 수도 없고, 배우지 않으면 인간이 될 수도 없다는 데에서 교육이 인간 사회에 필요하고 교사가 교육활동에 필요하게 되는 것이다.

'선생님 저는 무엇을 해야 할지 모르겠어요.'라고 하는 학생들의 말은 교사가 듣지 말아야 할 첫 번째 말이다.

따라서 진로교육 콘텐츠는 다음과 같은 조건을 충족해야 한다고 생각한다.

---

1. 학생들의 인지발달 단계에 맞추어 콘텐츠 구성 방식을 개발해야 한다.
2. 학생들의 인지력 수준에 맞추어 콘텐츠의 내용을 구조화해야 한다.
3. 문자적 지식이 가질 수 있는 진로 역량 함양의 한계성을 극복해야 한다.
4. 사라질 직업에 대한 정보를 제공해야 하고 그 이유에 대해 알도록 해야 한다.
5. 진로교육 활동에 있어서 재미보다는 교육적 효과를 도모해야 한다.
6. 진로를 둘러싼 사회의 현실적 환경에 대한 정확한 정보와 데이터를 얻도록 해야 한다.
7. 자기 주도적 진로 설계 역량을 키우도록 해야 한다.
8. 되도록 줄기직업을 중심으로 개발하도록 해야 한다.

진로교육 콘텐츠의 종류와 구성 편제의 예

1) 산업기술 및 변화하는 직업 세계에 대한 콘텐츠(산업 분야)

• 목적: 주제와 관련한 산업이나 서비스업에 대한 개괄적인 이해와 주요 직업들에 대한 정보를 제공하여 학생들로 하여금 산업이나 서비스업 전반에 대한 시각을 갖도록 한다.

【구성 및 편집 사례】

제목: 직업으로서의 전문 법률업(기 출판 사례)

Ⅰ. 법률의 세계

　1. 법률의 정체
　　1) '법'의 주인
　　2) 법과 법률의 의미
　2. 사회생활의 기본질서
　　1) 법치주의의 두 얼굴
　　2) 법률과 권리
　　3) 재판도 법률로 만든 절차
　3. 법률을 알아야 사회가 보인다.
　　1) 법률, 사회를 보는 돋보기
　　2) 법률, 사회를 짓는 건축술
　　3) 법률, 사회활동의 수단

4) 법률, 나의 수호천사

4. 법률과 관련된 직업의 종류

1) 법률을 탐구하는 직업

2) 법률을 만드는 직업

3) 법률을 해석하는 직업

4) 법률을 집행하는 직업

5) 법률을 활용하는 직업

Ⅱ. 전문 법률과 관련된 주요 직업

1. 감정평가사	2. 공인노무사	3. 관세사
4. 법무사	5. 변리사	6. 손해사정사

2) 뿌리직업, 주요직업, 첨단직업, 미래직업과 관련한 콘텐츠(개별 직업 분야)

• 목적: 관심 있는 개별 직업에 대한 보다 구체적인 정보를 제공하여 해당 직업
에 대한 이해도를 높임으로써 진로 선택에 참고가 되게 하며 진로 체
험에 필요한 주요 기본 지식을 갖도록 한다.

【구성 및 편집 사례】

제목: 직업으로서의 선생님(기 출판 사례)

선생님 : 사회적 인간을 만드는 연금술사

Ⅰ. 선생님이 된다는 것

 – 교육이란?

 – 어떤 선생님들이 있을까?

 – 직업으로서의 선생님

 – 선생님이 되기 위한 조건

 – 학교와 선생님의 역할

 – 선생님도 계속 공부한다/연수

 – 선생님도 승진한다

 – 장학사는 어떤 선생님일까?

 – 선생님 월급은 얼마나 될까? 퇴직연금은?

 – 공립학교 선생님과 사립학교 선생님

Ⅱ. 선생님이 하는 일

- 초등학교 선생님이 하는 일
- 중·고등학교 선생님들이 하는 일
- 특수학교 선생님이 하는 일
- 대학교 선생님이 하는 일
- 보건 선생님이 하는 일
- 사서 선생님이 하는 일
- 전문상담 선생님이 하는 일
- 영양 선생님이 하는 일
- 실기 선생님이 하는 일

Ⅲ. 선생님이 되는 길

- 선생님이 될 수 있는 6가지 큰길과 1가지 오솔길
- 교육대학의 이모저모
- 사범대학의 이모저모
- 교원대학의 이모저모
- 일반 대학 교육과 계열이란 무엇일까?
- 일반 대학의 교직과정이란 무엇일까?
- 전문대학을 통해 선생님이 되는 길
- 교육대학원을 통해 선생님이 되는 오솔길
- 초등학교 선생님이 되는 길
- 중·고등학교 선생님이 되는 길
- 특수학교 선생님이 되는 길
- 대학교 선생님이 되는 길
- 보건 선생님이 되는 길
- 사서 선생님이 되는 길
- 전문 상담 선생님이 되는 길
- 영양 선생님이 되는 길
- 실기 선생님이 되는 길

▢ 참고 자료

- 연간 중등교사 자격증 취득 및 채용 현황
- 연도별 전국 유치원·초중등·대학 선생님 수의 변화
- 유치원·초중등 교사의 석·박사 학위 소지 현황

- 유치원·초중등·대학 선생님의 평균 연령
- 2007년도 시·도별 유치원·초중등·대학교 현황
- 교육공무원 임용후보자 선정경쟁시험규칙
- 2009학년도 초·중등교사 채용 시험 제도 개선 내용

3) 진로 과정과 교육제도에 관한 콘텐츠(교육제도 분야)

- 목적: 중학교, 고등학교, 특성화고등학교, 전문대학, 대학, 대학원의 설립 목적과 교육 내용에 대한 정보를 제공하여 자신의 진로를 선택하는데 참고로 하게 한다.

【구성 및 편집 사례】

제목: 중학교 안내서(프랑스 사례)

Ⅰ. 오늘날의 중학교
- 교과 수업과 특별 활동(예술, 스포츠, 언어)
- 어떤 졸업장과 자격증을 얻을 수 있을까?

Ⅱ. 학생들의 수업 활동과 오리엔테이션
- 수업 활동에 활용할 수 있는 온라인 도구
- 중학교 수업 활동 안내
- 오리엔테이션 이용 방법

Ⅲ. 모든 학생들이 성공적으로 중학 생활을 하도록
- 학교 적응 교육 안내
- 특별한 도움이 필요한 학생들을 위한 지원 내용
- 교육활동에 있어서 사회적, 경제적 불평등으로 인한 문제 해결 프로그램

□ 지역 중학교 주소록

□ 참고 자료
- 특수언어 수업 개설 학교
- 외국 학생 수용 학교
- 방과 후 수업 학교: 무용, 음악, 연극
- 학교별 개설 스포츠 과목 종류

- 중학교 4학년 직업준비반 개설 학교
- 일탈 학생을 위한 단기 교육지원프로그램 운영기관
- 장애 학생들을 위한 지역 학교 안내
- 중학교 기숙사 안내

4) 진로 탐색 능력 배양과 관련한 콘텐츠(진로정보원 탐색 분야)

- 목적: 진로와 관련한 정보, 데이터 및 통계에 관한 보다 신뢰성이 있는 정보원을 탐색하는 능력을 길러 스스로 자신의 진로에 필요한 정보를 획득하여 활용할 수 있게 훈련한다.

【구성 및 편집 사례】

제목: 직업으로서의 간호사(Nurse)

□ 간호사

■ 옛날 의료인과 현대 의료인의 가장 큰 차이점은 무엇일까요?

의료법 제2조에 의하면 의사·치과의사·한의사·조산사 및 간호사를 의료인이라고 규정하고 있다. 즉 환자의 질병을 진단하고 치료하는 의료행위를 통하여 국민보건을 향상시키고 국민이 건강한 생활을 영위할 수 있도록 하는 직업인에 간호사를 포함하고 있다. 이러한 의료인은 옛날에도 있었던 직업인이다.

_____

_____

_____

_____

_____

■ 오늘날 우리나라에서 간호사는 어떤 일을 하는 의료인일까요? (의료법 제2조제2항제5호를 참고하세요.)

1. _____
2. _____
3. _____
4. _____

■ 대한간호협회에서 말하고 있는 '간호'는 어떤 일을 말하나요? ('대한간호협회 〉 협회 소개 〉 간호' 의 정의를 참조하세요)

> 간호사들의 이익단체인 대한간호협회에서는 "간호사(Registered Nurse, RN)는 대학의 간호(학)과를 졸업하고 전문적 간호에 관한 지식과 간호 실무 능력을 인정받아 정부로부터 면허를 취득한 자이다"라고 정의하고 있다.

_____

_____

■ 오늘날 간호사의 직업적 영역과 역할에서 볼 때 의료법이나 대한간호협회의 간호사 규정에 대하여 의료선진국에서 이야기하는 '간호권(간호 업무의 독자적 성격과 이에 대한 간호사의 배타적인 업무상 의 권리)'의 관점에서 간단히 적어봅시다.

> 현재 우리나라의 간호사 양성제도는 전문대학과 일반 대학으로 이원화되어 있다. 그러나 전문대학의 경우 처음 에는 2년제 과정이었지만 3년제로 바뀌었다가 지금은 전문대학 간호과 대다수가 4년제로 바뀌어 조만간에 간 호사 양성교육제도는 일원화될 것이다. 이러한 현상은 간호사라는 직업의 전문성과 무관하지 않다.
> 조선시대에 의녀(醫女)라는 직업인이 있었는데 얼핏 보면 오늘날 간호사와 같은 일을 한 것 같지만 의녀는 간 호를 목적으로 양성되지는 않았다. 남녀를 구별하는 유교 사회에서 주로 여성에 대한 진료 활동을 하였기 때문 에 오히려 오늘날 여성 의사에 가깝다.
> 결혼하지 않은 여성 중에서 선발된 의녀는 조산, 맥 짚는 법, 침과 뜸 시술법, 약재와 탕약법 등을 배워 주로 부인네들의 질병을 진료하였지만 의원처럼 독자적인 의료 활동을 하지 못하고 의원의 진료를 보조하는 역할 에 머물렀다고 한다.

_____

_____

_____

_____

■ 의료기관에서 간호 업무에 종사하는 직업인을 일반적으로 모두 간호사라고 하지만 실제적으로는 간호사와 간호조무사로 구분됩니다. 그러면 의료법에서 의료인으로 인정하고 있는 직업인의 항목 □ 에 √ 표를 하세요.

□ 간호사	□ 간호조무사	□ 간호사 간호조무사 모두

■ 간호조무사가 되기 위해서 이수해야 하는 교육과정에는 어떤 것이 있나요? (의료법 제80조제1항 을 참조하세요)

– 간호사는 3년제 전문대학 이상에서 간호학을 배우고 국가에서 시행하는 간호사 자격시험에 합격한 후 보건보지부 장관의 면허를 받아야 한다.
– 간호조무사는 고등학교 이상의 학력을 가진 사람으로서 국가에서 정한 교육과정을 이수하고 간호조무 사 국가시험에 합격한 후 보건복지부 장관의 자격인정을 받아야 한다.

■ 간호사를 간호조무사로 어느 정도까지 대체할 수 있을까요? (의료법 시행규칙 제38조 및 별표5와 '간호조무사 정원에 관한 고시'를 참조하세요.)

현실적으로 지역의 의원급 의료기관에서는 간호조무사가 간호사보다 많이 일하고 있다.

구 분	종합 병원	병원	치과 병원	한방 병원	의원	치과 의원	한의원	부속 의원	조산원
간호사	113,305	58,163	135	1,866	14,793	412	964	416	0
간호 조무사	13,130	51,787	350	2,219	74,173	17,583	16,168	71	10

자료 출처 : 보건복지부, 2019 보건복지통계연보

이는 의료기관에서 수행하는 업무의 내용과 밀접한 관계가 있는 것으로 지역의 의원 중에 1차 의료기관으로 주로 외래환자를 진료하고 있는 곳에서는 전문적인 간호 업무가 그다지 필요하지 않기 때문이다. 이는 요양병원도 마찬가지라 할 수 있다. 의료기관에는 일정한 수의 의사와 간호사를 두도록 법률로 정하고 있는데 간호사는 간호조무사로 대체할 수 있다.

– 요양병원:

– 의원, 치과의원 및 한의원:

■ 간호사와 간호조무사는 업무적으로 유사하므로 의료기관의 등급과 간호 서비스의 수준에 따라 간호조무사가 간호사의 업무를 대체하기도 한다. 그러면 간호사의 업무와 간호조무사의 업무는 어떠한 차이가 있을까요? 그리고 종합병원의 경우에는 간호사의 수가 간호조무사에 비해 많은 이유는 무엇일까? (의료법 제2조, 제80조의2를 참조하십시오)

□ 남성 간호사

우리 사회에서 간호사라고 하면 보통 여성에게 어울리는 직업이라고 생각하였지만 1962년에 첫 남성 간호사가 탄생한 이후 2004년까지 총 829명의 남성 간호사가 배출되었다. 그런데 2005년부터는 그 수가 크게 늘어 2013년에는 1,000명 이상의 남성 간호사가 배출되었고 2017년에는 2,000명 이상이 간호사 자격시험에 합격하였다. 오늘날까지 총 17,863명의 남성 간호사가 배출되어 오랫동안 여성들 중심의 직업 영역이었던 간호 업무에 남성들이 빠른 속도로 진출하고 있다. 그리고 그 속도는 앞으로 더 빨라질 것으로 봅니다.

이러한 현상은 간호 업무에 있어서 남성의 역할이 필요하기 때문이라 할 수 있다. 그러면 간호 업무에 있어서 남성 간호사도 여성 간호사와 똑같은 업무를 수행하는데 어떤 측면에서 남성 간호사가 긍정적인 역할을 한다고 생각합니까? 남성 간호사들이 간호 업무에 종사하는 비율이 늘어나면서 간호 업무와 여성 간호사들에 대한 일반인들의 인식에 많은 변화를 가져오고 있으며 동시에 간호 업무의 전문성 향상에도 많이 기여하고 있는 것 같다.

〈남성 간호사 연도별 현황〉

구분	2005년	2010년	2015년	2016년	2017년	2018년	2019년
전체 합격	11,643명	11,857명	15,743명	17,505명	19,473명	19,927명	20,622명
남성 합격	244명	642명	1,366명	1,733명	2,134명	2,344명	2,843명
남성 비율	2.1%	5.4%	8.7%	9.9%	11.0%	11.8%	13.8%

자료 출처 : 한국의료보건인국가시험원 연도별 국가시험합격률, 2015 보건복지통계연보, 간호사신문 제2002호

그런데 남성 간호사들의 비중이 갈수록 높아지고 있지만 아직은 소수이다. 그래서 알게 모르게 남성 간호사가 겪는 직업적인 고충도 많을 것이다.

하지만 현직 남성 간호사를 대상으로 한 설문조사에서 남성 간호사들은 간호 업무 자체가 남성에게 더 적합하다고 생각하며 보건의료업계에서 보다 긍정적인 역할을 할 수 있다고 생각하는 것으로 나타나 앞으로 간호업계에서의 남성 간호사의 역할 증대와 더불어 간호 업무의 전문성 확립에도 긍정적인 기여할 것으로 기대한다.

■ 여성 간호사와 다른 남성 간호사의 특성과 의료계 내에서 의사와 간호사의 업무 관계를 중심으로 생각해보고 나름대로 의견을 2가지 이상 적어보세요.

의견 1
_____
_____

의견 2
_____
_____

■ 남성 간호사가 남성이기 때문에 겪는 힘든 점으로는 어떤 것이 있을까요? 상식적으로 생각하여 2가지 이상을 적어보세요.

생각 1 _____

생각 2 _____

□ 전문간호사

의사 자격에 일반의와 전문의가 있는 것처럼 간호사도 일반 간호사 외에 전문간호사 제도가 있다. 전문간호사는 특정 분야에 있어서 전문적인 간호 지식과 기술을 가진 간호사로 보건복지부 장관이 인정한 간호사이다.

2000년부터 시행된 전문간호사(Advanced Practice Nurse, APN)는 '전문간호사 자격인정 등에 관한 규칙' 제2조에 따르면 현재 총 13개 전문 분야로 나누어져 있다. 한국간호교육평가원과 보건복지부의 통계자료에 의하면 2019년까지 전문간호사 자격을 취득한 사람은 총 15,718명이라고 하는데 가장 많은 전문 분야는 가정 분야로 6,537명이고 가장 빠르게 증가한 전문 분야는 임상 분야라고 한다.

가장 많은 전문 분야	1위 가정 6,537명	2위 노인 2,361명	3위 보건 2,052명
가장 빠르게 증가한 분야	1위 임상 35.38%	2위 아동 28.64%	3위 종양 23.23%

(자료 출처 : 한국간호교육평가원 전문간호사 배출 현황, 보건복지부, 보건의료 인력 실태조사, 2018. 12., p.268)

전문간호사가 되기 위해서는 10년 이내에 해당 간호 분야 간호사로 3년 이상 경력을 쌓은 후 보건복지부 장관의 지정을 받은 전문간호사 양성교육기관(대학원 수준)에서 2년 이상 교육받은 다음 한국간호교육평가원에서 시행하는 전문간호사 시험에 합격해야 한다.

■ 현재 분야별 전문간호사 교육기관으로 지정받은 교육기관의 수와 학생 입학 정원에 대해 알아보세요. ('한국간호교육평가원 > 전문간호사 교육기관 지정 및 관리 > 전문간호사 교육기관 지정 현황'을 다운로드를 한 뒤에 참고하십시오.)

전문 분야	마취	보건	가정	정신	감염관리	노인	산업
교육기관							
학생 수							

전문 분야	응급	중환자	호스피스	종양	아동	임상	합계
교육기관							
학생 수							

■ 다음의 일을 하는 전문간호사는 누구일까요? 해당 전문 분야를 적어 넣으세요.

가정을 방문하여 환자의 상태를 살피고 이에 맞는 가정간호 계획을 수립하여 간호 서비스를 제공하거나 병원에서 퇴원하였지만 계속 간호 서비스가 필요한 환자나 거동이 불편하여 병원에 올 수 없는 환자의 가정을 방문하여 의사의 지도하에 의료서비스나 간호 서비스를 제공한다.	————— 전문간호사
의료기관 내의 감염을 예방하고 관리하는 일을 하는데 특히 직원들의 감염 예방에 주력하며 병원 환경을 청결하게 유지 관리하고 감염이 의심스러울 때는 역학조사를 실시하여 그 원인과 경로를 파악하고 소독 및 감염 예방조치를 취한다.	————— 전문간호사
노인에게 발생하는 여러 가지 질병의 예방 및 치료와 관련한 전문적 지식을 가지고 외래진료소, 노인보호소, 양로원, 요양원, 병원 등에서 노인을 대상으로 건강 문제 해결, 재활치료 및 치매와 같은 노인성 질병 치료프로그램 운용을 돕다.	————— 전문간호사
수술이나 진단을 위해 환자를 마취할 경우 필요한 장비와 물품을 준비하고 의사의 지시에 따라 마취 시행을 도우며, 마취 환자의 상태를 살펴 의사가 비정상적인 상황에 즉각 대처하도록 한다. 또한 환자가 안전하게 마취에서 회복할 수 있도록 필요한 간호 서비스를 제공한다.	————— 전문간호사
지역사회의 주민이나 기관을 대상으로 질병 예방, 보건 교육, 건강 증진을 위한 활동을 하는 전문간호사로 환자보다는 건강한 사람을 대상으로 질병 예방 중심의 일을 하기 때문에 공중보건에 대한 많은 지식을 갖추어야 한다.	————— 전문간호사
산업체에 근무하는 근로자들의 건강관리와 응급의료서비스를 위하여 사업장의 건강관리실에 근무하거나 순회 근무를 하면서 근로자의 건강관리, 보건 교육, 작업 환경 및 위생 관리, 사업장 안전보건 체계 수립 등의 일을 한다.	————— 전문간호사
긴급을 요하는 응급의료 분야의 전문적 지식과 기술을 가지고 응급실로 들어오는 환자 중 증상이 비교적 가벼운 경우에 의사의 진료를 거치지 않고 정해진 처치 규정에 따라 즉각적으로 조치하는 전문간호사로 응급실에 근무하는 일반간호사와는 다르다.	————— 전문간호사
정신병이나 알코올 또는 약물중독과 같은 정신 질환 및 장애 환자를 치료하는 의료기관이나 요양시설 또는 일반 병원의 해당 부서에 근무하면서 약물 및 심리치료법을 활용하여 환자를 치료하는 일을 돕고 관리하는 전문간호사이다.	————— 전문간호사
인체 내에서 발생하는 여러 가지 종양에 대한 전문적 지식과 경험을 통하여 암 환자에게 필요한 간호 서비스를 제공하며 암 환자나 가족들에게 치료 과정이나 시술 방법 등에 대하여 설명하고 암 예방 교육이나 상담 등의 활동을 한다.	————— 전문간호사
병원의 중환자실에 주로 근무하면서 부상이나 질병의 정도가 심각한 중환자를 대상으로 간호 서비스를 제공하는 전문간호사로 중환자실에서 사용하는 의료기기뿐만 아니라 쇼크나 심폐 정지와 같은 상황에 대처하는 전문적 지식도 가져야 한다.	————— 전문간호사
의학적 치료로는 더 이상 회복시킬 수 없는 말기 환자들이 인간으로서의 존엄성을 바탕으로 죽음을 맞이할 수 있도록 신체적, 정서적 안정이나 편안한 죽음을 위해 통증 조절 및 증상 완화를 위주로 간호 활동을 하고 가족들의 심적 준비를 돕다.	————— 전문간호사
의료적 지식뿐만 아니라 아동심리학이나 발달심리학적 지식도 함께 갖추어 육체적으로나 정신적으로 성장 과정에 있는 아동 및 청소년 환자들이 의료서비스에 대한 거부감 없이 최상의 진료를 받을 수 있도록 간호 활동을 한다.	————— 전문간호사

다른 전문간호사처럼 전문 분야가 따로 있지 않다. 일반적으로 간호 활동에 대한
보다 전문적인 지식을 가지고 병원 입원 환자를 관리하고 임상 증상을 관찰하여   _____ 전문간호사
효율적인 치료가 이루어지도록 하는 전문간호사이다.

▫ 간호사가 일하는 모습

간호사가 주로 일하는 곳은 의료기관, 즉 병원인데 입원 환자가 있는 병원과 없는 병원에 따라 간호사
가 하는 일은 같지 않다.

일반적으로 1차 진료 기관에 속하는 지역의 의원급 병원의 경우에는 대체로 입원 환자가 없이 외래환
자만 진료하기 때문에 간호사들은 진료 시작 약 1시간 전에 출근하여 환자 진료를 위한 준비를 한다.
그리고 진료 시간 중에는 환자를 접수하고 안내하며 의사의 지시와 감독하에 필요한 진료 보조업무를
수행한다. 병원에 따라 다르지만 대개 12시에서 오후 2시 사이에 1시간 정도의 점심시간을 갖고 오후
진료 업무를 봅니다.

오후 진료는 대개 6~7시 사이에 끝나는데 환자 접수는 이보다 이른 오후 5시 30분이나 6시에 마감한
다. 그리고 의사의 진료가 끝나면 소모품 조사를 하고 진료실과 사무실을 정리한 다음 퇴근한다.

주말과 공휴일에는 쉬지만 토요일에는 오후 4시까지 근무하거나 점심시간 없이 오후 2시까지 근무하기
도 한다. 간혹 병원에 따라 밤늦게까지 진료하거나 주말과 공휴일에도 진료하는 경우가 있는데 이 경우
에는 다른 간호사를 채용하거나 순번대로 돌아가면서 연장 근무를 하기도 한다. 종합병원처럼 야간당직
근무를 하거나 비상근무를 하지 않기 때문에 업무로 인한 일상생활에 지장이 없지만 대신 보수가 적다.

종합병원은 간호사의 일하는 모습이 의원급 병원과는 완전히 다르다. 또 종합병원 안에서도 외래진료
팀이냐 병동팀이냐에 따라 근무 방식이 다르다. 외래진료팀은 일반 직장인들처럼 오전 8시쯤 출근하고
오후 7시쯤 퇴근하며 진료가 없는 휴일이나 공휴일에는 쉰다. 그러나 병동팀은 입원 환자를 간호해야
하므로 24시간 계속 근무해야 한다. 보통 3개 팀으로 나누어 8시간씩 24시간 돌아가면서 순번에 따라
근무하는데 보통 한 달 주기로 주간 근무와 야간 근무를 교대한다. 주말이나 공휴일 없이 근무, 대기,
비번의 순서대로 일하고 휴식한다. 그래서 주·야간의 생활 리듬뿐만 아니라 휴일과 평일의 개념이 깨어
져 비번일 경우에 휴식을 하더라도 많이 힘들다고 한다.

종합병원의 간호사들은 특별한 사유가 없는 한 외래진료팀과 병동팀을 순환적으로 근무하는데 병동팀

근무는 보수가 많이 지급된다고 한다. 사회에서 간호사가 힘든 직업이라고 이야기하는 것은 바로 이러한 병동 근무 간호사의 경우라 하겠다.

간호사의 직급은 정해진 것이 없고 병원에 따라 다른데 종합병원의 실무팀의 경우에는 보통 수습간호사, 간호사, 주임간호사 또는 책임간호사, 수간호사 등의 직급이 있고 그 위에 행정을 담당하는 간호과장과 간호부장 등의 직책이 있다.

대학 간호학과를 졸업하고 병원에 취직하면 보통 1년 동안 수습간호사로 근무를 시작하여 간호사를 거쳐 4~5년이 지나면 주임간호사 또는 책임간호사가 되고 10~15년 정도 지나면 수간호사가 되는데 그 기간과 방법은 병원에 따라 다르다.

간호사의 꽃이라 불리는 수간호사는 일정 기간 이상의 경력을 쌓은 간호사 중에서 시험을 통하여 선발하는데 병원의 규모가 작은 경우에는 시험 없이 수간호사로 승진하기도 한다. 수간호사는 간호 실무에 있어서 최고 정상에 있는 사람으로 간호 업무 자체보다는 간호사들을 지휘하고 통솔하며 간호 현장에서 발생하는 문제들을 해결하는 일을 주로 한다.

수간호사 위로는 간호과장이나 간호부장이 있지만 이들은 간호 행정을 주로 맡아서 하며 간호 실무에는 종사하지 않는다. 하지만 규모가 작은 개인병원에서는 이러한 직급체계가 적용되지 않으며 대개 병원의 사정에 따라 적당한 직책이 부여되고 있다.

간호사는 병원간호사 이외에 이상과 같은 직업도 가질 수 있다. 그리고 이외에 요양원, 재활 기관, 산업체, 보육원, 사회복지관, 실버센터, 보험회사, 치료감호소, 근로복지공단 등에도 취업할 수 있다. 간호사 취업 지원과 관련해서는 대한간호협회 간호 취업 지원센터(http://www.rnjob.or.kr)를 참고할 수 있다.

■ 간호사들은 어떤 종류의 병원에 많이 근무하는지 조사하여 가장 많이 근무하는 기관 순서로 7개를 찾아 각 기관의 명칭과 근무하는 간호사 수를 적어보세요. ('대한간호협회 〉 정보자료실 〉 간호통계자료'를 참고하세요.)

1.	2.	3.	4.
5.	6.	7.	

■ 이렇게 근무하는 간호사는 평균적으로 어느 정도의 급여를 받을까요? 아래와 같이 조사하여 적어보세요.

- 인터넷에서 '간호사 월급'을 입력한 후 간호사 월급 조사
- '워크넷 〉 직업·진로 〉 직업정보 찾기 〉 간호사'를 입력한 뒤에 '검색 〉 직업정보' 찾기에서 '일반 간호사'를 선택한 뒤 임금 조사
- 간호사들의 초임 연봉에 대한 나의 생각

인터넷	1.	2.	3.
워크넷	하위	중위	상위
나의 생각(초임 평균)			

■ 종합병원 간호사와 개인병원 간호사 중 누구의 월급이 많을까요?

일반적으로 큰 병원은 병원 나름으로 급여체계를 갖추고 이 체계에 따라 간호사의 급여를 지급하지만 개인병원은 일반적으로 취업할 때 협상을 통하여 결정한다. 급여체계가 있는 경우에는 보통 5단계 혹은 9단계로 되어 있는데 일정한 기간 근무하면 직책과 상관없이 자동으로 급수를 올려 줍니다.

□ 종합병원 _____   □ 개인병원 _____

■ 개인병원 간호사가 종합병원 간호사보다 좋은 점은 어떤 것이 있을까요? 생각나는 대로 2가지 이상 적어보세요.

1. _____   2. _____

■ 다음은 간호사들이 일반적으로 행하는 간호 업무의 주요 내용들을 기술한 것이다. 이 중 아닌 것을 찾아 해당 □에 √표를 하세요.

□ 표준화된 기록양식에 환자의 정보를 기록하고 수행한 간호 활동과 평가를 기록한다.

□ 처방전 내용을 확인하고 처방전 내용에 따라 간호 활동을 수행한다.

□ 입원 시 병동 생활을 설명하고 치료와 관련된 간호계획을 설명한다.

□ 특정 환자에 대해서는 의사의 처방전이 없어도 투약할 수 있다.

□ 퇴원 시 가정에서의 자가 관리와 퇴원 후 문제 발생 시 대처 방법을 설명한다.

□ 물품 및 장비 현황을 확인하고 지침대로 보관하며 필요한 물품을 항상 확보한다.

□ 진료실과 병동 등 병원의 환경을 안전하고 청결하게 유지 관리한다.

□ 각종 병원성 폐기물은 모두 종량제 봉투에 담아 쓰레기통에 버린다.

□ 주기적으로 환자 상태를 모니터링하고 결과를 분석하며 보건·의료팀과 공유한다.

□ 검사 목적과 필요성을 확인하고 해당 환자에게 설명한다.

□ 수술 전 처치 준비 및 수술 과정의 설명 여부와 수술·마취 동의서 작성 여부를 확인한다.

□ 환자의 영양 상태를 평가하고 필요한 처방을 한다.

□ 환자의 배뇨 양상을 확인하고 필요시 인공 도뇨를 수행한다.

□ 배변 양상을 확인하고 관장을 비롯한 장루 관련 간호 활동을 수행하고 평가한다.

☐ 환자의 수면과 휴식 양상을 확인하고 수면과 휴식 증진을 위한 간호 활동을 수행한다.

☐ 환자의 호흡 상태를 관찰하고 이상이 있을 때 즉시 호흡 관련 검사를 한다.

☐ 환자의 상처 부위를 사정하고 상처 치유와 관련된 간호 활동을 수행한다.

☐ 투약의 목적, 용법, 효과 및 부작용에 대해 대상자, 가족, 돌봄 제공자에게 설명하고 투약의 원칙과 규정에 따라 투약 간호를 수행하며 그 결과를 평가한다.

☐ 환자나 가족들의 요구 사항에 따라 간호 활동을 한다.

☐ 호스피스 간호 활동을 수행하며 임종 및 관련 가족을 간호한다.

☐ 환자나 가족, 돌봄 제공자에게 질병 치료 과정에서 발생하는 간호 문제를 설명한다.

☐ 간호조무사의 간호 보조 업무를 지도한다.

■ 위와 같은 일을 하는 간호사들의 직업에 대한 만족도는 어느 정도이며 전망은 어떠할까요? (워크넷을 참조하세요.)

직업 만족도: (   )%   직업에 대한 전망: 증가   (   )%

■ 워크넷에서는 간호사의 일자리가 앞으로 많이 늘어날 것으로 보고 있는데 여러분의 생각은 어떻습니까? 해당하는 ☐에 √표를 하세요.

☐ 감소한다.   ☐ 지금과 같을 것이다.

☐ 많이 늘어날 것이다.   ☐ 모르겠다.

■ 공무원은 일반적으로 학력에 관계 없이 18세 이상의 대한민국 국민이면 누구나 채용시험에 응시할 수 있다. 그에 반해 반드시 간호사 자격증을 가지고 있어야 응시할 수 있는 공무원이 있다. 다음 중 어느 것일까요? 해당하는 ☐에 √표를 하세요.

> 간호사는 일반적으로 가장 많이 근무하는 곳은 병원이지만 병원 이외에도 취업할 수 있는 직장은 많이 있다. 그 가운데 공무원도 있다. 공무원 임용시험을 거쳐 간호직, 보건직, 보건진료직 공무원도 될 수 있고, 간호대학에서 교직과목을 이수하고 교원임용고시에 합격하면 보건교사로 근무할 수도 있으며, 전문사관 선발에 응시하여 간호장교로 복무하거나 119구급대원으로 활약할 수도 있다.

☐ 간호직 공무원   ☐ 보건직 공무원

☐ 보건진료직 공무원   ☐ 구급직 소방공무원

■ 공무원 가운데 간호사 자격증이 있어야 하는 직종이 있다. 9급 보건직 공무원의 채용시험 과목은 무엇인지 알아보세요. (공무원임용시험령 제7조 별표1을 참조하세요)

- 간호직 공무원 : 국립병원이나 국립재활원 등 국가 보건의료기관에서 채용하는 국가직과 지방자치단체에서 채용하여 시립병원이나 보건소 등에서 근무하는 지방직으로 구분되지만 공무원으로서의 지위와 보수는 같다. 최초 채용 급수는 8급이며 경력 채용일 때는 서류심사와 면접, 공개채용일 때는 필기시험을 통해 채용한다.

- 보건직 공무원 : 역시 국가직과 지방직 공무원으로 구분되는데 공무원으로서의 신분과 보수는 동일하다고 할 수 있다. 국가직은 인사혁신처에서 채용하며 보건복지부 및 그 산하 기관 또는 검역소 등에 근무한다. 지방직은 지방자치단체에서 채용하며 광역시, 도, 시, 군, 구청 또는 보건소 등에서 보건행정과 관련한 업무를 수행한다.

- 보건·진료직 공무원 : 지방자치단체에서 채용하는 8급 지방직 공무원으로 '지방 공무원 보수 규정'에 따른 봉급과 수당을 받으며 '농어촌 등 보건의료를 위한 특별조치법'에 따라 의료시설이 없는 산간·도서·벽지 주민들을 위하여 설치한 보건진료소에 근무하면서 간단한 의료서비스를 제공한다. 즉 의사는 아니지만 일정 범위 내에서 의료행위가 허용된 공무원이다. 간호사나 조산사 면허증을 가지고 보건·진료직 공무원 채용시험을 거쳐 보건복지부 장관이 실시하는 24주간의 직무교육을 받은 후 임용되는데 관할 지역 내에 거주해야 한다.

간호·보건직 종류	채용 시험과목(4지선다)
간호직	국어, 영어, 한국사, 간호관리, 지역사회간호
보건직	( )
보건·진료직	국어, 영어, 한국사, 지역사회간호학, 공중보건

■ 보건·진료직 공무원이 할 수 있는 업무는 어떤 것인지 알아보세요. ('농어촌 등 보건의료를 위한 특별조치법 시행령' 제14조를 참조하세요)

- 구급직 소방공무원 : 간호사가 구급직 소방공무원으로 취직할 때는 공개경쟁 채용 시험이 아닌 경력경쟁 채용 시험을 거쳐 소방사로 임용되어 119구급구조대에서 주로 근무하게 됩니다. 구급직 소방공무원 채용 필기시험은 객관식으로 국어, 영어, 소방학개론 등 3과목인데 영어는 소방 활동에 실질적으로 필요한 생활영어를 봅니다. 응시 자격은 20세 이상 40세 이하로 간호사 자격증을 취득한 후 2년 이상의 간호 업무 경력이 있어야 한다.

- 보건교사 : 4년제 대학 간호학과 재학 중에 교직과목을 이수하고 간호사 자격시험에 합격하면 2급 보건교사 자격증을 받게 됩니다. 하지만 간호학과에 입학한다고 모두 교직과목을 이수할 수 있는 것은 아니고 1학년 성적이 학과 전체의 상위 10% 내에 들어야 한다. 또한 간호사 자격증 시험에 합격한 경우에만 보건교사 자격증을 받을 수 있다. 그리고 지방교육청에서 시행하는 교직원 임용시험을 거쳐 국·공립 및 사립 초·중·고등학교 양호실에서 주로 근무한다. 주로 교내 안전사고 예방 및 응급처치 등 가벼운 상처를 치료하고 간단한 구급약을 투여하며 예방접종을 실시하거나 학생과 교직원들의 건강과 보건지도를 한다. 학교에 따라서는 비만 관리, 구강 관리, 금연, 응급처치, 성교육 등에 관한 수업을 하기도 하며 학교 보건위생과 관련한 행정업무 및 사업 계획을 수립하고 추진하는데 학교마다 하는 일이 조금씩 다르다. 근무시간, 정년, 보수, 연금, 휴가, 수당, 휴직, 신분 등은 교육공무원으로서 일반 정교사와 동일하다.

- 간호장교 : 간호장교가 되는 길은 국군간호사관학교를 졸업하거나 일반대학 간호학과에 진학하여 재학 중 또는 졸업 후 전문사관(육군), 학사사관후보생 또는 예비장교후보생(해군, 공군)을 지원하는 방법이 있다. 전문사관, 학사사관후보생으로 선발되거나 예비 장교 후보생으로 대학을 졸업하면 육군학생군사학교에서 군사훈련을 8주간 받은 후 간호장교 소위로 복무하는데 3년간 의무적으로 복무해야 한다. 그러나 국군간호사관학교를 졸업하고 임관하면 6년 동안 의무적으로 복무해야 한다. 국군간호사관학교에서는 2012년부터 남자 생도도 모집한다.

■ 조산사가 되기 위해서 이수해야 하는 조산 수습과정의 기간과 조산사 시험 과목에 대해 알아보세요. ('의료법 제6조'와 '한국보건의료인국가시험원 〉 시험안내 〉 조산사'를 참조하세요)

- 조산사 : 조산과 임산부 및 신생아에 대한 보건과 양호지도를 임무로 하는 조산사는 간호사 중에서 보건복지부 장관이 인정하는 의료기관에서 조산 수습과정을 마친 후 조산사 국가시험에 합격해야 한다. 그러면 별도의 조산원을 설립하여 운영할 수 있으며 종합병원이나 산부인과 전문병원 등에서 조산사로 취업할 수 있다. 2018년 현재로 조산사 면허를 가진 간호사는 모두 8,266명이다.

조산 수습과정 기간	
시험 과목(객관식)	
합격 기준	매 과목 40% 이상, 전 과목 총점의 60% 이상 득점

■ 간호사 시험은 객관식 필기시험으로 치러지는데 시험 과목과 합격 기준에 대해 알아보세요. ('한국보건의료인 국가시험원 〉 시험안내 〉 간호사 〉 시험정보 〉 시험시간표, 합격 기준'을 참조하세요)

간호사가 되기 위해서는 대학 또는 전문대학의 간호학과를 졸업하고 간호사 국가자격시험에 합격한 다음 보건복지부 장관의 면허를 받아야 한다. 2019년 현재까지 간호사 면허를 받은 사람은 총 415,539명이다. 그러면 2018년과 2019년 간호사 시험에 합격한 사람은 몇 명이나 될까요?

구분	응시자 수	합격자 수	합격률
2019년	21,391명	( )명	( )%
2018년	20,731명	( )명	( )%

('한국보건의료인 국가시험원 〉 국시원 안내 〉 연도별 국가시험 합격률 〉 간호사'를 참조하세요)

시험 과목

합격 기준

■ 간호조무사가 시험 과목과 합격 기준에 대해서 알아봅시다.

간호조무사가 되기 위해서는 고등학교 이상의 학력을 가진 사람으로서 국가에서 정한 교육과정을 이수하고 간호조무사 국가시험에 합격해야 한다. 간호조무사 국가자격시험은 한국보건의료인 국가시험원에서 1년에 상반기와 하반기 두 번 시행한다. 그리고 2018년과 2019년 간호조무사 시험에 합격한 사람은 몇 명이나 될까요?

구분	응시자 수	합격자 수	합격률
2019년 상반기	21,027명	( )명	( )%
2019년 하반기	19,571명	( )명	( )%
2018년 상반기	23,241명	( )명	( )%
2018년 하반기	19,648명	( )명	( )%

('한국보건의료인 국가시험원 〉 국시원 안내 〉 연도별 국가시험 합격률 〉 간호조무사'를 참조하세요)

시험 과목(객관식)

합격 기준

■ 2018년까지 우리나라 전체의 전문간호사 수는 각 분야별로 몇 명이나 배출되었는지 조사해보세요.
('대한간호협회 〉 정보자료실 〉 간호통계자료 〉 전문간호사 배출 현황'을 참고하세요.)

전문간호사는 보건복지부 장관이 인정하는 높은 수준의 전문적인 간호 지식과 기술을 가진 간호사라 하겠는데 그 숫자가 보건 분야를 제외하고는 매년 꾸준히 증가하고 있다. 그 중에서도 비교적 빠른 속도로 증가하고 있는 전문 분야로는 임상, 아동, 종양, 호스피스, 노인, 감염관리 등이 있다.

・전문간호사 자격시험

1차 시험	객관식 5지선다형, 시험내용(분야별 전문 과목)
2차 시험	시나리오 중심 서술형, 시험내용(분야별 전문 과목)
합격 기준	1차 시험과 2차 시험에서 각각 총점의 60% 이상 득점한 자

전문 분야	마취	보건	가정	정신	감염관리	노인	산업
교육기관							
인원 수							

전문 분야	응급	중환자	호스피스	종양	아동	임상	합계
교육기관							
학생 수							

■ 2018년과 2019년 전문간호사 자격시험에 합격한 간호사는 분야별로 몇 명인지 알아보세요. ('한국간호교육평가원 〉 기타 사업 〉 전문간호사 배출 현황'을 참조하세요)

전문 분야	마취	보건	가정	정신	감염관리	노인	산업
2019년							
2018년							

전문 분야	응급	중환자	호스피스	종양	아동	임상	합계
2019년							
2018년							

■ 내가 살아가는 지역의 대학 가운데 간호학과가 있는 대학을 2개 이상 찾아보세요. 그리고 몇 년 제 간호학과인지도 알아보세요. ('대학알리미 > 학과정보 > 키워드별 학과정보 > 간호' 입력 후 검색해보세요)

가까운 지역의 간호학과가 있는 대학	[ ]대학교	[ ]대학교
간호학과 학년제	년제	년제

5) 직업 체험과 관련한 콘텐츠(직업 체험 분야)

• 목적: 직업 체험을 하기 전에 해당 직업에 대한 선행학습을 통하여 기본적 직무 및 주요 기술과 직업 환경에 대한 지식과 정보를 가지도록 함으로써 직업 체험학습 효과를 높인다.

【구성 및 편집 사례】

제목 : 바리스타라는 직업

바리스타(Barista)의 직업 세계

Ⅰ. 바리스타란?

바리스타는 원래 커피숍에서 일하는 종업원을 뜻하는 이탈리아 말인데 오늘날에는 세계 여러 나라에서 이탈리아 말을 그냥 사용한다. 원래 바리스타(Barista)라는 이태리어는 커피숍에서 이하는 점원을 뜻하는 것으로 오늘날 여러분들이 알고 있는 바리스타와는 약간 다르다.

오늘날 여러분이 알고 있는 '바리스타'는 커피에 대한 기본적 지식은 물론이고 어느 나라에서는 어떤 커피를 생산하고 그 맛과 향은 어떠한 것인지도 자세히 알고 손님의 취향에 따라 즉석에서 입맛에 맞는 커피를 만들어 주는 커피 제조 전문가를 말한다.

이 커피와 저 종류의 커피를 섞으면 어떤 맛의 커피가 만들어지고 여기에 어떤 첨가제를 섞으면 또 어떤 맛으로 변하는지 바리스타는 이론과 경험을 통하여 많이 알고 있다. 그래서 손님에게 커피를 설명함으로써 고객 자신도 모르던 자신의 커피 취향을 찾아 주기도 한다. 그러한 과정에서 고객과 스스럼없는 대화가 이루어지기에 오늘날에는 바리스타를 커뮤니케이터(의사소통 중개자)로 분류하기도 한다. 그래서 이야기를 좋아하는 사람에게 어울리는 직업이며 사교적인 직업이라 하겠다.

그런데 요즈음은 여기서도 한 걸음 더 진화하였다. 커피가 우유를 만난 것이지요. 우유와 커피의 색깔이 다른 점을 이용하여 커피 위에 우유로 아름다운 그림을 그리거나 커피 한 잔을 사는 사람의 의사 전달 싸인을 표시하여 커피를 선사하는 사람들의 마음을 간접적으로 전하기도 하지요. 커피잔 위의 아름다운 그림은 이미 예술의 수준으로까지 발전하였답니다. 바리스타의 또 다른 창작의 영역이기도 하지요. 이러한 점에서 바리스타를 예술적 특성을 가진 직업으로 보기도 한다.

Ⅱ. 커피의 종류

커피의 종류와 특성에는 어떤 것들이 있을까요? 오늘날 우리는 커피전문점이나 편의점 또는 커피 자동판매기에서 여러 종류의 커피를 만날 수 있다. 그러면 커피 종류만큼이나 커피나무의 종류도 많을까요? 아니면 커피나무는 한 종류인데 맛을 내는 재료를 첨가해서 맛이 달라질까요?

≪품종에 따른 분류≫

사람들이 마시는 커피는 커피나무의 열매인 원두로 만드는데 보통 원두의 종류가 16가지가 된다고 한다. 이중에서 일반적으로 가장 많이 재배하는 품종은 아라비카(Arabica), 로부스타(Robusta)와 리베리카(Liberica) 3가지 품종이다.

- 아라비카: 고산지대에서 잘 자라는 아라비카는 이디오피아가 원산지이며 유기질이 풍부하고 물이 잘 빠지는 화산재 토양에서 잘 자란다고 한다. 병충해에는 약하지만 다른 품종에 비하여 향이 우수하고 맛이 좋으며 카페인 함량이 적은 편이라서 오늘날 가장 많이 재배하는 품종이다. 브라질, 콜롬비아, 이디오피아 등지에서 많이 재배한다.
- 로부스타: 로부스타는 콩고가 원산지인데 저지대에서 잘 자라며 병충해에 강하다고 한다. 그리고 커피나무 한 그루에서 나오는 커피의 생산량은 많은데 향이나 맛이 아라비카보다 좀 떨어진다네요. 그래서 다른 커피와 섞어서 맛을 내는 방법, 즉 블랜딩 커피용으로 많이 사용한다. 인도네시아, 콩고, 필리핀 등지에서 많이 재배하고 있다.
- 리베리카: 리베리아가 원산지라서 리베리아 커피라고도 불리는데 병충해에 강하고 환경에 적응하는 힘이 뛰어난 품종이다. 그러나 향과 맛이 그렇게 뛰어나지 않기 때문에 서부 아프리카 일대에서 조금 재배되고 있으며 생산량이 그렇게 많지 않은 편이다. 이러한 커피 품종들이 어느 나라에서 재배되느냐에 따라서 브라질 커피, 콜롬비아 커피 등등으로 불리는데 생산되는 지역에 따라 각각의 특색을 가집니다.

≪생산 지역에 따른 분류≫

- 브라질 커피 : 향과 맛이 강하지 않아서 주로 브랜딩용으로 사용된답니다.

- 콜롬비아 커피 : 향과 맛이 강하기 때문에 다른 커피와 섞지 않고 한 품종으로만 커피를 만드는 데 사용한다.
- 멕시코 커피 : 브라질 커피처럼 주로 다른 커피와 섞어 마시는 브랜딩용으로 사용한다.
- 과테말라 커피 : 향과 맛이 강하여 한 품종으로 커피를 만듭니다.
- 코스타리카 커피 : 부드러운 맛이 좋아서 한 품종으로 커피를 만들어 마십니다.
- 이디오피아 커피 : 독특한 향과 맛 때문에 주로 다른 커피와 브랜딩하는 커피로 사용한다.
- 자메이카 커피 : 뛰어난 깊은 맛을 가진 커피로 다른 커피와 섞지 않고 만듭니다.
- 인도네시아 커피 : 맛이 강하지만 주로 브랜딩용으로 사용한다.

Ⅲ. 우리나라 커피 시장은 얼마나 클까?

오늘날 커피 문화는 세계 곳곳으로 퍼져 서양의 고유한 문화 수준을 넘어섰다고 하겠다.

그래서 우리나라에서도 카페나 커피전문점이 급격하게 늘어났으며 바리스타 자격증을 가진 사람들도 매우 많아졌다. 2012년에만 우리나라 커피 시장이 20% 이상이 성장하였답니다. 그러면 우리나라 커피 시장의 규모는 얼마나 될까요? 시장이 클수록 사업에 참여할 여지와 경제적으로 성공할 확률이 높아지기 때문에 시장의 크기는 사업을 시작하려는 사람들이 제일 먼저 알아봐야 하는 정보이다.

그러면 우리나라의 커피 시장 규모는 어느 정도일까요? 정확한 통계자료는 없지만 국민은행 경영연구소의 자료에 의하면 2011년 우리나라 커피 시장의 규모가 약 2조 8,000억 원 정도에 달한 것으로 예상한답니다. 이는 정말로 대단한 시장이다. 스타벅스라는 외국 커피전문점이 우리나라에서 영업을 시작한 1999년에 비하면 거의 10배 이상으로 시장이 커진 것이지요. 여기에는 외국에서 커피를 수입하는 수입상들의 활동이나 도매업체들의 활동 등 커피와 관련한 모든 일들이 다 포함되어 있다. 그러면 이 중에서 커피전문점 사업은 어느 정도 차지하고 있을까요? 약 1조 원 규모라고 한다. 커피를 만들어 파는 시장의 크기가 이 정도라면 한번 도전해볼 만하지 않을까요?

그런데 우리나라 커피전문점 시장은 주로 대형 프랜차이즈 커피전문점을 중심으로 형성되고 있답니다. 처음에는 스타벅스와 같은 외국계 커피전문점이 주류를 이루었지만 2008년부터는 국내 커피전문점이 활발한 영업을 시작하면서 점차 외국계 커피전문점은 쇠퇴하고 국내 커피전문점이 시장을 장악하게 되었다.

2012년을 기준으로 주요 프랜차이즈 커피전문점 가맹 점포 수는 다음과 같다.

구분	외국계			국내계					
브랜드	스타벅스	파스쿠찌	커피빈	카페베네	엔젤리너스	할리스	이디야	탐앤탐스	투썸플레이스
점포 수	376	231	200	750	579	346	400	314	227

이외에도 수많은 개별 커피전문점이 있다. 2012년 현재 프랜차이즈 커피전문점을 포함한 우리나라 전체의 커피전문점 수는 이미 15,000개를 넘었으며 약 57,000명 이상이 여기에서 일하고 있다고 한다.

그러면 우리나라에서는 1년에 어느 정도의 커피를 외국에서 수입하고 있을까요? 관세청 자료에 의하면 2013년 1년 동안 수입한 커피는 12만 229톤인데 이를 우리나라 인구수로 계산해보면 20세 이상 성인 1인당 커피 298잔을 마시는 양이랍니다. 이러한 커피는 주로 베트남(생두), 미국(원두), 브라질(조제품) 등에서 많이 수입하는데 2011년 최고 수입량인 13만 톤을 수입한 이후 2012년에는 11만 5,000톤으로 줄어들었다가 2013년에 다시 조금 늘어났다.

《세계 주요 커피 생산국 》

- 1위 브라질
- 2위 콜롬비아
- 3위 베트남

Ⅳ. 바리스타의 월급과 직위

바리스타가 일하는 방식은 역시 두 가지가 있는데 하나는 다른 커피숍에 취직하여 일하는 것이고 또 하나는 직접 자신의 커피숍을 운영하는 것이다. 그런데 일반적으로 바리스타 자격증을 얻고 난 뒤에 바로 창업을 하는 것보다는 다른 커피전문점에서 2~3년 정도 일을 하여 경험을 쌓은 다음 자신의 커피숍을 여는 것이 시행착오에서 오는 실패를 예방할 수 있어서 좋다. 보통 그 정도 바리스타로 일하면 체인점의 경우에 점포 매니저로 승진하여 관리 일을 볼 수 있을 만큼 경험이 쌓이기 때문이지요.

처음 바리스타로 취직하면 비정규직인 경우가 많은데 말하자면 파트타임으로 일하는 아르바이트 정도라 볼 수 있다. 그러다가 경력이 쌓이면 정규직으로 바뀌기도 한답니다. 체인점일 경우 점장, 부점장, 매니저 정도가 정규직이며 그 밖의 직원들은 보통 비정규직이다. 다 같은 바리스타라도 어떤 사람은 정규직이고 어떤 사람은 비정규직이며 또 어떤 사람은 아르바이트로 일한답니다.

이들은 일반적으로 하루에 3교대로 일하는데 보통 5시간 정도 근무한다. 회사에 따라 근무 방식이 조금씩 다르지만 정규직이던 비정규직이던 구분 없이 이렇게 돌아가면서 일하는 경우가 많다. 그래서 정규직 바리스타일지라도 일하는 시간을 보고는 정규직인지 비정규직인지 구분을 할 수 없는 경우가 많지요. 다만 내부적으로 업무를 관리하고 통제하는 일은 정규직이 맡아서 하고, 비정규직은 실무적인 일을 하는데 매일 근무하는 경우도 있겠지만 주 3~4일 정도 출근하는 식으로 일한답니다.

보통 한 커피숍에서 4~5명의 직원이 일하는데 주말에는 손님들이 많다보니 평일보다 많은 직원이 근무한다. 그래서 부족한 일손을 채우기 위해 아르바이트를 채용하지요. 일반적으로 직원을 정규직, 비정규직 혹은 아르바이트로 나누어 채용하는 것은 인건비로 지출되는 비용을 줄이기 위해서이다. 그런데 비정규직에게는 시간당 급여만 주고 월급 이외의 다른 수당들은 주지 않아도 된다는 점을 악용하여 일정한 수의 정규직을 채용해야 함에도 불구하고 정규직 대신에 비정규직을 뽑아 운영하는 경우도 많다. 이런 방식과 생각은 정말 잘못된 것이지요.

이러한 문제점들은 앞으로 바리스타 제도가 정착되면 어느 정도 해결될 것으로 기대됩니다. 하지만 현실적으로 볼 때 커피전문점에 취직할 경우에 바리스타가 받는 월급은 그다지 많은 편이 아니라 하겠다.

한 조사연구에 의하면 취직한 지 2~4년 된 정규직 바리스타도 월급이 190~200만 원 정도에 불과하며 비정규직으로 일할 경우에는 이보다 훨씬 적다고 하겠다. 결국 일한 날짜 수와 시간 수에 시간급을 곱하면 비정규직의 한 달 월급이 되는데 정말 얼마 되지 않는다. 그래서 비정규직 바리스타로 취직하는 것은 경험을 쌓는 의미는 있겠지만 생활 수단으로서는 문제가 있다고 하겠다.

시간당 최저임금 (근로자의 생활 안정을 위해 국가가 정한 최저 기본 임금)	2018년	2019년	2020년	2021년	2022년
	7,530원	8,350원	8,350원	8,720원	9,160원

하지만 커피를 좋아하는 사람들이 늘어나고 고급 커피를 즐기려는 문화가 퍼져나가고 있으니 바리스타의 앞길은 유망하다고 하겠다. 지금의 문제는 내일이면 풀릴 것이다.

V. 바리스타가 되려면

- 프로 직업정신이 필요
- 편안한 스토리텔러가 되어야
- 부드럽지만 철저한 서비스 정신이 필요

바리스타가 하는 일(주요 직무)

바리스타가 하는 일은 크게 경영인으로서 매장을 운영하는 일과 커피를 만드는 일로 대별할 수 있다. 경우에 따라서는 전문 경영인이 경영을 맡기도 하지만 일반적으로는 바리스타가 하는 사례가 많지요. 커피전문점의 규모가 몇몇 특수한 경우를 제외하면 전문 경영인을 별도로 둘 만큼 크지 않기 때문이다. 그래서 커피를 만들면서 매장을 운영하기도 한다. 여러 명의 바리스타가 일할 경우에는 가장 직위가 높은 사람이 경영도 함께 하는 것이 보통이다.

I. 커피 음료 제조

◎ 커피 기계 사용 하기	바리스타가 해야 할 가장 기본적인 업무 중의 하나로 커피 기계의 구조와 작동 원리를 이해하고 사용법을 익혀 원하는 커피를 만들어낼 수 있도록 하는데 목적이 있다. 이 일은 크게 커피 기계의 사용법을 익히는 것과 커피 기계를 관리하는 일로 나누어지지요. • 커피 기계 사용법 익히기: 커피 기계 사용설명서를 잘 읽고 그 성능을 확인한 후 원하는 커피를 추출하는 조건들을 익히고 조작한다. • 커피 기계 관리하기: 원하는 커피를 추출하기 위하여 기계의 상태를 점검하고 성능이 떨어진다거나 오염되었을 때는 즉시 교체 수리하거나 씻어서 기계가 항상 동일한 성능을 유지하도록 함으로써 바리스타가 원하는 커피를 만들어 낼 수 있도록 하는 데 목적이 있다.	

◎ 커피로 스팅 하기	커피 로스팅은 커피 생두(커피 열매 씨앗)에 열을 가하여 볶는 것을 말하는데 같은 생두라도 볶는 정도에 따라 맛과 향이 달라집니다. 그래서 바리스타는 로스팅에 대한 지식과 기술을 익혀야 한다. 그러나 오늘날 대부분의 커피전문점에서는 로스팅을 거친 커피 원두를 구매하여 사용하기 때문에 바리스타는 커피의
◎ 커피로 스팅 하기	볶은 정도를 색깔로 구분할 수 있으며 그 정도에 따라 맛과 향이 어떻게 다른지를 알아야 한다. 바리스타가 간혹 직접 생두를 볶아서 커피를 만들기도 하지만 이는 보다 수준 높은 단계에서 할 수 있는 작업이다. 이러한 로스팅의 지식과 기술은 커피 브랜딩의 기본이 된답니다.
◎ 커피 브랜딩 하기	커피는 생산지나 품종에 따라 맛과 향이 다르다. 그래서 좋은 품종을 좋은 생산지에서 재배하여 생산한 원두는 그 원두만으로 커피를 만듭니다. 그렇지 못한 경우에는 맛이나 향이 좋은 다른 커피 원두와 섞어서 커피를 만들지요. 이렇게 하는 이유는 일반적으로 맛이나 향이 그다지 좋지 못한 품종의 경우에는 병충해에 강하고 지역의 자연환경에 잘 적응하며 생산량이 많기 때문이다. 재배하기가 상대적으로 쉽고 생산량이 많지만 맛이나 향이 별로이기 때문에 이를 보완하기 위하여 좋은 커피와 섞는답니다. 이렇게 섞는 것을 브랜딩이라고 하는데 섞는 원두의 종류나 비율에 따라 다른 커피가 만들어진답니다. 그래서 바리스타는 브랜딩에 대한 지식과 기술이 뛰어나야 한다.
◎ 커피 그라인딩 하기	커피를 잘 추출할 수 있도록 원하는 커피에 따라 적당한 크기로 잘게 부수는 작업을 말하는 데 그라인더라는 기계를 사용한다. 따라서 커피 그라인더의 구조와 특성 및 작동법을 잘 익혀 원두를 원하는 정도의 크기로 갈 수 있어야 한다. 커피의 맛은 어떻게 그라인딩하느냐에도 영향을 받거든요. •자동, 반자동, 수동 방식의 그라인더를 작동할 수 있어야 한다. •원두의 상태에 따라서 커피 원두의 입자 크기를 조절할 수 있어야 한다. •커피 추출 방식에 따라 적당한 입자 크기를 선택할 수 있다. •커피 종류별 적정 수준의 입자 크기를 알아야 한다. •입자의 크기에 따라 커피 추출 시간을 조절할 수 있어야 한다. •원두를 원하는 크기로 갈기 위하여 그라인더를 조정할 수 있어야 한다. •추출하는 커피의 양에 따라 그라인딩하는 원두의 양을 판단할 수 있어야 한다. •사용 후 그라인더를 깨끗하게 청소한다.
◎ 커피 추출 하기	다양한 커피 추출 기구를 사용하여 마시는 커피를 만드는 기술이다. 물론 커피의 볶은 정도나 브랜딩 또는 그라인딩에 따라 커피의 맛과 향이 다르지만 추출하는 방식에 따라서도 달라집니다. 그래서 여러 가지 커피 추출 방식의 특성과 기술을 잘 익혀야 한다. 추출 방식에 따라 커피 원두를 분쇄하는 정도도 다르고 사용하는 기구나 물의 온도 등도 다르다. 커피의 종류에 따라 각기 어울리는 방식으로 커피를 만들면 커피의 참맛을 느낄 수 있답니다.
◎ 카페 라떼 아트	커피의 색깔과 우유나 우유 거품의 흰색을 이용하여 커피 위에 싸인이나 간단한 그림을 그리는 기술을 말하는데 오늘날 바리스타의 새로운 영역으로 급부상하고 있다. 맛있는 커피에서 한 걸음 나아가 보기에도 아름다운 커피로 변신을 꿈꾸는 기법이지요. 라떼아트로 인하여 커피의 새로운 세계를 개척하는 중이다. 요즈음은 우유 외에 초콜릿이나 캐러멜 소스 또는 시럽 등을 사용하여 여러 가지 색깔을 표현하기도 한다.

Ⅱ. 매장 경영

◎	기자재 관리 하기	커피 제조와 관련된 여러 가지 기계나 도구들을 점검하여 항상 정상적인 성능을 발휘하도록 유지 관리해야 한다. 그래야만 고객이 원하는 일정한 맛과 향을 지닌 커피를 만들 수 있는 것이다. 커피의 맛이 수시로 변한다면 단골 고객을 확보하는 것이 어려워질 것이기 때문에 항상 같은 맛과 향을 유지한다는 것은 중요한 사항 중의 하나라 하겠다. 이는 곧 커피의 특성화로 이어져 경쟁력을 갖게 되는 것이지요. 그런데 기자재를 관리할 때는 항상 위생 문제에 신경을 써야 한다.
◎	재고 관리 하기	매장에서 사용하는 기자재 및 부품, 커피 원두, 우유를 비롯한 부재료, 기타 식재료 등의 재고를 수시로 파악하여 부족할 때는 즉시 보충하여야 일에 차질이 발생하지 않는다. 또한 모든 식자재는 항상 신선한 상태로 보관하고 위생 관리를 철저히 해야 하지요.
◎	영업 및 경영 분석 하기	커피전문점의 매출을 높이고 수익률을 향상시키기 위하여 정기적으로 영업 활동을 분석하여 대처하는 역량을 가져야 한다. 이를 위해 매일 영업 활동의 내용을 기록해두어야 하며 원가계산법이나 수익분석법을 알아야 하지요. 또한 다른 커피전문점의 영업 활동을 조사하여 경영에 참고하며 근로기준법을 기준으로 직원들의 근무 상황을 파악할 수 있어야 한다.
◎	위생 관리 하기	식품위생법 및 관련 법규에 따라 바리스타 자신의 위생 상태를 청결히 할 뿐 아니라 매장 및 모든 기자재의 위생 상태를 정기적으로 점검하여 항상 깨끗한 느낌을 주도록 해야 한다. 특히 고객 서비스에 제공되는 용품들의 위생처리는 꼼꼼하게 해야 한다. 위생문제는 바로 가게의 이미지와 직결되기 때문에 정말 중요한 사항이다.
◎	고객 서비스 하기	바리스타는 커피 판매를 통하여 경제적인 수입을 만들어내는 직업인이라 하겠다. 그래서 바리스타의 성공 여부는 수익 창출의 정도로 평가할 수 있지요. 그런데 수익을 올리려면 무엇보다 고객이 많아야 할 것이다. 따라서 바리스타로서의 성공은 고객을 얼마나 확보하느냐에 달려 있다고 하겠다. 고객의 입장에서 고객을 위한 친절한 서비스가 중요한 이유이다. 커피의 맛 못지않게 고객 서비스 또한 고객을 끌어모으는 주요한 수단이랍니다.
◎	이벤트 기획 하기	커피전문점의 발전과 고객 확보를 위하여 바리스타는 다양한 이벤트를 기획할 수 있다. 특히 계절이 바뀌거나 명절 또는 국경일에 맞추어 흥미로운 테마로 특별한 행사를 개최하는 것은 경영에 있어서 아주 중요한 방법 중 하나이다. 이때 지역사회와 지역민들의 특성을 잘 파악하여 활용한다면 좋은 결과를 가져올 수 있답니다.

체험학습 체크리스트

Ⅰ. 커피 기계와 도구 사용법 학습 항목(관찰 설명)

1. 커피 기계의 부품별 명칭, 용도 및 사용법	
2. 커피 그라인더의 작동 원리와 사용법	
– 자동식 분쇄기	
-- 수동식 분쇄기	

3. 더치 메이커의 작동 원리와 사용법	
4. 커피 사이폰의 작동 원리와 사용법	
5. 핸드 드립 도구의 명칭, 작동 원리 및 사용법	
6. 이브릭 커피 도구의 명칭, 작동 원리 및 사용법	
7. 라떼아트 도구 명칭과 사용법	
8. 스텐실 도구 명칭과 사용법	

Ⅱ. 커피 그라인딩 학습 항목(시범과 체험)

1. 자동식 그라인더(시범과 설명)	
– 커피 원두 사용량 조절	
– 커피 입자 크기 조절	
2. 수동식 그라인더(체험)	
– 커피 원두 사용량 조절	
– 커피 입자 크기 조절	
– 작업 후 정리 및 그라인더 청소	

Ⅲ. 커피 추출법 학습 항목(체험)

1. 커피 기계 추출법	
– 추출량 조절	
– 온도 조절	
– 압력 조절	
– 필터 홀더 찌꺼기 제거 및 세척 정리	
2. 핸드 드립 추출법	
– 추출량 조절 34	
– 물의 온도 조절	
– 뜸들이기 및 추출 시간 조절	
– 필터 교체	

Ⅳ. 커페라떼아트 학습 항목(체험)

1. 에칭 실습	
– 이미지 디자인(이미지 사례 예시)	
– 에칭 순서	
– 초코 데코 작업	

2. 스텐실 실습	
– 이미지 선택	
– 초코 작업	
– 도구 세척 정리	

체험학습 활동 설문지

1.	바리스타는 시민들에게 무엇을 제공하는 사람일까요?	
2.	커피를 많이 생산하는 나라는 어느 나라이며 그 나라 커피의 특징은 무엇일까요?	
3.	만일 바리스타가 된다면 개인 커피전문점과 프랜차이즈 커피 전문점 중에서 어느 방식으로 일하고 싶습니까?	
	그리고 그 이유는 무엇입니까?	
4.	로스팅, 그라인딩, 브랜딩, 라떼아트는 무슨 말일까요? 그리고 브랜딩은 왜 할까요?	
5.	흥미로운 커피 추출 방식이 있었습니까?	
	만일 없다면 혼자서 생각하는 기발한 추출방식이 있습니까?	
6.	플라워 카페처럼 다른 직업과 연결한 융합형 또는 창조형 미래 커피전문점을 만든다면 어떤 식으로 만들겠습니까?	
7.	커피를 만들거나 서비스하는데 로봇이나 드론을 사용하면 어떨까요?	
	음식을 장식하는 것처럼 커피도 장식하면 안 될까요?	
8.	오늘 체험학습으로 바리스타에 대해 다른 사람에게 자신 있게 말할 수 있겠습니까?	

바리스타 체험학습 지도안

〈제1차시 지도안〉

과목명	바리스타 직업 체험
직업분류	식음료 서비스
대상	자유학기제 중학생
수업 시간	50분
수업 형태	일체식 수업 (강의와 시험)
학습 주제	바리스타는 어떤 직업인가?
학습 목표	• 커피 산업의 개요를 파악한다. • 커피 기계와 주요 도구들의 사용법을 알게 한다. • 주요 커피 추출법을 보고 이해한다. • 카페라떼의 기본 기술을 보고 이해한다.
학습 준비물	체험 교재, PPT 자료, 프로젝트 세트, 커피 기계, 에칭 및 스텐실 도구, 커피 원두, 커피 그라인더 2종, 필터, 핸드 드립 도구
유관 직업	소믈리에, 바텐더, 제다사, 식음료 서비스업

학습 단계	학습 내용	교수 · 학습 활동		시간	자료 및 유의점
		교수	학습		
도입	동기 유발	• 바리스타는 무엇? • 바리스타는 재미있을까? • 그러면 돈을 많이 벌까?	• 커피를 만드는 직업인 • 2~3명 의견 발표	5분	PPT 영상 자료
	학습 목표 제시	• 커피 산업과 국내 커피 시장 규모와 환경을 파악하고 이해 • 커피 기계와 주요 도구들의 사용을 이해하고 커피 추출 제시 기법 및 카페라떼 기술을 보고 이해			

| 전개 | 학습
활동
안내 | 학습 활동과 순서 설명
• 설명과 질의응답: 커피 산업, 바리스타 활동, 커피 기계 및 주요 기법을 설명하고 질문에 답한다.
• 시범과 질의응답: 그라인딩, 커피 추출, 라떼아트 시범을 보이고 질문에 답한다.

□ **커피 산업과 바리스타의 업무를 설명한다.**
※ 도입 단계에서 질문에 대한 대답을 이어 설명한다.
　－ 바리스타란?
　－ 커피와 커피 시장의 규모
　－ 바리스타의 주요 업무 : 경영 분야와 기술 분야에 대한 개략적 설명
　－ 바리스타의 근무 환경과 월급
　－ 바리스타 자격증과 교육기관

□ **커피 기계의 사용법을 설명한다.**
　－ 에스프레소 기계 사용
　－ 수동식 및 자동식 그라인더 사용
　－ 에칭 도구 및 스텐실 도구 사용
　－ 커피 기계 세척 관리법

□ **커피 추출 및 라떼아트 기법을 설명하면서 시범을 보인다.**
　－ 기계 드립
　－ 핸드 드립
　－ 더치 커피
교재와 기구를 보면서 설명을 듣고 의문이 있을 경우 질문한다. | | 35
~
40분 | 커피 산업과 시장의 도표
• 더치 커피는 영상　자료를 이용
• 에칭 스텐실 드립의 영상 |
| 정리 | 정리
및
차시
예고 | 바리스타의 문제점과 가능성에 대하여 요약 정리하며 차시 체험 실습에 대해 예고한다. | 자신의 직업 적성을 생각하며 다음 시간의 체험을 기대한다. | 5분 | 플라워 카페 영상 |

〈제2차시 지도안〉

학습 단계	학습 내용	교수 · 학습 활동		시간	자료 및 유의점
		교수	학습		
도입	동기 유발	1차시에 배운 내용을 상기시키면서 바리스타의 일 중 무엇을 체험해보고 싶은지를 질문한다.	• 커피를 만드는 법 • 카페라떼	5분	안전 문제 강조
	학습 목표 제시	커피 추출 및 카페라떼 방법에 대해 1차시 내용을 간략하게 소개하고 실습 과정에서 주의할 점을 설명한다.			
전개	학습 활동 안내	**학습 활동과 순서 설명** • 체험할 내용과 진행 절차를 설명한다. • 팀별 작업 방법을 설명하고 각자 역할과 순서를 결정한다.		35 ~ 40분	• 스팀을 이용한 우유 거품을 만든다. • 순회 지도를 한다. • 서로 협의하여 역할과 순서를 정한다. • 안전사고의 예방에 유의
		□ **체험 장비 확인** 팀별로 갖추어진 장비와 도구에 대해 간략하게 설명하면서 수량을 확인시킨다. □ **커피 추출 체험** 커피 추출 방법의 종류와 작업 진행에 대하여 설명한다. – 기계식 추출을 위한 분쇄 원두와 수동식 그라인더를 위한 미분에 원두를 팀 인원별로 배분한다. – 기계식 추출과 원두 그라인딩을 지시한다. ※ 기계식 추출을 하는 학생 이외에는 원두를 그라인딩한다. – 순서대로 기계식 추출을 실습하며 그라인딩이 먼저 끝난 학생은 핸드 드립을 하도록 지시한다. □ **카페라떼 체험** – 각자 두 컵의 커피를 추출하는데 먼저 추출한 차례대로 스텐실 작업을 지시한다. – 두 번째 커피로는 라떼아트를 하게 한다. 이때 우유 거품은 교사 또는 보조교사가 만들어 분배한다.	• 자신의 차례나 그라인딩 완성에 따라 기계 드립이나 핸드 드립을 행한다. • 1차 커피로 스텐실 작업을 행한다. • 2차 커피로 라떼아트를 행한다. 2차 커피가 완성되면 교사에게 우유 거품을 받아온 다음 에칭을 실습한다.		

| 토의 및 평가 | □ 체험활동에 대한 느낌과 의문점에 대해 2개 팀 이상이 발표하도록 유도한다.

□ **평가 방법**
– 1차적으로 추출된 커피의 색깔과 라떼아트의 상태를 보고 상중하로 평가한다.
– 2차적으로 학생이 작성한 학습지로 평가한다고 예고하며 퇴실 전에 제출을 요구한다.

□ 미래 융합형 또는 창의적 바리스타의 모습으로 발견 가능성을 설명하고 마무리한다. | • 체험 느낌을 발표하고 토의한다.
• 평가지를 작성한다.
• 자신의 직업 적성을 생각하며 바리스타 직업에 대하여 구체적으로 생각하는 기회를 갖는다. | 체험 학습지

10분 |

부록

관리직	공공기관 및 기업 고위직	대통령, 장관, 국회의원, 기업대표 등
	행정·경영지원 및 마케팅 관리직	기획실장, 재무팀장, 총무팀장 등
	전문 서비스 관리직	교장, 소방서장, 박물관장, 유치원장 등
	건설·전기 및 생산 관련 관리직	건설현장소장, 전기관리자, 공장장 등
	판매 및 고객 서비스 관리직	영업팀장, 호텔지배인, 스포츠협회장 등
	관리직	전반(세부 분야 결정 안 됨)
전문직	과학 전문가 및 관련직	생명과학연구원, 물리학연구원, 사회조사연구원 등
	정보통신 전문가 및 기술직	프로그래머, 컴퓨터보안전문가, 웹·앱개발자 등
	공학 전문가 및 기술직	건축가, 기계·로봇공학자, 항공기조종사 등
	보건·사회복지 및 종교 관련직	의사, 간호사, 치과위생사, 사회복지사, 목사 등
	교육 전문가 및 관련직	수학교사, 유치원교사, 대학교수 등
	법률 및 행정 전문직	판사, 검사, 변호사, 변리사 등
	경영·금융 전문가 및 관련직	회계사, 세무사, 자산관리사, 마케팅 전문가 등
	문화·예술·스포츠 전문가 및 관련직	디자이너, 작가, 기자, 연예인, 영화감독, 만화가, 운동선수 등
사무직	경영 및 회계 관련 사무직	경영·회계 분야 사무원(회사원), 비서 등
	금융 사무직	은행원, 금융심사원, 보험심사원 등
	법률 및 감사 사무직	법무사무원, 특허사무원, 감사사무원 등
	상담·안내·통계 및 기타 사무직	전화상담원, 여행사무원, 통계회사 직원 등

서비스직	경찰·소방 및 보안 관련 서비스직	경찰관, 소방관, 경호원 등
	돌봄·보건 및 개인생활 서비스직	미용사, 피부관리사, 간병인, 메이크업아티스트, 반려동물관리사 등
	운송 및 여가 서비스직	승무원, 여행가이드, 골프캐디, 숲해설사 등
	조리 및 음식 서비스직	요리사, 바텐더, 웨이터 등
판매직	영업직	자동차딜러, 제품영업사원, 보험설계사 등
	매장 판매 및 상품 대여직	상점판매원, 도서대여원, 매장계산원 등
	통신 및 방문·노점 판매 관련직	온라인쇼핑판매원, 텔레마케터, 홍보도우미 등
농림어업 숙련직	농·축산 숙련직	꽃재배원, 채소재배원, 동물사육사, 양봉업자 등
	임업 숙련직	조림원, 벌목원, 약초채취원 등
	어업 숙련직	어부, 해녀, 양식원 등
	농림어업 숙련직	전반(세부 분야 결정 안 됨)
기능직	식품가공 관련 기능직	제빵사, 도축원, 김치제조종사원 등
	섬유·의복 및 가죽 관련 기능직	재봉사, 재단사, 패턴사, 의복수선원 등
	목재·가구·악기 및 간판 관련 기능직	가구제조원, 악기제조원, 조율사 등
	금속성형 관련 기능직	금형원, 용접원, 주조원, 제관원 등
	운송 및 기계 관련 기능직	자동차정비원, 항공기정비원 등
	전기 및 전자 관련 기능직	전자제품수리원, 전기공, 조명기구설치원 등
	건설 및 채굴 관련 기능직	철근공, 콘크리트공, 채석원 등
	정보통신 및 방송장비 관련 기능직	컴퓨터설치원, 영상장비설치원, 방송케이블설치원 등
	기타 기능 관련직	공예원, 귀금속세공원, 배관공 등
장치·기계 조작직	식품가공 관련 기계조작직	빵·과자생산기조작원, 치즈제조기조작원 등
	섬유 및 신발 관련 기계조작직	섬유제조기계조작원, 신발제조기계조작원 등
	화학 관련 기계조작직	화학물가공장치조작원, 석유정제장치조작원 등
	금속 및 비금속 관련 기계조작직	용접기조작원, 주조기조작원 등

장치·기계 조작직	기계제조 및 관련 기계조작직	자동차조립원, 항공기조립원 등
	전기 및 전자 관련 기계조작직	원자력발전장치운전원, 텔레비전조립원 등
	운전 및 운송 관련직	철도기관사, 택시·버스운전원, 건설기계운전원 등
	상하수도 및 재활용 처리 관련 기계조작직	상하수도처리장치조작원, 소각로운영원 등
	목재·인쇄 및 기타 기계조작직	목재제조장치조작원, 인쇄기조작원, 가구조립원 등
단순 노무직	건설 및 광업 관련 단순노무직	건설노동자, 광산노동자 등
	운송 관련 단순노무직	이삿짐운반원, 집배원, 택배원, 배달원 등
	제조 관련 단순노무직	포장원, 상표부착원 등
	청소 및 경비 관련 단순노무직	청소원, 환경미화원, 경비원 등
	가사·음식 및 판매 관련 단순노무직	육아도우미, 패스트푸드점 직원, 주유원 등
	농림·어업 및 기타 서비스 단순노무직	가스점검원, 세탁원, 주차관리원 등
군인	군인	장교, 부사관, 준위

워크넷 직업분류표 (2021. 1. 1. 현재)

1차 분류	2차 분류	3차 분류	4차 분류
관리·경영·금융·보험	관리직	의회의원·고위공무원 및 공공단체임원	고위공무원, 지방의회의원, 국회의원
		정부행정 관리자	정부행정관리자, 외교관
		부동산, 조사, 인력알선 및 그 외 전문서비스 관리자	시장 및 여론조사관리자, 부동산·임대업관리자
		보건의료관리자	보건의료관리자
		건설 및 광업 관련 관리자	건설·채굴관리자
		정보통신 관련 관리자	정보통신관리자
		음식서비스 관련 관리자	음식서비스관리자
		기업고위임원	기업고위임원
		행정 및 경영지원 관련 서비스 관리자	경영지원관리자
		교육 관리자	유치원원장 및 원감, 대학교총장 및 대학학장, 중고등학교교장 및 교감, 초등학교교장 및 교감
		사회복지 관련 관리자	사회복지관리자
		제품 생산 관련 관리자	제조·생산관리자
		영업 및 판매 관리자	영업·판매관리자
		숙박·여행·오락 및 스포츠 관련 관리자	호텔관리자, 여행관리자
		경영지원 관리자	재무관리자, 마케팅·광고·홍보관리자, 총무 및 인사관리자
		금융 및 보험 관리자	금융관리자, 보험관리자

1차 분류	2차 분류	3차 분류	4차 분류
		연구관리자	연구관리자
		법률·경찰·소방 및 교도 관리자	경찰관리자, 교도관리자, 소방관리자
		예술·디자인·방송 관리자	예술·디자인·방송관리자
		전기, 가스 및 수도 관련 관리자	전기·가스·수도관리자
		운송 관련 관리자	운송관리자
		환경·청소 및 경비 관련 관리자	경비·청소관리자
	경영·회계·사무 관련직	인사 및 노사 관련 전문가	노무사, 인적자원컨설턴트
		세무사	세무사
		광고 및 홍보 전문가	공연기획자, 광고홍보전문가
		기획 및 마케팅 사무원	마케팅사무원, 분양 및 임대사무원, 영업관리사무원, 경영기획사무원, 마케팅·광고·홍보사무원
		병무행정사무원	병무행정사무원
		무역사무원	무역사무원
		통계 관련 사무원	통계사무원
		도서정리 및 속기사	속기사
		경영 및 진단 전문가	경영컨설턴트, 창업컨설턴트, 품질인증심사전문가, 기업인수합병전문가
		관세사	관세사
		상품기획 전문가	스포츠마케터, 카테고리매니저, 상품기획자
		인사 및 교육·훈련사무원	인사·교육·훈련 사무원, 병원행정사무원, 교육 및 훈련 사무원
		조세행정사무원	조세행정사무원
		국가·지방 및 공공행정 사무원	입법공무원, 행정공무원, 법원공무원
		운송 사무원	물류사무원, 출입국심사관, 우편사무원, 해운포워더(복합운송주선인), 항공권발권사무원,

1차 분류	2차 분류	3차 분류	4차 분류
		비서	비서, 행정사
		정부 및 공공행정 전문가	헤드헌터, 정부·공공행정 전문가
		회계사	회계사
		감정평가사 및 감정사	감정평가사, 문화재감정사, 음식료품감정사, 보석감정사
		조사 전문가	마케팅조사 전문가, 사회조사 전문가
		행사기획자	행사기획자, 파티플래너, 전시·회의기획자
		총무사무원	총무 및 일반사무원, 주택관리사, 교육행정사무원
		관세행정사무원	관세행정사무원
		자재관리사무원	자재관리사무원
		생산 및 품직 관리 사무원	생산관리사무원, 품질관리사무원
		회계사무원	회계사무원
		경리사무원	경리사무원
		안내·접수사무원 및 전화교환원	안내·접수원, 화랑 및 박물관안내원, 시설 및 견학안내원, 전화교환 및 번호안내원
		고객상담 및 모니터요원	고객상담원
		전산자료 입력원 및 사무보조원	사무보조원, 조사자료처리원
	금융·보험관련직	투자 및 신용분석가	투자분석가, 신용분석가
		증권 및 외환딜러	증권중개인, 외환딜러, 선물거래중개인
		금융관련 사무원	은행사무원, 증권사무원
		자산운용가(펀드매니저)	자산운용가
		손해사정사	손해사정사
		보험심사원 및 사무원	보험모집인 및 보험설계사

1차 분류	2차 분류	3차 분류	4차 분류
		신용추심원	신용추심원
		보험 및 금융 상품 개발자	보험계리사, 금융상품 개발자
		기타 금융 및 보험 관련 전문가	투자인수심사원, 보험심사원, 리스크매니저, 부동산펀드매니저
		출납창구사무원	출납창구사무원
		보험설계사 및 간접투자증권 판매인	보험보상사무원, 보험대리인 및 중개인
교육·연구·법률·보건	교육 및 자연과학·사회과학 연구 관련직	대학교수	대학교수
		대학 교육조교	대학 교육조교
		사회과학연구원	정치학연구원, 심리학연구원, 법학연구원, 행정학연구원, 사회학연구원, 경제학연구원
		보조교사 및 기타 교사	보조교사
		컴퓨터강사	컴퓨터강사
		대학 시간강사	대학 시간강사
		자연과학연구원	빅데이터분석가, 임학연구원, 지리학연구원, 인공지능전문가, 환경 및 해양과학연구원, 지질학연구원, 기후변화전문가, 수학·통계학연구원, 천문·기상학연구원, 화학연구원, 물리학연구원
		자연과학시험원	자연과학시험원
		농림어업 관련 시험원	농림어업시험원
		초등학교교사	초등학교교사
		유치원교사	유치원교사
		기술 및 기능계 강사	디자인강사, 기술·기능계강사, 자동차운전강사, 요리강사, 이미용강사
		장학관·연구관 및 교육 관련 전문가	장학사, 입학사정관, 교재교구 및 이러닝 교육전문가
		생명과학연구원	생물학연구원, 약학연구원, 의학연구원, 축산학·수의학연구원, 농학연구원, 식품학연구원, 수산학연구원, 공항검역관, 생명정보학자

1차 분류	2차 분류	3차 분류	4차 분류
		인문과학연구원	교육학연구원, 언어학연구원, 역사학연구원, 철학연구원
		생명과학시험원	생명과학시험원
		중·고등학교교사	진로진학상담교사, 중·고등학교교사
		특수학교교사	특수교육교사
		문리 및 어학강사	외국어강사, 다문화언어지도사, 한국어강사, 문리학원강사
		예능강사	예능강사
		학습지 및 방문교사	학습지·교육교구방문강사
		기타 문리·기술 및 예능강사	방과후교사
	법률·경찰·소방·교도 관련직	판사 및 검사	판사, 검사
		소방관	소방관
		변호사	변호사
		변리사	변리사
		소년보호관 및 교도관	교도관, 소년원학교강사
		법무사 및 집행관	법무사 및 집행관
		경찰관	경찰관, 사이버수사요원, 검찰수사관, 해양경찰관
	보건·의료 관련직	전문의사	내과의사, 흉부외과전문의사, 병리과전문의사, 핵의학과전문의사, 정형외과전문의사,
		치과위생사	치과위생사
		임상병리사	임상병리사
		의지보조기기사	의료장비기사, 재활공학기사
		의무기록사	보건의료정보관리사
		기타 의료복직 관련 서비스 종사원	의료코디네이터, 의료관광코디네이터
		일반의사	일반의사

1차 분류	2차 분류	3차 분류	4차 분류
		치과의사	치과의사
		약사 및 한약사	약사, 한약사
		물리 및 작업치료사	물리치료사, 작업치료사
		방사선사	방사선사
		안경사	안경사
		위생사	위생사
		응급구조사	응급구조사, 인명구조원
		한의사	한의사
		수의사	수의사
		간호사	보건교사, 간호사, 중환자전문간호사, 정신전문간호사, 노인전문간호사, 가정전문간호사, ...
		임상심리사 및 기타 치료사	임상심리사, 예술치료사, 청능치료사, 놀이치료사, 언어치료사, 중독치료사
		치과기공사	치과기공사
		안마사	안마사
		영양사	영양사
		간호조무사	간호조무사
		간병인	요양보호사 및 간병인
사회복지·문화·예술·방송	사회복지 및 종교 관련직	사회복지사	사회복지사, 정신보건사회복지사
		사회단체활동가	사회단체활동가
		성직자	목가, 교무(원불교), 승려, 수녀, 신부, 전도사
		상담전문가 및 청소년지도사	상담전문가, 청소년지도사
		보육교사	보육교사 및 보육사
		기타 종교 관련 종사자	점술가 및 민속신앙종사원

1차 분류	2차 분류	3차 분류	4차 분류
		직업상담사 및 취업 알선원	직업상담사, 전직지원전문가, 취업 지원관, 커리어코치, 취업알선원
		기타 사회복지 관련 종사원	복지시설생활지도보조원, 생활지도원
	문화·예술·디자인·방송 관련직	작가 및 관련 전문가	시인, 게임시나리오작가, 평론가, 방송작가, 작사가, 카피라이터, 영화시나리오작가, 소설가
		화가 및 조각가	화가, 서예가, 조각가
		가수 및 성악가	성악가, 가수
		패션디자이너	의상디자이너, 직물디자이너, 속옷디자이너
		웹 및 멀티미디어디자이너	웹디자이너, UX/UI디자이너, 영상그래픽디자이너, 게임그래픽디자이너
		배우 및 모델	성우, 보조출연가, 스턴트맨, 개그맨 및 코미디언, 영화배우 및 탤런트, 연극 및 뮤지컬배우, 모델
		기타 연극·영화 및 영상 관련 종사자	무대의상관리원, 패션코디네이터, 소품관리원
		번역가	번역가
		출판물기획자	출판물전문가, 출판·자료편집사무원
		사서 및 기록물관리사	사서, 기록물관리사
		사진작가 및 사진사	사진기자, 사진작가 및 사진사
		국악 및 전통 예능인	전통예능인, 국악인
		무용가 및 안무가	무용가, 대중무용수, 안무가
		실내장식디자이너	실내장식디자이너, 무대 및 세트디자이너, 비주얼머천다이저, 디스플레이어
		캐드원	제도사(캐드원), 3D프린팅모델러
		아나운서 및 리포터	아나운서, 경주아나운서, 디스크자키, 비디오자키, 기상캐스터, 리포터, 연예프로그램진행자, 쇼핑호스트

1차 분류	2차 분류	3차 분류	4차 분류
		연예인 및 스포츠 매니저	연예인매니저
		통역가	통역가
		큐레이터 및 문화재보존원	학예사, 아트컨설턴트, 문화재보존원
		기자 및 논설위원	잡지기자, 해설위원, 편집기자, 방송기자, 신문기자
		만화가 및 만화영화작가	만화가, 만화영화작가(애니메이터)
		지휘자·작곡가 및 연주가	지휘자, 연주가, 작곡가
		제품디자이너	제품디자이너, 패션소품디자이너, 캐릭터디자이너, 조명디자이너, 휴대폰디자이너, 팬시 및 완구디자이너, 주얼리디자이너, 자동차디자이너, 가구디자이너
		시각디자이너	시각디자이너, 플로리스트, 색채디자이너, POP디자이너, 포장디자이너, 일러스트레이터, 북디자이너, 광고디자이너
		감독 및 기술감독	영화감독, 연극·영화·방송기술감독, 웹방송전문가, 광고영상감독, 연극연출가, 방송연출가
		촬영기사	촬영기자, 촬영기사
		음향 및 녹음기사	음향·녹음기사
		영상·녹화 및 편집기사	영상·녹화 및 편집기사
		조명기사 및 영사기사	조명기사, 영사기사
		마술사 및 기타 문화·예술 관련 종사자	음반기획자, 아쿠아리스트, 마술사
운송·영업·판매·경비	운전 및 운송 관련직	항공기조종사	헬리콥터조종사, 항공기조종사
		철도 및 전동차기관사	철도·전동차기관사
		화물차 및 특수차 운전원	화물차·특수차 운전원
		택배원	택배원
		하역 및 적재단순종사원	하역·적재종사원

1차 분류	2차 분류	3차 분류	4차 분류
		선장·항해사 및 도선사	선장 및 항해사, 선박기관원, 선박기관사, 도선사
		화물열차 차장 및 관련 종사원	신호원 및 수송원, 항공기유도원(마샬러)
		기타 자동차 운전원	자가용운전원
		우편물집배원	우편물집배원
		관제사	항공교통관제사, 철도교통관제사, 항공운항관리사, 선박운항관리사, 선박교통관제사
		택시운전원	택시운전원
		버스운전원	버스운전원
		물품이동 장비 조작원	크레인 및 호이스트운전원, 지게차운전원
		선박 갑판원 및 관련 종사원	선박갑판원
	영업 및 판매 관련직	기술영업원	기술영업원, 의약품영업원
		부동산 컨설턴트 및 중개인	부동산중개인, 부동산컨설턴트
		텔레마케터(전화통신판매원)	텔레마케터
		매표원 및 복권판매원	매표원 및 복권판매원
		주유원	주유원
		해외영업원	해외영업원
		일반영업원	제품·광고영업원, 체인점 모집 및 관리영업원
		상점판매원	소규모판매점장, 면세상품판매원, 편의점 수퍼바이저, 상점판매원
		상품대여원	상품대여원
		노점 및 이동판매원	노점·이동판매원
		홍보도우미 및 판촉원	홍보도우미 및 판촉원
		자동차영업원	자동차영업원

1차 분류	2차 분류	3차 분류	4차 분류
		상품중개인 및 경매사	상품중개인 및 경매사, 선박중개인, 구매인(바이어)
		통신서비스판매원	통신기기판매원, 통신서비스판매원
		인터넷판매원	온라인판매원
		매장계산원 및 요금정산원	매장계산원 및 요금정산원
		방문판매원	방문판매원
		기타 판매 관련 단순 종사원	매장정리원
	경비 및 청소 관련직	경호원	경호원
		경비원	건물관리원, 경비원
		가가도우미	가사도우미, 육아도우미
		검표원	검표원
		청원경찰	청원경찰
		청소원	청소원, 환경미화원, 호텔객실청소원
		세탁원 및 다림질원	세탁원(다림질원)
		수금원	수금원
		무인경비원	시설·특수경비원
		환경미화원 및 재활용품수거원	재활용품수거원
		구두미화원	구두미화원
		계기검침원 및 가스점검원	계기검침원 및 가스점검원
		주차관리원 및 안내원	주차관리·안내원
미용·숙박·여행·스포츠·음식	미용·숙박·여행·오락·스포츠 관련직	이용사	이용사
		미이크아티스트 및 분장사	분장사, 특수분장사, 메이크업아티스트 및 뷰티매니저
		결혼상담원 및 웨딩플래너	결혼상담원, 웨딩플래너
		여행 및 관광통역안내원	여행안내원, 자연 및 문화해설사, 관광통역안내원, 해외여행인솔자
		직업운동선수	직업운동선수

1차 분류	2차 분류	3차 분류	4차 분류
		프로게이머 외 기타 스포츠 및 레크레이션 관련 전문가	바둑기사, 스포츠에이전트, 프로게이머
		미용사	미용사
		애완동물미용사	반려동물미용사
		혼례종사원	혼례종사원
		여행상품가발자	여행상품개발자
		항공기객실승무원	항공기객실승무원
		숙박시설서비스원	숙박시설서비스원, 호텔컨시어지
		경기심판 및 경기기록원	경기심판, 경기기록원
		기타 여가 및 스포츠 관련 종사원	카지노딜러, 치어리더, 골프장캐디
		피부미용 및 체형관리사	피부 및 체형관리사, 목욕관리사, 네일아티스트, 다이어트프로그래머
		기타 미용 관련 서비스 종사원	이미지컨설턴트, 퍼스널쇼퍼, 패션어드바이저
		장례상담원 및 장례지도사	장례지도사 및 장례상담원
		여행사무원	여행사무원
		선박 및 열차객실승무원	선박객실승무원, 열차객실승무원
		오락시설서비스원	놀이시설종사원
		경기감독 및 코치	스포츠감독 및 코치, 스포츠트레이너
		스포츠 및 레크레이션 강사	스포츠강사, 레크레이션전문가
	음식 서비스 관련직	한식주방장 및 조리사	한식조리사
		일식 주방장 및 조리사	일식조리사
		기타 주방장 및 조리사	단체급식조리사, 음료조리사
		기타 음식서비스 종사원	푸드스타일리스트, 소믈리에
		중식 주방장 및 조리사	중식조리사

1차 분류	2차 분류	3차 분류	4차 분류
		바텐더	바텐더
		패스트푸드원	패스트푸드준비원
		주방보조원	주방보조원
		양식 주방장 및 조리사	양식조리사
		주방장	주방장
		웨이터	홀서빙원
		음식배달원	음식배달원
건설· 기계· 재료· 화학· 섬유	건설 관련직	건축가 및 건축공학기술자	건축안전·환경·품질·에너지관리기술자, 친환경건축컨설턴트, 건축설비기술자, 건축감리기술자, 건축가, 건축공학기술자, …
		건설자재시험원	건설자재시험원
		건축석공	건축석공
		방수공	방수공
		도배공 및 유리 부착원	유리부착원, 도배공
		광원·채것원 및 석재절단원	광원채석원 및 석재절단원
		건설 및 광업 단순종사원	건설·채굴단순종사원
		토목공학기술자	토목공학기술자, 토목감리기술자, 토목시공기술자 및 견적원, 토목구조설계기술자, 토목안전·환경·품질기술자
		강구조물 가공원 및 건립원	철골공
		철근공	철근공
		건축목공	전통건축기능원, 건축목공
		단열공	단열공
		건축도장공	건물도장공
		공업배관공	공업배관공

1차 분류	2차 분류	3차 분류	4차 분류
		철로 설치 및 보수원	철로 설치·보수원
		조경기술자	조경기술자
		도시 및 교통설계전문가	도시계획·설계가, 교통계획 및 설계전문가
		측량 및 지리정보전문가	지적 및 측량기술자, 지도제작기술자, 교통안전연구원, 지리정보시스템전문가
		경량철골공	경량철골공
		콘크리트공	콘크리트공
		조적공 및 석재부설원	조적원
		미장공	미장공
		바닥재시공원	타일·대리석 시공원
		건설배관공	배관공
		건설 및 채굴기계운전원	건설·채굴기계운전원
		기타 채굴 및 토목 관련 기술자	잠수기능원, 점화·발파·화약관리원
	기계 관련직	기계공학기술자 및 연구원	조선해양공학기술자 및 연구원, 기계·로봇공학시험원, 플랜트기계공학기술자 및 연구원, 지열시스템연구 및 개발자, 로봇공학기술자 및 연구원, 철도차량공학기술자, 사무용기계공학기술자, …
		금속공작기계조작원	금속공작기계조작원
		지동차조립원	자동차조립원
		일반기계조립원	일반기계조립원
		공업기계 설치 및 정비원	공업기계설치·정비원
		물품이동장비 설치 및 정비원	물품이동장비설치·정비원
		보일러 설치 및 정비원	보일러설치·정비원
		항공기정비원	헬리콥터정비원, 항공기정비원
		기타 운송장비 정비원	오토바이정비원, 자전거판매 및 수리원, KTX정비원

1차 분류	2차 분류	3차 분류	4차 분류
		냉,난방 관련 설비 조작원	냉·난방설비조작원
		자동차부품 조립원	자동차부품조립·검사원
		승강기 설치 및 정비원	승강기설치·정비원
		냉동·냉장·공조기 설치 및 정비원	냉동·냉장·공조기설치·정비원
		건설 및 광업기계 설치 및 정비원	건설·광업기계설치·정비원, 농업용 및 기타 기계장비 설치·정비원
		선박정비원	선박정비원
		철도기관차 및 전동차정비원	철도기관차·전동차정비원
		자동차정비원	자동차정비원
		금형원	금형원
		자동조립라인 및 산업용 로봇조작원	자동조립라인·산업용로봇조작원
		운송장비조립원	선박조립원, 철도차량조립원
	재료관련직	금속·재료공학기술자 및 연구원	금속·재료공학기술자 및 연구원
		단조원	단조원 및 단조기조작원
		도장기조작원	도장기조작원
		금속가공기계조작원	금속가공기계조작원, 금속가공 관련 검사원, 공구제조원
		기타 비금속제품 관련 생산기 조작원	비금속광물가공 관련 제어장치조작원, 비금속광물가공 관련 조작원
		금속·재료공학 시험원	금속·재료공학 시험원
		제관원	제관원 및 제관기조작원
		주조원	주조원 및 주조기조작원
		도금 및 금속분무기조작원	도금·금속분무기조작원
		유리제조 및 가공기조작원	유리·유리제품생산기계조작원
		시멘트 및 광물제품 제조기 조작원	시멘트·광물제품생산기계조작원

1차 분류	2차 분류	3차 분류	4차 분류
		판금원	판금원 및 판금기조작원
		새시 조립 및 설치원	새시조립·설치원
		용접원	용접원 및 용접기조작원
		금속가공 관련 제어장치조작원	금속가공제어장치조작원
		점토제품생산기 조작원	점토제품생산기계조작원
		광석 및 석제품 가공기 조작원	광석·석제품생산기계조작원
	화학 관련직	화학공학 기술자 및 연구원	석유화학공학기술자 및 연구원, 연료전지개발 및 연구자, 의약품화학공학기술자 및 연구원, 음식료품화학공학기술자, 고무·플라스틱화학공학기술자 및 연구원, 비누·화장품화학공학기술자 및 연구원, 도료 및 농약화학공학기술자
		고무 및 플라스틱제품 조립원	고무·플라시틱제품조립원
		화학공학 시험원	화학공학시험원, 조향사
		화학제품생산기 조작원	화학제품생산기계조작원
		석유 및 천연가스제조 관련 제어장치조작원	석유·천연가스제조제어장치조작원
		화학물 가공장치조작원	화학물가공장치조작원
		타이어 및 고무제품 생산기 조작원	타이어·고무제품생산기계조작원
		플라스틱제품 생산기 조작원	플라스틱제품 생산기계조작원
	섬유 및 의복 관련직	섬유공학기술자 및 연구원	섬유공학기술자 및 연구원
		직조기 및 편직기조작원	직조기·편직기조작원
		양장 및 양복제조원	양장·양복제조원
		기타 의복 제조원	의복제품검사원
		재봉사	재봉사
		세탁 관련기계조작원	세탁기계조작원
		식품·섬유공학 및 에너지시험원	섬유공학시험원

1차 분류	2차 분류	3차 분류	4차 분류
		표백 및 염색 관련조작원	표백·염색기조작원
		모피 및 가죽의복 제조원	모피·가죽의복제조원
		패턴사	패턴사
		제화원	제화원
		섬유제조 기계조작원	섬유제조 기계조작원
		한복제조원	한복제조원
		의복·가죽 및 모피수선원	의복·가죽·모피수선원
		재단사	재단사
		신발제조기 조작원 및 조립원	신발제조기계조작원 및 조립원
전기·전자·정보통신	전기·전자 관련직	전기공학기술자 및 연구원	송·배전설비기술자, 전지안전기술자, 발전설비기술자, 전기계측제어기술자, 전기기기·제품개발기술자 및 연구원
		PC 및 사무기기 설치 및 수리원	컴퓨터설치·수리원, 사무용전자기기설치·수리원
		전자부품 및 제품제조기계 조작원	전자부품·제품생산기계조작원
		전자공학기술자 및 연구원	반도체장비기술자, 전자제품 및 부품개발기술자, 전자계측제어기술자, 반도체공학기술자 및 연구원, 풍력발전연구 및 개발자, …
		가전제품 설치 및 수리원	가전제품 설치·수리원
		발전 및 배전장치 조작원	발전·배전장치 조작원, 풍력발전시스템 운영관리자
		전기·전자부품 및 제품 조립원	전기·전자부품·제품 조립원
		전기·전자 및 기계공학 시험원	전기·전자공학시험원
		산업전공	산업전기공
		내선전공	내선전기공
		외선전공	외선전기공

1차 분류	2차 분류	3차 분류	4차 분류
		기타 전기·전자기기 설치 및 수리원	이동전화기수리공
		전기 및 전자 설비조작원	전기·전자설비조작원
		전기부품 및 제품제조기계조작원	전기부품·제품제조기계조작원
	정보통신 관련직	컴퓨터하드웨어기술자 및 연구원	컴퓨터하드웨어기술자 및 연구원
		시스템소프트웨어개발자	경영정보시스템개발자, 시스템소프트웨어개발자
		데이터베이스개발자	데이터베이스개발자
		영상 및 관련장비 설치 및 수리원	방송장비설치·수리원
		통신공학기술자 및 연구원	통신공학기술자, RFID시스템개발자, 통신장비기술자, 통신기술개발자, 인공위성개발자, 통신망운영기술자, 통신기기·장비기술자
		응용소프트웨어개발자	IT테스터 및 QA전문가, 모바일앱개발자, 게임프로그래머, 컴퓨터프로그래머, 응용소프트웨어개발자, 증강현실전문가, 네트워크프로그래머
		정보시스템운영자	정보시스템운영자
		통신 및 관련 장비 설치 및 수리원	통신장비 설치·수리원
		컴퓨터시스템 설계 및 분석가	IT기술지원전문가, 컴퓨터시스템설계 및 분석가, 정보통신컨설턴트 및 감리원
		네트워크시스템개발자	네트워크관리자, 네트워크엔지니어
		컴퓨터보안전문가	정보보안전문가
		웹개발자	웹운영자, 웹프로그래머, 웹엔지니어
		웹 및 멀티미디어기획자	웹기획자, 음성처리전문가, 가상현실전문가, 디지털영상처리전문가, 애니메이션기획자, 게임기획자
		통신 및 방송송출장비기사	통신장비기사, 방송송출장비기사
		통신·방송 및 인터넷 케이블 설치 및 수리원	통신·방송·인터넷케이블 설치·수리원

1차 분류	2차 분류	3차 분류	4차 분류
식품· 환경· 농림 어업· 군인	식품 가공 관련직	식품공학기술자 및 연구원	식품공학기술자0
		떡제조원	떡제조원
		식품 및 담배 등급원	담배제조관련 조작원, 식품·담배등급원
		음료제조 관련기계조작원	음료제조기계조작원
		식품·섬유공학 및 에너지시험원	식품공학시험원
		정육원 및 도축원	정육원 및 도축원
		육류·어패류 및 낙농품 가공기계조작원	육류·어패류·낙농품 가공기계조작원
		곡물가공제품기계조작원	곡물가공제품기계조작원
		제빵원 및 제과원	제과·제빵원
		김치 및 밑반찬 제조종사원	김치·밑반찬 제조종사원
		제분 및 도정 관련 기계조작원	제분·도정기계조작원
		과실 및 채소 관련 기계조작원	과실·채소기계조작원
	환경· 인쇄· 목재· 가구· 공예 및 생산 단순직	환경공학기술자 및 연구원	환경공학기술자, 환경컨설턴트, 토양환경 기술자 및 연구원, 환경영향평가원, 소음 진동기술자 및 연구원, 폐기물처리기술 자, …
		산업안전 및 위험관리원	산업안전원, 위험관리원
		상·하수도 처리장치조작원	상·하수도 처리장치조작원
		사진인화 및 현상기조작원	사진인화·현상기조작원
		종이제품생산기조작원	종이제품생산기조작원
		공예원	공예원, 점토공예가, 한지공예가
		환경공학시험원	온실가스인증심사원, 환경시험원, 친환경 제품인증심사원
		소방공학기술자 및 연구원	소방공학기술자
		식품·섬유공학 및 에너지시험원(에너지 분야)	에너지시험원 및 진단전문가

1차 분류	2차 분류	3차 분류	4차 분류
		재활용 처리 및 소각로조작원	재활용 처리장치·소각로조작원
		목재가공 관련기계조작원	목재가공기계조작원
		가구제조 및 수리원	가구제조·수리원
		귀금속 및 보석세공원	귀금속·보석세공원
		간판 제작 및 설치원	간판 제작·설치원
		보건위생 및 환경검사원	보건위생·환경검사원
		가스에너지기술자 및 연구원	에너지공학기술자, 바이오에너지 연구 및 개발자, 원자력공학기술자
		비파괴검사원	비파괴검사원
		기타 공학 관련 기술자 및 시험원	산업공학기술자, 방역원, 임학·산림학연구원, 농업기술자, 해양수산기술자
		인쇄기조작원	인쇄기조작원
		펄프 및 종이 제조장치조작원	펄프·종이 제조장치조작원
		가구조립원	가구조립원
		악기제조 및 조율사	악기제조 수리 및 조율사
	농림 어업 관련직	곡식작물재배원	곡식작물재배원
		조경원	조경원
		조림·영림 및 벌목원	조림·산림경영인 및 벌목원
		농림어업 관련 단순종사원	농림어업관련단순종사원
		채소 및 특용작물재배원	특용작물재배원, 채소작물재배원
		낙농관련종사원	낙농종사원
		양식원	양식원
		과수작물재배자	과수작물재배자
		원예작물재배원	원예작물재배원
		가축사육종사원	가축 사육종사원, 동물조련사
		어부 및 해녀	어부 및 해녀

1차 분류	2차 분류	3차 분류	4차 분류
	군인	영관급 이상	육군장교, 공군장교. 해군장교
		위관급	위관급 장교
		부사관	부사관
녹색직업	녹색직업	자연과학연구원	기후변화전문가, 임학연구원, 환경 및 해양과학연구원
		화학공학기술자 및 연구원	연료전지 개발 및 연구자
		환경공학시험원	온실가스인증심사원, 환경시험원, 친환경제품인증심사원
		재활용처리 및 소각로조작원	재활용처리·소각로조작원
		건축가 및 건축공학기술자	친환경건축컨설턴트
		단열공	단열공
		전자공학기술자 및 연구원	LED연구 및 개발자, 풍력발전연구 및 개발자, 태양광발전연구 및 개발자, 태양열연구 및 개발자
		가스에너지기술자 및 연구원	바이오에너지연구 및 개발자, 원자력공학기술자, 에너지공학기술자
		조경원	조경원
		조경기술자	조경기술자
		기계공학기술자 및 연구원	지열시스템연구 및 개발자
		발전 및 배전장치조작원	풍력발전시스템운영관리자
		환경공학기술자 및 연구원	환경공학기술자, 환경컨설턴트, 토양환경기술자 및 연구원, 환경영향평가원, 소음진동기술자 및 연구원, 폐기물처리기술자, 대기환경기술자 및 연구원, 수질환경기술자
		기타 공학 관련 기술자 및 시험원	임학·산림학연구원, 해양수산기술자
		상·하수도처리장치조작원	상·하수도처리장치조작원
		조림·영림 및 벌목원	조림·산림경영인 및 벌목원

부록 3 한국직무능력표준 분류체계(2021. 1. 1. 현재)

대분류	중분류	소분류	세분류
01. 사업관리	사업관리	프로젝트관리	공적개발원조사업관리, 프로젝트관리, 산학협력관리
		해외관리	해외법인설립관리, 해외취업관리
02. 경영· 회계· 사무	기획사무	경영기획	경영기획, 경영평가
		홍보·광고	PR, 광고
		마케팅	마케팅전략기획, 고객관리, 통계조사
	총무·인사	총무	총무, 자산관리, 비상기획
		인사·조직	인사, 노무관리
		일반사무	비서, 사무행정
	재무·회계	재무	예산, 자금
		회계	회계·감사, 세무
	생산· 품질관리	생산관리	구매조달, 자재관리, 공정관리, SCM
		품질관리	QM/QC관리
		무역·유통관리	물류관리, 수출입관리, 원산지관리, 유통관리
03. 금융· 보험	금융	금융영업	창구사무, 기업영업, PB영업, 카드영업, 여신전문금융영업
		금융상품개발	여수신상품개발, 투자상품개발, 연금상품개발, 카드생품개발
		신용분석	개인신용분석, 기업신용분석, 여신심사
		자산운용	펀드운용, 주식·채권운용, 파생상품운용, 대체투자, 신탁자산관리
		금융영업지원	결제, 채권추심, 리스크관리

대분류	중분류	소분류	세분류
	금융	증권·외환	증권거래업무, 외환·파생업무, 인수업무, 증권상장업무, 외화조달·외화대출업무, 무역금융업무
	보험	보험상품개발	보험동향분석, 보험상품개발, 보험계리
		보험영업 계약	보험모집, 보험계약심사, 보험계약·보전, 위험관리
		손해사정	재물손해사정, 차량손해사정, 신체손해사정
04. 교육· 자연· 사회과학	학교교육	학교교육	개발중
	평생교육	평생교육	개발중
		팽생교육운영	평생교육프로그램 기획·개발·평가, 평생교육프로그램 운영·상담·교수
	직업교육	직업교육	경력지도, 기업교육, 직무분석
		이러닝	이러닝시스템개발, 이러닝콘텐츠 개발, 이러인과정운영
05. 법률· 경찰· 소방· 교도· 국방	법률	법무	개발중
		지식재산관리	지식재산관리, 지식재산평가·거래, 지식재산정보조사분석, 특허엔지니어링
	소방방재	소방	소방시설설계·감리, 소방시설공사, 구조구급, 소방안전관리, 위험물운송·운반관리, 화재감식평가
		방재	방재시설, 기업재난관리, 방재안전대책관리
		스마트 재난관리	스마트재난위험예측, 스마트재난관리설계
06. 보건· 의료	보건	의료기술지원	의료기관리, 요양지원, 의지보조기제작·관리, 청각관리, 임상심리, 의료정보관리,
		보건지원	병원행정, 병원안내, 보건교육, 의료시설위생관리, 지역사회위생관리
		약무	개발중
	의료	임상의학	개발중
		간호	개발중
		기초의학	개발중
		임상지원	개발중

대분류	중분류	소분류	세분류
07. 사회복지· 종교	사회복지	사회복지정책	지역사회복지개발, 사회복지조직운영, 공공복지
		사회 복지서비스	사회복지프로그램운영, 일상생활기능지원, 사회복지면담, 사회복지사례관리
	상담	직업상담서비스	직업상담, 취업알선, 전직지원
		청소년지도	청소년활동, 청소년상담복지, 진로지원
		심리상담	심리상담
	보육	보육	보육, 산후육아지원, 아이돌봄
08. 문화· 예술· 디자인· 방송	문화·예술	문화예술경영	문화·예술기획, 문화·예술행정, 문화·예술경영, 문헌정보관리
		실용예술	실용음악, 실용사진
		공연예술	무대연출, 무대조명, 무대기계, 무대음향, 무대미술, 무대감독, 무대기술감독, 무대장치·소품, 무대의상, 무대영상, 하우스매니징
		문화재관리	학예, 문화재보수, 문화재보존
	디자인	디자인	시각디자인, 제품디자인, 환경디자인, 디지털디자인, 텍스타일디자인, 서비스경험디자인, 실내디자인, 색채디자인, 전시디자인, 3D프린팅디자인, 패키지디자인, VR콘텐츠디자인
	문화콘텐츠	문화콘텐츠기획	문화콘텐츠기획
		문화콘텐츠제작	방송콘텐츠제작, 영화콘텐츠제작, 음악콘텐츠제작, 광고콘텐츠제작, 게임콘텐츠제작, 애니메이션콘텐츠제작, 만화콘텐츠제작, 캐릭터콘텐츠제작, 스마트문화앱콘텐츠제작, 영사, 완구콘텐츠제작, 드론콘텐츠제작
		문화콘텐츠유통· 서비스	방송콘텐츠유통·서비스, 영화콘텐츠유통·서비스, 음악콘텐츠유통·서비스, 광고콘텐츠유통·서비스, 게임콘텐츠유통·서비스, 애니메이션콘텐츠유통·서비스, 만화콘텐츠유통·서비스, 캐릭터콘텐츠유통·서비스, 스마트문화앱콘텐츠유통·서비스
		영상제작	영상연출, 영상촬영, 영상조명, 영상음향제작, 영상그래픽, 영상편집, 영상미술

대분류	중분류	소분류	세분류
09. 운전·운송	자동차운전· 운송	자동차운전·운송	여객운송, 화물운송, 수송포장
	철도운전· 운송	철도운전운영	철도관제, 열차운용DIA, 철도운전, 기지내차량운전
		철도시설유지보수	철도선로시설물유지보수, 정비기지시설물유지보수, 역시 설물유지보수, 철도정보통신시설물유지보수
	선박운전· 운송	선박운항	항해, 선박기관운전, 선박통신, 수면비행선박조종, 수상레 저기구조종, 해상관제, 선박갑판관리
		검수·검량	검수·검정
	항공운전· 운송	항공기조종운송	경량항공기조종, 자가용항공기조종, 사업용항공기조종, 운 송용항공기조종, 소형무인기운용·조종
		항공운항	항공교통관제, 운항관리, 항공안전, 항공보안, 항공여객운 송서비스, 항공화물운송서비스
		항행안전시설	항행안전무선시설운영관리
10. 영업판매	영업	일반·해외영업	일반영업, 해외영업
	부동산	부동산컨설팅	부동산개발, 부동산분양, 부동산경·공매
		부동산관리	주택관리, 상업용건물관리, 부동산자산관리
		부동산중개	부동산중개, 부동산정보제공
		감정평가	부동산·동산감정평가, 기업가치평가, 감정평가가격정보 제공
	판매	e-비즈니스	통신판매, 전자상거래
		일반판매	매장판매, 방문판매
		상품중개·경매	농축수산물경매
11. 경비·청소	경비	경비·경호	보인, 경호
	청소	청소	환경미화, 가사지원
12. 이용·숙박· 여행·오락· 스포츠	이·미용	이·미용서비스	헤어미용, 피부미용, 메이크업, 네일미용, 이용
	결혼·장례	결혼서비스	결혼상담, 웨딩플래너, 결혼예식장관리, 웨딩이벤트
		장례서비스	장례지원, 장례지도

대분류	중분류	소분류	세분류
	관광·레져	여행서비스	여행상품개발, 여행상품상담, 국내여행안내, 해외여행안내, 항공객실서비스
		숙박서비스	숙박기획·개발, 객실관리, 부대시설관리, 연회관리, 접객서비스
		컨벤션	회의기획, 전시기획, 이벤트기획
		관광레저서비스	카지노기획개발, 카지노운영관리, 크루즈운영관리, 유원시설운영관리, 리조트운영관리
	스포츠	스포츠용품	스포츠용품제작
		스포츠시설	스포츠시설개발, 스포츠시설운영관리
		스포츠경기·지도	선수스포츠지도, 일반인스포츠지도, 건강운동관리, 경기기록분석, 경기심판, 경기지원, 건강운동ICT융복합콘텐츠개발, 경리력향상융복합콘텐츠 개발, 고프캐디
		스포츠마케팅	스포츠이벤트, 스포츠라이선싱, 스포츠에이전트, 스포츠정보관리
		레크레이션	레크레이션지도
13. 음식서비스	식음료조리·서비스	음식조리	한식조리, 양식조리, 중식조리, 일식·복어조리
		식음료서비스	식음료접객, 소믈리에, 커피관리, 바텐더, 식공간연출
		외식경영	외식운영관리
14. 건설	건설공사관리	건설시공전관리	설계기획관리
		건설시공관리	건설공사공정관리, 건설공사품질관리, 건설공사환경관리, 건설공사공무관리
		건설시공후관리	유지관리
	토목	토목설계·감리	도로설계, 공항설계, 터널설계, 교량설계, 항만(해양)설계, 상하수도설계, 하천(댐)설계, 지반설계, 단지설계, 철도설계, 토목건설사업관리, 토목시설물경관
		토목시공	토공, 지반개량, 포장, 수중구조물시공, 삭도시공, 귀도시공, 상하수도시공, 보링그라우팅, 철강재시공, 준설, 석축
		측량·지리정보개발	지적, 측량, 공간정보구축, 공간정보융합서비스
	건축	건축설계·감리	건축설계, 건축구조설계, 건축공사감리, 실내건축설계

대분류	중분류	소분류	세분류
		건축시공	건축목공시공, 조적미장시공, 방수시공, 타일시공, 건축도장시공, 철근콘크리트시공, 창호시공, 가설시공, 수장시공, 단열시공, 지붕시공, 구조물해체, 강구조시공, 경량철골시공, 건설공사판넬시공, 한옥시공, 석재시공
		건축설비설계·시공	건축설비설계, 건축설비시공, 건축설비감리, 건축설비유지관리, 배관시공
	플랜트	플랜트설계·감리	발전설비설계, 석유·화학설비설계, 에너지설비설계, 제조공장설비설계, 환경설비설계, 플랜트설비감리, 해수담수화플랜트설비설계
		플랜트시공	플랜트기계설비시공, 플랜트전기설비시공, 플랜트계측설비시공
		플랜트사업관리	플랜트사업관리
조경	조경	조경설계, 조경시공, 조경관리, 조경사업관리	
도시·교통	국토·도시계획	국토·지역계획, 도시계획, 도시설계, 도시재생, 도시개발, 도시경관	
	교통계획·설계	교통계획, 교통설계, 교통운영·감리	
	주거서비스	주거서비스지원	
	지능형교통	지능형교통체계기획 및 설계, 지능형교통체계 개발 및 구축, 지능형교통체계운영 및 유지관리	
건설기계운전·정비	토공기계운전	모터그레이더운전, 아스팔트피니셔운전, 롤러운전, 불도저운전, 로더운전, 굴삭기운전, 준설선운전	
	기초공건설기계운전	락드릴항타항발기운전, 지열시추기운전	
	콘크리트공기계운전	콘크리트공기계운전	
	적재기계운전	지게차운전	
	양중기계운전	기중기운전(이동식크레인조종), 양화장치운전(선박크레인조종), 타워크레인운전(타워크레인조종), 천장크레인운전(천장크레인조종), 컨테이너크레인운전(컨테이너크레인조종), 줄걸이작업, 타워크레인설치해체	
	건설기계운전	건설기계정비, 굴삭기정비, 지게차정비, 이동식크레인정비	

대분류	중분류	소분류	세분류
	해양자원	해양환경조사	해양관측, 해양측량, 해양생태환경조사
		해양환경관리	해양환경보전·복원, 해양환경영향평가, 해양오염관리·방제
		해양플랜트설계·설치·운용	원유시추설비설치·운용, 원유생산설비설치·운용, 해양터미널구조물설치, 해양플랜트프로세스설계, 행양플랜트시운전설계, 해양플랜트안전설계, 해양플랜트종합설계, 해양플랜트구조설계, 해양플랜트기계설계, 해양플랜트계장설계,해양플랜트배관설계, 해양플랜트전장설계
		해양자원개발·관리	해양자원탐사, 해양자원개발, 해양자원관리
		잠수	일반잠수, 산업잠수
15. 기계	기계설계	설계기획	기계설계기획, 기계개발기획, 기계조달, 기계마케팅
		기계설계	기계요소설계, 기계시스템설계, 구조해석설계, 기계제어설계
	기계가공	절삭가공	선반가공, 밀링가공, 연삭가공, CAM, 측정, 성형가공
		특수가공	방전가공, 레이저가공, 워터젯가공, 플라즈마가공
	기계조립·관리	기계조립	기계수동조립, 기계서프트웨어개발, 기계하드웨어개발, 기계펌웨어개발
		기계생산관리	기계생산관리계획, 기계자재관리, 기계공정관리, 기계생산성관리, 기계작업감독
	기계품질관리	기계품질관리	기계품질계획, 기계품질관리, 기계품질평가
	기계장치설치	기계장비설치·정비	운반하역기계설치·정비, 건설광산기계설치·정비, 섬유기계설치·정비, 공작기계설치·정비, 고무플라스틱기계설치·정비, 농업용기계설치·정비, 승강기설치·정비
		냉동공조설비	냉동공조설계, 냉동공조설치,냉동공조유지보수관리, 보일러설치·정비, 보일러운영관리
		이륜차정비	오토바이정비, 자전거정비
	자동차	자동차설계	자동차설계, 자동차시험평가, 자동차공정설계
		자동차제작	자동차조립, 자동차성능검사

대분류	중분류	소분류	세분류
		자동차정비	자동차전기·전자장치정비, 자동차엔진정비, 자동차섀시정비, 자동차차체정비, 자동차도장, 자동차정비검사
		자동자정비관리	자동차정비경영관리, 자동차정비현장관리
		자동차관리	자동차영업, 자동차튜닝
	철도차량제작	철도차량설계·제작	철도차량설계, 철도차량제작, 철도차량시운전
		철도차량유지보수	고속차량유지보수, 디젤차량유지보수, 전기차량유지보수, 객화차량유지보수, 특수차량유지보수
	조선	선박설계	선박기본설계, 선체설계, 선박배관설계, 철의장설계, 기장설계, 전장설계, 선실설계
		선체건조	선체가공, 선체조립, 선박도장, 심출(철목), 조선비계(족장, 발판, scaffolding)
		선박의장생산	기장생산, 전장생산, 선장생산, 선실의장생산
		선박품질관리	선체품질관리, 의장품질관리, 도장품질관리
		선박생산관리	선박생산관리, 선체생산관리, 의장생산관리
		시운전	기장시운전, 선장시운전, 전장시운전
		선박정비	선체정비, 선박기관정비, 선박배관정비, 전장정비, 의장정비
		레저산박	레저선박몰드제작, 알루미늄레저선박건조, 복합재료레저산박건조, 레저선박도장, 레저선박기장설치수리
	항공기제작	항공기설계	항공기기체설계, 항공기엔진·프로펠러설계, 항공기전기·전자장비설계, 항공기시스템설계, 소형무인기비행체개발
		항공기제작	항공기기체제작, 항공기엔진·프로펠러제작, 항공기전기·전자장비제작
		항공기정비	항공기기체정비, 항공기가스터빈엔진정비, 항공기왕복엔진정비, 항공기프로펠러정비, 항공기계통정비, 항공기전기·전자장비정비, 헬리콥터정비, 소형무인기정비
		항공장비관리	항공기정비관리, 항공장비보급관리, 항공장구관리
	금형	금형(공통)	금형마스터시스템운영·관리

대분류	중분류	소분류	세분류
		사출금형	사출금형설계, 사출금형제작, 사출금형품질관리, 사출금형조립
		프레스금형	프레스금형설계, 프레스금형제작, 프레스금형품질관리, 프레스금형조립
		다이캐스팅금형	다이캐스팅금형설계, 다이캐스팅금형제작, 다이캐스팅금형조립, 다이캐스팅금형품질관리
	스마트공장	스마트공장설계	스마트설비설계
		스마트공장설치	스마트공장시스템설치
16. 재료	금속재료	금속엔지니어링	재료설계, 재료시험, 재료조직평가
		금속재료제조	제선, 제강, 열간압연, 냉간압연, 비철금숙건식제련, 비철금속습식제련, 금속재료제조설비정비
		금속가공	주조, 단조·압출·인발, 열처리, 선재가공, 판금제관, 강관제조, 분말야금, 특수주조
		펴면처리	도금, 금속도장
		용접	피복아크용접, CO2용접, 가스텅스텐아크용접, 가스메탈아크용접, 서브머지드아크용접, 로봇용접
		비철금속재료제조	마그네슘제조, 타이타늄제조
	요업재료	파인세라믹제조	전기전자재료제조, 광학재료제조, 내열구조재료제조, 생체세라믹재료제조
		전통세라믹제조	유리·법랑제조, 내화물제조, 연삭재제조, 도자기제조, 시멘트제조, 탄소제품제조, 축로
17. 화학· 바이오	화학물질· 화학공정 관리	화학물질관리	화학물질분석, 화학물질검사·평가, 화학물질취급관리
		화학공정관리	화학공정설계, 화학반응공정개발운전, 화학공정유지운영
		화학제품연구개발	화학제품연구개발, 화학신소재개발, 화학제품기술사업화관리, 의약품비임상시험
	석유·기초 화학물제조	석유·천연가스제조	석유제품제조
		기초유기화학물 제조	석유화학제품제조, 합성수지제조, 합섬원료제조, 합성고무제조, 고분자복합재료제조, 기능성고분자제조

대분류	중분류	소분류	세분류
		기초무기화학물제조	무기질비료제조, 산·알카리제조
	정밀화학제품제조	생리활성화제품제조	의약품제조, 농약제조, 화장품제조
		기능성정밀화학제품제조	계면활성제제조, 첨가제제조, 색소(염·안료)제조, 도료제조, 접착제제조
		바이오의약품제조	바이오의약품제조, 바이오의약품개발, 바이오진단제품개발·서비스, 유전자변형
		바이오화학제품제조	범용바이오화학소재제조, 바이오플라스틱제조, 특수바이오화학제품제조
		수소연료전지제조	수소연료전지제조
	플라스틱·고무제품제조	플라스틱제품제조	압출성형, 코팅, 중공·진공성형, 컴파운딩, 사출성형
		고무제품제조	고무배합, 고무제품제조
	바이오제품제조	개발중	개발중
18. 섬유·의복	섬유제조	섬유생산	방사, 방적, 제직, 편직, 부직포, 사가공
		섬유가공	염색가공
		섬유생산관리	구매생산관리, 생산현장관리
	패션	패션제품기획	패션기획, 패션디자인, 패턴, 비주얼머천다이징
		패션제품생산	제직의류생산, 편직의류생산, 가죽·모피생산, 패션소품생산, 한복생산
		패션제품유통	의류유통관리, 가죽·모피유통관리, 신발유통관리, 패션소품유통관리
		신발개발·생산	신발생산, 신발개발
	의복관리	세탁·수선	세탁, 수선
19. 전기·전자	전기	발전설비설계	수력발전설비설계, 화력발전설비설계, 원자력발전설비설계

대분류	중분류	소분류	세분류
		발전설비운영	수력발전설비운영, 화력발전설비운영, 원자력발전설비운영, 원자력발전전기설비정비, 원자력발전기계설비정비, 원자력발전계측제어설비정비
		송배전설비	송변전배전설비설계, 송변전배전설비운영, 송변전배전설비공사감리, 직류송배전 전력변환설비제작, 직류송배전제어·보호시스템설비제작, 직류송배전시험평가
		지능형전력망설비	지능형전력망설비, 지능형전력망설비소프트웨어
		전기기기제작	전기기기설계, 전기기기제작, 전기기기유지보수, 전기전선제조
		전기설비설계·감리	전기설비설계, 전기설비감리, 전기설비운영
		전기공사	내선공사, 외선공사, 변전설비공사
		전기자동제어	자동제어시스템설계, 자동제어기기제작, 자동제어시스템유지정비, 자동제어시스템운영
		전기철도	전기철도설계·감리, 전기철도시공, 전기철도시설물유지보수
		철도신호제어	철도신호제어설계·감리, 철도신호제어시공, 철도신호제어시설물유지보수
		초임계CO2발전	초임계CO2발전열원설계·제작, 초임계CO2열교환기설계·제작, 초임계CO2회전기기설계·제작
		전기저장장치	전기저장장치개발, 전기저장장치설치
		미래형전기시스템	스마트유지보수운영
	전자기기일반	전자제품개발기획·생산	전자제품기획, 전자제품생산
		전자부품기획·샌산	전자부품기획, 전자부품생산
		전자제품고객지원	전자제품설치·정비, 전자제품영업
	전자기기개발	가전기기개발	가전기기시스템소프트웨어개발, 가전기기응용소프트웨어개발, 가전기기하드웨어개발, 가전기기기구개발
		산업용전자기기개발	산업용전자기기하드웨어개발, 산업용전자기기기구개발, 산업용전자기기소프트웨어개발

대분류	중분류	소분류	세분류
	전자기기개발	정보통신기기개발	정보통신기기하드웨어개발, 정보통신기기기구개발, 정보통신기기소프트웨어개발
		전자응용기기개발	전자응용기기하드웨어개발, 전자응용기기기구개발, 전자응용기기소프트웨어개발
		전자부품개발	전자부품하드웨어개발, 전자부품기구개발, 전자부품소프트웨어개발
		반도체개발	반도체개발, 반도체제조, 반도체장비, 반도체재료
		디스플레이개발	디스플레이개발, 디스플레이생산, 디스플레이장비부품개발
		로봇개발	로봇하드웨어설계, 로봇기구개발, 로봇소프트웨어개발, 로봇지능개발, 로봇유지보수, 로봇안전인증
		의료장비제조	의료기기품질관리, 의료기기인·허가, 의료기기생산, 의료기기연구개발
		광기술개발	광부품개발, 레이저개발, LED기술개발, 광학시스템제조, 광학소프트웨어응용, 광센서기기개발, 광의료기기개발, 라이다기기개발
		3D프린터개발	3D프린터개발, 3D프린터용 제품제작, 3D프린팅 소재개발
		가상훈련시스템개발	가상훈련시스템설계·검증, 가상훈련구동엔지니어링, 가상훈련콘텐츠 개발, 실감콘텐츠하드웨어(디바이스)개발
		착용형스마트기기	착용형스마트기기설계, 착용형스마트기기서비스, 착용형스마트기기개발
		플랙시블디스플레이개발	플랙시블디스플레이모듈개발, 플랙시블디스플레이검사, 플랙시블디스플레이 재료개발
		스마트팜개발	스마트팜기술개발, 스마트팜계측
		OLED개발	OLED조명개발
		커넥티드카개발	커넥티드카소프트웨어기술개발, 커넥티드카콘텐츠서비스
		자율주행차개발	자율주행하드웨어개발, 자율주행소프트웨어개발
20. 정보통신	정보기술	정보기술전략·계획	정보기술잔략, 정보기술컨설팅, 정보기술기획, SW제품기획, 빅데이터분석, IOT융합서비스기획, 빅데이터기획, 핀테크기술기획

대분류	중분류	소분류	세분류
		정보기술개발	SW아키텍처, 응용SW엔지니어링, 임베디드SW엔지니어링, DB엔지니어링, NW엔지니어링, 보안엔지니어링, UI/UX엔지니어링, 시스템SW엔지니어링, 빅데이터플랫폼구축, 핀테크엔지니어링, 데이터아키텍처, IOT시스템연동, 인프라스트럭쳐 아키텍처 구축
		정보기술운영	IT시스템관리, IT기술교육, IT기술지원, 빅데이터운영·관리
		정보기술관리	IT프로젝트관리, IT품질보증, IT테스트, IT감리
		정보기술영업	IT기술영업, IT마케팅
		정보보호	정보보호관리·운영, 정보보호진단·분석, 보안사고분석대응, 정보보호암호·인증, 지능형영상정보처리, 생체인식(바이오인식), 개인정보보호, 디지털포렌식
		인공지능	인공지능플랫폼구축, 인공지능서비스시획, 인공지능모델링, 인공지능서비스운영관리, 인공지능서비스구현
		블록체인	블록체인분석·설계, 블록체인구축·운영, 블록체인서비스기획
		스마트물류	스마트물류체계기획, 스마트물류플랫폼구축, 스마트물류통합관리
		디지털트윈	디지털트윈기획
	통신기술	유선통신구축	교환시스템구축, 구내통신구축, 네트워크구축, 구내통신설비공사, 실감형플랫폼구축, 철도정보통신설비공사, 도로·교통정보통신설비공사, 항해·항만정보통신설비공사, 항공·항행정보통신시설공사, 클라우드플랫폼구축
		무선통신구축	무선통신시스템구축, 전송시스템구축, 무선통신망구축, 위성통신망구축, IOT통신망구축, 공공안전통신망구축
		통신서비스	유선설비접속서비스, 전용회선서비스, 초고속망서비스, 부가네트워크서비스, 전보서비스, 이동통신서비스, 콘텐츠사용자서비스, 콘텐츠네트워크서비스, 무선초고속인터넷서비스, 주파수공용통신, 무선호출메시징서비스, 위성통신서비스, 특수이동통신서비스, 인터넷지원서비스, 부가통신응용중계서비스, 특수부가통신서비스, 무선데이터통신서비스, 디지털비즈니스지원서비스, 실감형통신서비스
		실감형콘텐츠제작	가상현실콘텐츠제작, 실감콘텐츠촬영, 증강현실(AR)콘텐츠제작

대분류	중분류	소분류	세분류
	방송기술	방송제작기술	중계방송, 방송품질관리
		방송플랫폼기술	라디오방송, 지상파TV방송, 지상파DMB, 케이블방송, 인터넷멀티미디어방송
		방송서비스	유무선통합서비스, 방송시스템운영, 정보시스템운영, 방송기술지원서비스, 방송장비설치유지보수, 소셜미디어방송서비스
21. 식품가공	식품가공	식품가공	수산식품가공, 두류식품가공, 축산식품가공, 유제품가공, 건강기능식품제조가공, 김치·반찬가공, 면류식품가공, 곡류·서류·견과류가공, 음료주류가공, 식품가공연구개발, 식품품질관리
		식품저장	수산식품저장, 농산식품저장, 축산식품저장
		식품유통	수산식품유통, 농산식품유통, 축산식품유통
	제과·제빵·떡제조	제과·제빵·떡제조	제과, 제빵, 떡제조, 한과제조
22. 인쇄· 목재· 가구· 공예	인쇄·출판	출판	출판기획, 편집디자인, 편집, 출판물제작·공정관리
		인쇄	프리프레스, 평판인쇄, 특수인쇄, 인쇄후가공, 간판디자인·제작·설치
	공예	공예	칠공예, 도자공예, 석공예, 목공예, 금속공예, 가구제작, 섬유공예, 나전칠기
		귀금속·보석	귀금속가공, 귀금속품위감정, 보석가공, 보석감정, 보석디자인, 주얼리마케팅
23. 환경· 에너지· 안전	산업환경	수질관리	수질오염분석, 수질공정관리, 수질환경관리, 정수시설운영관리, 상수관로시설운영관리, 하수관로시설운영관리
		대기관리	대기환경관리, 온실가스관리, 기상기술관리, 기후변화적응
		폐기물관리	폐기물처리시설설계·시공, 폐기물관리
		소음진동관리	소음진동관리, 소음진동측정·분석평가
		토양·지하수관리	지하수관리, 토양관리
	환경보건	환경보건관리	산업환경보건, 실내공기질관리, 위행성관리
	자연환경	생태복원·관리	생태복원, 생태관리

대분류	중분류	소분류	세분류
	환경서비스	환경경영	환경컨설팅, 환경시설운영, 환경관리
		환경평가	환경영향평가, 환경조사분석
	에너지·자원	광산조사·탐사	광산지질조사, 지구물리·화학탐사, 석유시추, 광물시추
		광물·석유자원개발·생산	광물자원개발·생산, 석유자원개발·생산, 자원처리
		광산환경관리	광해조사, 광해복원
		광산보안	광산보안관리, 화약류관리
		신재생에너지생산	태양광에너지생산, 태양열에너지생산, 연료전지에너지생산, 바이오에너지생산, 해양에너지생산, 풍력에너지생산, 폐자원에너지생산, 지열엔저지생산·활용
		에너지관리	에너지절약서비스, 건물에너지관리시스템운영관리
	산업안전	산업안전관리	기계안전관리, 전기안전관리, 건설안전관리, 화공안전관리, 가스안전관리, 방사선측정평가, 원자력발전소해체방사성폐기물관리
		산업보건관리	산업보건관리, 근로자작업환경관리
		비파괴검사	비파괴검사, 방사선비파괴검사, 초음파비파괴검사, 자기비파괴검사, 침투비파괴검사, 와전류비팍괴검사, 누설비파괴검사, 특수비파괴검사
24. 농림어업	농업	작물재배	수도작재배, 전작재배, 채소재배, 과수재배, 화훼재배, 버섯재배, 특용작물재배, 시설원예, 유기재배
		종자생산·유통	종자계획, 육종, 종자생산, 종자유통보급
		농촌개발	농촌체험상품개발, 농촌체험시설운영, 농업환경개선, 농산물품질관리
		화훼장식	단위화훼장식, 공간화훼장식
	축산	축산자원개발	사료생산, 종축, 동물용의약품제조, 수의서비스, 수의보조, 애완동물미용, 말이용, 반려동물행동교정
		사육관리	젖소사육, 돼지사육, 가금사육, 한우사육, 말사육, 곤충사육
	임업	산림자원조성	임업종묘, 산림조성

대분류	중분류	소분류	세분류
		산림관리	산림개발, 산림보호
		임산물생산·가공	임산물생산, 목재가공, 펄프·종이제조
	수산	어업	원양어업, 근해어업, 연안어업, 내수면어업
		양식	해면양식, 수산종묘생산, 내수면양식, 스마트양식
		수산자원관리	수산자원조성, 수산질병관리, 염생산
		어촌개발	어촌체험상품개발, 어촌체험시설운영, 어업환경개선

프랑스 ONISEP 직업분류표

대분류	중분류	소분류
1. 농업-목재 Agriculture-Bois	농업 Agriculture	농업경작자, 양식업자, 채소재배반장, 농기계운전자, 농업컨설턴트, 농기계 성능검사원, 원예재배원, 채소시험재배기사, 임업기사, 채소재배원, 농기계기술자, 포도주양조전문가, 임업노동자, 임업기술자, 수의사, 포도재배원
	목재산업 Filière bois	연장 칼갈이(연삭기 날 정비원), 주방과 욕실 플래너, 대목수, 제지기계조작원, 제재소 작업반장, 산업디자이너, 가구제작자, 산림기사, 제지기사, 소목수, 임업노동자, 제재소 책임자, 임업기술자
2. 건축-조경-도시계획 Architecture- Paysage-Urbanisme	건축, 도시계획, 조경 Architecture, urbanisme, paysage	지역개발전문가, 건축가, 실내건축가, 개념설계사, 측량사, 조경원, 조경사, 기획가, 조경기술자, 도시계획가
3. 군대-안전 Armée-Sécurité	국방 Défense	사병, 군항공부사관, 공군장교, 육군장교, 해군장교, 해군부사관, 공군부사관, 육군부사관
	안전 Securité	경비경찰, 철도보안요원, 자금호송원, 사립탐정, 경찰간부, 기동경찰, 지방경찰, 헌병, 과학수사관, 수색견담당관, 헌병장교, 경찰관, 소방관
4. 예술-공예-문화 Arts- Artisanat-Culture	미술, 디자인 Art, design	2D, 3D 애니메이터, 실내건축가, 무대장식가, 산업디자이너, 만화가, 예술감독, 그래픽디자이너, 일러스트레이터, 편집디자이너, 예술품복원전문가, 패션스타일리스트(의상개념디자이너), 웹디자이너
	공예 Artisanat d'art	보석세공인, 자수전문가, 도예가, 가구제작자, 액자전문가, 악기제작자, 철물제작자, 시계제조공, 금세공인, 금박장식공, 실내장식화가, 석재생산자, 양탄자제조공, 스테인글라스제조공
	공연예술 Arts du spectacle	곡예사, 가수, PD, 코미디언, 의상담당, 무용수, 무대장식가, 예술감독, 조명기사, 무대장치기사, 음악가, 공연감독

대분류	중분류	소분류
	문화와 유물 Culture et Patrimoine	유물애호가, 골동품상, 고고학자, 고문서전문가, 경매인, 유물보존전문가, 예술품복원전문가
	패션 Mode	구매전문가, 제화공, 자수전문가, 마케팅조사팀장, 상품머천다이저 , 영업책임자, 수출담당, 구두수선공, 섬유기사, 가죽세공전문가, 의상모델디자이너, 모자제조인, 실크스크린전문가, 패션스타일리스트(의상개념디자이너), 재단사와 재봉사, 패턴사, 마구제조인
5. 보험–은행 Assurance– Banque	은행, 보험 Banque, assurance	보험계리사, 보험설계사 , 신용분석가, 재무분석가, 경제조사팀장, 마케팅조사팀장, 은행고객서비스팀장, 합병인수컨설턴트, 보험중개인, 은행지점장, 보험계약관리인, 유가증권관리인, 창구직원, 은행조사역, 위험관리인(리스크관리인), 은행사무관리인 , 판매인, 주식구매인, 텔레마케터, 주식매개인
6. 시청각예술– 정보–커뮤니케이션 Audiovisuel– Information– Communication	시청각예술 Audiovisuel	2D, 3D 애니메이터, 라디오와 TV진행자, 조감독, 촬영기사, PD, 편집장, 촬영감독, 음향기사, 사진기자–리포터, 무대장치기술자, 사운드믹서, 사진사, 무대감독, 대본작가, 스크립트(기록담당)
	커뮤니케이션 Communication	보도자료담당, 내부고충상담원, 이벤트기획팀장, 홍보팀장, 회사이미지 관리자, 그래픽디자이너, 도판 담당, 일러스트레이터, 편집디자이너, 웹디자이너, 웹마스터
	출판, 서점, 도서관 Edition, librairie, bib- liotheque	사서, 멀티미디어프로젝트관리인, 만화가, 편집인, 그래픽산업제작자, 그래픽디자이너, 도판 담당, 일러스트레이터, 서점상, 편집디자이너, 온라인이미지홍보 작업자, 금박장식가, 편집비서
	언론 Journalisme	기자, 사진기자–리포터, 편집장, 사진기자, 편집비서
	번역, 통역 Traduction, inter- prétation	여행가이드, 운송전문가, 영업보조, 헤드헌팅보조, 모집담당관, 관광상품개발관리자, 세관업무담당, 다큐멘터리작가, 기자, 물류기사, 통번역사
7. 지속가능한건설– 건물과 토목 Construction durable – Bâtiment et Travaux publicstravaux pub- lics	건물과 토목 Bâtiment et travaux publics	BIM 매니저, 타일공, 목수, 공사장감독, 건설장비운전자, 현장간부, 토목기술자, 프로젝트기안자, 건설경제학자, 전기공, 측량사, 기중기운전기사, 건축토목기사, 기후공학기사, 조적공, 소목수, 냉동공조설치자, 건물도장공, 배관공, 철물공

대분류	중분류	소분류
8. 법률–경제–경영 Droit– Économie Gestion	회계, 경영, 인사 Comptabilité, gestion˙, ressources humaines	중소기업경영보조, 인사보조, 외래감사, 내부감사, 회계책임자, 회계원, 경영감사, 신용관리팀장, 회계사, 급여과장, 인사과장, 채용담당자
	법률, 치안 Droit, justice	법원공무원, 변호사, 법원서기, 공증보조인, 경찰간부, 갱생 및 보호관찰 상담원, 교도소소장, 청소년사법보호관, 법정서기, 사법집행관, 보호관찰전담판사, 예심판사, 아동전담판사, 회사변호사, 사법판사, 법정대리인, 공증인, 경찰관, 법무사, 공판검사
	부동산 Immobilier	재산관리인, 부동산중개인, 부동산감정인, 부동산전문가, 공동주택관리인
9. 교육–연구 Enseignement– Recherche	교육 Enseignment	교무주임, 스포츠지도자, 미술교사, 특수교사, 연구교사, 평생교육사, 농업교사, 중등교사, 실업계고등학교교사, 수학교사, 물리화학교사, 음악교사, 무용교사, 체육교사, 초등교사, 사서교사, 상담교사, 학교장
	연구 Recherche	농학자, 시험용동물사육사, 천체물리학자, 생체정보공학자, 환경생물학자, 생물학연구원, 화학연구원, 물리학연구원, 인구학자, 연구교사, 민속학자, 재생엔지니어기사, 농식품기사, 언어학자, 해양학자, 약사, 사회학자, 동물학자
10. 에너지–환경 Énergies– Environnement	에너지 Énergie	풍력발전기획팀장, 실내공간에너지상담사, 에너지진단사, 전기설치기사, 지질학자, 지구물리학자, 태양에너지공학자, 재생에너지공학자, 가스공학자, 원자력공학자, 석유공학자, 지열공학자, 수력전문가, 화공학자, 전기공학자, 정유공장기술자, 가스관설치기술자, 고압선설치기술자, 석유탐사기술자, 보일러기술자
	환경 Environnement	도시환경미화원, 환경보호운동가, 환경생물학자, 산업안전환경책임자, 환경컨설턴터, 산림감시원, 기마감시원, 지리정보전문가, 수력기사, 환경공학자, 재생에너지연구개발엔지니어, 기상학자, 생활쓰레기수거책임자, 수맥탐사기술자, 폐기물처리기술자, 보일러기술자
11. 행정사무– 운송–물류 Gestion administrative– Transport– Logistique	물류와 운송 Logistique et trans- port	운송전문가, 내수운항선원, 열차기관사, 노선운전기사, 선박중개인, 관세사, 물류기사, 창고지게차운전기사, 상선선원, 철도교통관제사

대분류	중분류	소분류
12. 호텔–레스토랑–관광 Hôtellerie–Restauration–Tourisme	호텔, 레스토랑 Hôtellerie, restauration	바텐더, 조리사, 레스토랑지배인, 호텔관리인, 레스토랑종업원, 객실담당, 웨이터, 집단급식소관리인, 호텔청소담당, 호텔지배인, 제과제빵사, 호텔프론트담당, 소믈리에
	관광 Tourisme	중급등산가이드, 승마관광가이드, 여행가이드, 문화재애호자, 환경보존운동가, 사회문화운동가, 여행안내원, 관광안내소장, 고산관광가이드
13. 산업 Industries	농기계 Agroéquipement	농기계운전사, 농업회사작업반장, 농기계기술강사, 농기계연구개발공학자, 농업장비수리공, 농기계시제품기술자, 농업장비시연기술자
	자동차 Automobile	자동차구매대행자, 공기역학자, 자동차 부품판매원, 자동차판매책임자, 자동차기술검사원, 산업디자이너, 기계설계사, 일렉트로메카닉전문가, 계산공학자, 자동화공학자, 기계공학자, 물류기사, 부품제조기술자, 마구제조인, 용접공, 산업정비기술자, 자동차정비기술자
	항공, 철도, 선박건조산업 Construction aéronautique, ferroviaire et navale	공기역학전문가, 선박설계사, 주물제조공, 인공지능활용전문가, 기계설계사, 항공정비기술자, 자동화엔지니어, 선박건조기사, 기계공학자, 계측공학자, 창고지게차운전기사, 선박기관사, 항공기정비공, 마구제조인, 대장장이, 시험검사원, 전자기능공, 계측기술자
	전자 Électronique	아날로그기술자, 전자공학자, 항공안전시스템기술자, 자동화기술자, 디지털전자공학자, 임베디드시스템공학자, 기술영업엔지니어, 메카트로닉스 엔지니어, 전기장비기술자, 광학전자전문가, 시험검사원, 전자기능공, 전기기능공, 통신 및 네트워크기능공
	식품산업 Industrie alimentaire	구매대행자, 제품마케팅책임자, 식품생산라인반장, 식품향기전문가, 농식품연구개발자, 물류전문가, 식품제조운영자, 자동화라인조종자, 품질관리사, 농식품품질관리책임자, 화공기술자, 산업정비기술자, 농식품기술영업자
	화공산업 Industrie chimique	위생안전환경담당자, 화학연구원, 조합전문가, 특허전문엔지니어, 화공학자, 화학분석기사, 플라스틱공학자, 화학공정기술자, 화학기술영업전문가, 자동화라인조종자, 품질관리사, 화학제조책임자, 화학검사실책임자, 화학규제업무전문가, 화공기술자, 계측기술자

대분류	중분류	소분류
	유지보수 maintenance	엘리베이터기사, 부품판매원, 자동차기술검사원, 밧줄작업자, 전자기계기술자, 자동차전자기술자, 항공기정비기술자, 오토바이정비기술자, 전기장비기술자, 배전망설치전문가, 자동차정비기술자, 에어컨정비기술자, 산업정비기술자, 전자기능공, 전기기능공, 자동화 기술자, 토목장비기술자, 고압선기술자
	기계 Mécanique	배관공, 보일러공, 나사제조공, 기계설계사, 전자기계기술자, 계산엔지니어, 자동화공학자, 기계공학자, 기술영업전문가, 선박기관사, 항공정비사, 오토바이기술자, 부품제조기술자, 농기계수리공, 정밀기계기술자, 주물사, 디지털제어게계운전자, 용접공, 자동차정비공, 대장장이, 산업정비기술자, 자동화 기술자, 토목장비기술자
	종이산업 Papiers cartons	포장기술책임자, 컬러리스트, 포장개념디자이너, 골판지제조기계운전자, 인쇄기운전자, 제지기계운전자, 작업반장, 에너지전문가, 산업정비엔지니어, 제지기술연구원, 품질관리원, 물류엔지니어, 품질위생안전환경책임자, 물류기사, 산업정비기술자, 포장기술자
	유리, 콘크리트, 세라믹 Verre, béton, céramique	도예가, 타일공, 나무상자제조인, 화공학자, 조적공, 자동화라인조종자, 유리수작업제조공, 세라믹기술자, 화공기술자, 유리산업기술자, 유리제품제조전문가, 유리제품제조공, 스테인글라스전문가, 실크스크린전문가
14. 정보–인터넷 Information – internet	정보와 망 Informatique et réseaux	데이터베이스관리자, 네트워크관리자, 정보시스템설계자, 네트워크구축전문가, IT프로젝트관리자, 정보시스템컨설턴트, IT개발자, 컴퓨터보안전문가컴퓨터 규격전문가, 마이크로컴퓨터센터관리자, 컴퓨터긴급복구전문가, 산업용컴퓨터전문가, 클라우드컴퓨팅전문가, 계측엔지니어, 시뮬레이션소프트웨어연구개발자, 시스템엔지니어, 통신 및 네트워크엔지니어, IT기술영업전문가, 컴퓨터정비기술자, 통신 및 네트워크기술자, 테스트검사원
	비디오게임 Jeu vidéo	2D 및 3D 애니메이터, 멀티미디어프로젝트책임자, 비디오게임기획전문가, 단체활동전문가, 음향디자이너, 예술감독, 그래픽디자이너, 테스트검사원
15. 고객서비스 Relation client (accueil–relation client,commerce, vente)	상업, 유통 Commerce, distribution	구매대행자, 상업보조원, 중소기업관리보조원, 영업담당, 정육점, 제빵사, 현금출납원, 델리카터슨, 영업구역책임자, 판매책임자, 식품판매원, 수출영업담당, 신용관리자, 대형매장관리인, 머천다이저, 판촉책임자, 애프터서비스책임자, 판매원

대분류	중분류	소분류
	마케팅, 광고 Marketing, publicité	마케팅연구담당, 미디어연구담당, 마케팅제품관리자, 광고책임자, 카피라이터, 데이터관리자, 예술감독, 그래픽디자이너, 일러스트레이터, 편집디자이너, 판촉책임자, 온라인유통기획자, 웹디자이너
16. 건강– 사회복지–스포츠 Santé– Social–Sport	의료 Médical	치과의사, 일반의, 전문의, 약사, 제약약사, 조산사
	의료보조 Paramédical	간병인, 앨블런스기사, 치위생사, 보청기사, 육아도우미, 영양사, 작업치료사, 간호사, 방사선사, 물리치료사, 안경사, 언어치료사, 보철전문의, 시력교정사, 정골사, 발전문의, 발교정사, 약조제 조수, 치기공사, 정신운동치료사, 육아전문가, 의료비서, 생의학분석기술자
	사회복지 Social	교육 및 사회복지지원종사자, 사회문화활동가, 사회봉사도우미, 보육도우미, 사회 및 가정경제상담원, 사회 및 직업전직도우미, 특수교사, 사회적 약자 도우미, 사회 및 가족개입도우미
	스포츠 Sport	중급등반가이드, 승마관광가이드, 스포츠지도사, 운동트레이너, 고산등반가이드, 수중활동 및 수영강사, 승마활동강사, 스키강사, 체육 및 스포츠강사, 전문스포츠 선수

벨기에 SIEP 직업분류표

대분류	중분류	소분류
행정과 법제 Administra- tion & législation	법률 Droit	특허대리인, 법률보조원, 변호사, 변호사회 회장, 사법칼럼니스트, 청소년지원상담사, 법률고문, 사회상담사, 사립탐정, 법심리전문가, 법정서기, 집행관, 판사, 회계감사원재판관, 기업체 변호사, 국제기구 변호사, 환경변호사, 법의학자, 중재자, 공증인, 옴부즈만, 사법비서, 법정속기사
	경영 Gestion administrative	예술단체 관리인, 여론조사전문가, 문화센터프로그램운영자, 유통관리인, 총무보좌관, 관리총무, 재무관리이사, 음반기획사 대표, 공연장 대표, 대표이사, 전력회사 사장, 재고업무 담당, 행정서사, 사무직원, 정보기록관리원, 요양기관 총무, 수출입업무 담당, 사회문화팀 관리자, 데이터입력업무 담당, 애프터서비스 책임자, 비서, 회계비서, 속기타이피스트, 정보시스템기술자, 전화상담 및 영업비서
	인사관리 Gestion des ressources humaines & travail	노조임원, 고용분석가, 헤드헌터, 고용 및 전직상담사, 사회복지상담사, 인사과장, 인간공학자, 노동심리학자
	행정 Politique & fonction publique	세무담당자, 정무비서, 장관비서실장, 시의원, 정책보좌관, 외교관, 기초자치단체장, 정치학자, 지방세무공무원
건축과 건설 Bâtiment & construction	나무 Bois	대목수, 목조주택전문가, 소목수, 목재내장전문가
	공사현장관리 Conception & gestion de chantiers	건축가, 실내건축가, 현장감독, 건설프로젝트책임자, 언전관리요원, 인력중개인, 철조구조물 제도사, 건설설계사, 전기공사설계사, 건축경비조율담당, 건축공사 감독, 포장공사 감독, 토목공사 감독, 태양에너지사업체 관리인, 수리기술자, 건축기사, 건설연구소 기사, 토목기사, 풍력발전기기개발기술자, 건설감리사, 건축공사적산사, 공병장교, 측량기사, 건설공사기안자

대분류	중분류	소분류
	설비 및 마감 Equipement & parachèvement	타일공, 공사장 감독, 태양열시스템기술고문, 지붕기술자, 스마트홈설계사, 전기기술자, 상수도기술자, 태양열업체사장, 태양에너지전문가, 전기설비검사원, 목재난로설치기술자, 통신설비시설원, 중앙난방기술자, 하수처리기술자, 난방기술자, 태양열집열판설치기술자, 도장공, 천장전문기술자, 미장공, 배관공, 바닥재시공자, 석공, 에어컨기술자, 태양열에너지전문기술자, 유리창시공자
	기본공사 Gros oeuvre	하수관기술자, 바닥공사기술자, 철골공, 거푸집공, 건설기계조종원, 풍력발전기초건설기술자, 지붕기술자, 배근공, 시추기술자, 기중기조종원, 조적공, 건설인부, 도로포장인부, 도로공사인부, 토공작업자
	부동산 Immobilier	공인중개사, 건축물에너지평가사, 사회복지주택관리운영자, 부동산전문가, 측량기사, 부동산개발자
	유지 보수 Maintenance & entretien	기업체청소원, 가사도우미, 수위, 해충방제원, 청소업체 대표, 기계공, 태양광설비청소원, 유지보수인부, 굴뚝청소부, 부동산관리인
커뮤니케이션 정보통신 Communica- tion	접수 및 대중관계 Accueil & relations publiques	접수 및 안내원, 발권담당, 문예기획발굴가, 스포츠기획발굴가, 광고/홍보작업보조, 보도자료담당, 홍보책임자, 대외활동책임자, 청중/관중 서비스담당, 로비스트, 긴급구조센터직원, 콜센터직원, 행사기획담당, 접수 및 안내원, 호텔프론트직원, 공공질서관리요원, 전화상담 및 영업비서
	문서 및 보존 Documentation & conservation	문헌정보관리자, 사서, 지도제작기술자, 유물보존관리원, 디스코텍/나이트클럽음반관리원, 기록물관리원, 자료정보안내원, 대여장난감정리원, 박물관관리전문가, 사진측량사, 교재교구관리기술자
	정보 Information	라디오/TV진행자, 보도자료담당, 홍보책임자, 칼럼니스트, 평론가, 출판인, 편집인, 통역사, 기자, 기업전문기자, 사진기자, 편집국장, 편집기자, 번역가
	멀티미디어와 웹 Multimédia & Web	2D/3D 애니메이터, 멀티미디어 진행자, 정보아키텍처, 멀티미디어구성작가, 멀티미디어프로젝트책임자, 이미지 관리자, 멀티미디어 컨셉 디자이너, 비디오 컨셉 디자이너, 편집 컨셉 디자이너, 웹통신 컨설턴트, 웹 개발자, 멀티미디어 예술 감독, 멀티미디어 인체공학자, 인터넷/멀티미디어 기술전문가, 멀티미디어 강사, 컴퓨터그래픽디자이너, 웹프로그래머, 멀티미디어 PD, 웹편집자, 웹사이트경쟁력관리인, 멀티미디어품질검사원, 음향디자이너, 컴퓨터이미지전문가, 온라인유통기획자, 경제동향분석가, 웹디자이너, 인터넷마케팅관리인, 웹마스터
	광고 Publicité	마케팅연구 담당, 광고물 제작책임자, 제품관리자, 이미지관리자, 편집컨셉디자이너, 광고물 미술감독, 광고물기획개발팀장, 마케팅팀장, 그래픽디자이너, 카피라이터, 미디어광고개발기획자, 미디어기획자, 광고영업책임자, 광고밑그림도안자, 광고전략기획자, 온라인유통기획자

대분류	중분류	소분류
문화 Culture	건축, 장식 및 디자인 Architecture, décoration et design	건축가, 실내건축가, 실내장식가, 가구장식가, 무대장식가, 디자이너, 텍스타일디자이너, 금박장, 가구제작자, 액자전문가, 디스플레이어, 금속공예가, 의상모델디자이너, 모형제작자, 모자이크전문가, 도장공, 가구수리기술자, 천장마무리공, 양탄자공예인, 도시계획가, 장식용품판매장점원
	공예 Artisanat	중세기사 무장제조인, 보석세공인, 통 제조기술자, 도예가, 철판제조가공기술자, 금속조각가, 제화공, 칼 제조공, 가구장식가, 다이아몬드세공인, 금박장, 가구제작자, 액자전문가, 현악기제조기술자, 가구마무리기술자, 주조공/청동제조조각가, 모피제조인, 보석감정사, 시계공, 가죽세공전문가, 상감세공기술자, 금속공예가, 목재가구조립기술자, 모자이크기술자, 금은세공기술자, 제지기술자, 담배파이프제조공, 바인더제조기술자, 쿠숀제작기술자, 목조각가, 열쇠공, 보석세팅기술자, 천장마무리공, 묘지기념물제조기술자, 석공, 가죽제조판매인, 박제기술자, 직조공, 목제품가공기술자, 유리제조공, 스테인글라스전문가
	디지털예술 Arts numériques	2D/3D 애니메이터, 멀티미디어구성작가, 멀티미디어프로젝트책임자, 멀티미디어 컨셉 디자이너, 비디오 컨셉 디자이너, 멀티미디어 예술감독, 멀티미디어 기록물관리원, 멀티미디어 인체공학자, 게임 디자이너, 컴퓨터그래픽디자이너, 멀티미디어 PD, 멀티미디어품질검사원, 음향디자이너, 컴퓨터이미지전문가, 특수효과전문가, 비디오 자키, 웹마스터
	조형 및 시각예술 Arts plastiques et visuels	만화가, 만평가, 도예가, 소묘작가, 그래피티 아티스트, 그래픽디자이너, 조각가, 문장 제작기술자, 일러스트레이터, 개념설계사, 카피라이터, 석판공, 모형제작자, 화가, 사진사, 사진리포터, 조형응용미술교수, 광고밑그림도안자, 조각가, 실크스크린인쇄기사, 스토리보드작가, 문신예술가
	영화, 라디오 및 텔레비젼 Cinéma, radio et télévision	배우, 각색자, 애니메이션영화 진행자, 라디오/TV 진행자, 조연출, 조감독, 음향효과전문가, 카메라기사, 스턴트맨, 라디오/TV 시청자담당, 칼럼리스트, 영화음악작곡가, 연극·영화평론가, 캐스팅 디렉터, 사진촬영감독, 포스트프로덕션 디렉터, 라디오/TV 감독, 영화배급 담당자, 영화관 운영자, 무대장치기술자, 영화편집담당, 영화제 주최자, 무대사진사, PD, 음악프로그램진행자, 영사기사, 감독, 제작총감독, 영화배경장소 물색 담당, 시나리오작가, 기록담당보조, 스토리보드작가, 비디오, DVD 판매/대여점주
	서커스 및 거리공연예술 Cirque, arts forains et de la rue	공중체조곡예사, 놀이용 불꽃 제작기술자, 어릿광대, 곡예장치디자이너, 곡예체조인, 불 뿜는 곡예사, 곡예단 코미디언, 동물조련사, 줄타기곡예사, 분위기조성놀이기구운영인, 서커스기술훈련원, 손재주 곡예사, 마술사, 마임, 천막설치기술자, 공중그네 곡예사

대분류	중분류	소분류
	문학 Lettres	각색자, 문예기획발굴가, 문헌정보관리자, 극작가, 문학 작가, 사서, 콩트 작가, 문학 비평가, 도서공급책, 기록물관리원, 행정서사, 출판인, 통역사, 서점상, 언어학자, 불문학교수, 고대언어문자교수, 외국언어문학교수, 웹편집자, 시나리오작가, 번역가
	패션 Mode	의류 및 액세서리구매대행자, 이미지 컨설턴트, 제화공, 무대의상담당자, 양장디자이너, 텍스타일 디자이너, 패션컬렉션 디렉터, 모델에이전시 디렉터, 모피제조인, 장갑제조인, 의상점 경영인, 직물점 경영인, 의류도매상, 패션모델, 가죽세공전문가, 모형제작자, 패턴디자이너, 여성모자제조인, 조향사, 재단사, 가발제작인, 패션사진작가, 패션트렌드 분석가, 의상제작실 책임자, 패션스타일리스트, 직조공, 의상부띠그 판매원, 비주얼머천다이저
	음악과 무용 Musique et danse	조율사, 편곡자, 가극 각본작가, 성악가/합창단원, 오케스트라 책임자, 합창단장, 안무가, 작곡가, 음악 비평가, 무용가, 음반사 대표, 뮤지컬 단장, 디스코텍/나이트클럽음반관리원, 음반가게 판매원, 음반DJ, 현악기 제조인, 음악가/기악가, 음악학자, 성악교수, 무용교수, 음악교수, 음악프로그램진행자
	조직 및 관리운영 Organisation et encadrement	회사관리자, 예술에이전트, 사회문화애호가, 문화센터 친목회장, 문화담당관, 배포담당자, 문화프로젝트 담당자, 메세나 담당자, 큐레이터, 미술평론가, 예술감독, 공연장 대표, 교육자, 전문강사, 갤러리 운영자, 사회문화코디네이터, 학예사, 문화행사주최자, PD, 문화프로그램기획자
	유물 Patrimoine	유물애호가, 골동품상, 고고학자, 큐레이터, 경매인, 유물보존전문가, 예술품감정전문가, 갤러리 운영자, 여행가이드, 미술사학자, 박물관관리전문가, 예술품복원기술자
	영상 및 무대기술 Technique et métiers de l'ombre	액세서리장식전문가, 음향효과전문가, 카메라기사, 무대미용사, 무대장치디자이너, 무대의상담당자, 공연무대장식가, 조명기사, 무대장치기술자, 메이크업아티스트, 영상편집담당, 천막설치기술자, 공연진행감독, 특수효과기술자, 음향기술자
	연극 Théâtre	배우, 극작가, 꽁뜨작가, 연극영화평론가, 코미디언, 즉흥연주자, 인형극전문가(복화술사), 공연연출가, 마임, 드라마예술교수, 접수 및 안내원, 무대설계가
경제와 경영 Economie & gestion	보험, 은행, 증권 Assurances, banque & marchés boursiers	보험계리사, 은행창구직원, 신용분석가, 환전상, M&A 컨설턴트, 유가증권관리인, 보험중개인, 금융기관장, 은행원, 보험사 직원, 자산관리인, 재산관리인/사설은행가, 주식관리인, 유동자산관리인, 보험감리인, 상인, 법무담당책임자, 지불수단관리책임자

대분류	중분류	소분류
	상업, 유통 및 마케팅 Commerce, distribution & marketing	구매대행자, 역매표원, 여론조사분석가, 시장조사분석가, 제품설명담당직원, 골동품상, 상사직원, 현금출납원, 마케팅연구담당, 대외무역담당, 유통관리자, 부서장, IT영업사원, 경매인, 자동차특판딜러, 동물컨설턴트, 의료대리인, 지점개척자, 총판업자, 마케팅책임자, 매장장식전문가, 플로리스트, 중고옷수집판매상, 모금활동가, 가게관리인, 의류도매상, 기술영업엔지니어, 서적상, 가게주인, 머천다이저, 콜센터직원, 중소기업사장, 기술영업대리인, 광고영업책임자, 영업책임자, AS책임자, 재활용전문가, 판매원, 비주얼머천다이저, 웹전자상거래인
	경영, 회계 Gestion & comptabilité	경제개발담당자, 감사, 비즈니스분석가, 외부재무회계담당, 내부재무회계담당, 세무사, 창업컨설턴트, 인수합병컨설턴트, 경영업무감사, 행정 및 재무관리이사, 경제학자, 기업가, 공인회계사, 공인세무사, 모금활동가, 환경회사경영인, 재정분석전문가, 경제경영학교수, 기업회계감사원, 회계비서
환경과 자연 Environne- ment & nature	농업, 채소 Agriculture & végétaux	농학자, 과수재배자, 식물학자, 버섯재배자, 유기농검사원, 농장실무자, 플로리스트, 꽃재배자, 채소재배자, 생명공학자, 농업환경검사관, 농기계기술자, 균류학자, 포도주양조전문가, 농업단순노동자, 종묘업자, 잔디생산자, 종자생산업자, 담뱃재배업자, 채소생산기술자, 포도재배자
	동물 Animaux	산림공무원, 축산업자, 유기동물보호활동가, 양봉업자, 수산양식업자, 동물간호사, 조류사육사, 연방기마경찰, 동물행동심리전문가, 조개양식업자, 동물상담사, 동물사육컨설턴트, 동물종보호전문가, 교육농장운영자, 동물원관리인, 동물조련사, 동물사육사, 말조련사, 동물행동학자, 목장실무자, 승마연습장실무자, 동물특별보호인, 농촌특별감시인, 동물호텔운영자, 자연해설사, 동물인공수정사, 동물사육감독관, 개조련사, 말발굽기술자, 말관리인, 고생물학자, 양어사업가, 경찰견운영경찰관, 동물보호센터장, 동물재활센터간호사, 동물원간호사, 박제기술자, 실험실동물관리전문가, 승마교관, 동물미용사, 수의사, 동물학자, 동물심리치료사
	나무, 산림 Bois & forêt	산림공무원, 과수재배자, 벌목공, 산림관리구역장, 임업용기계운전자, 목재운반공, 나무전지전문가, 산림목록평가작성자, 임업전문가, 산림실무자, 목재상, 육묘실무자, 조림사업가, 산림과학기술자
	물, 바다 Eau & mer	축산학자, 수산양식업자, 수중고고학자, 해양생물학자, 수로전문가, 제방공사기술자, 식수생산단위부서책임자, 조개양식업자, 하수도기술자, 하수처리장경영인, 해초채취자, 어로기술자, 수력기술자, 수생생물학자, 수리지리학자, 광천학자, 어류학자, 생선도매상, 선원, 해양학자, 수중작업기술자, 준설노동자, 어선선장, 양어사업가, 해양잠수요원(군인), 홍수경보예보관, 염전업자, 해양인명구조원, 수질분석실험실기술자

대분류	중분류	소분류
	생태, 폐기물처리 Ecologie & gestion des déchets	에너지관련사회활동가, 자연보호사회활동가, 바이오연료사업지원사업가, 에너지모니터, 환경연구책임자, 풍력발전단지책임자, 기후학자, 풍력발전설계전문가, 재생에너지컨설턴트, 공간에너지정보안내원, 풍력발전기초시설건설업자, 환경컨설턴트, 도로환경미화원, 친환경컨설턴트, 생태학자, 수력장비제조업자, 바이오메탄가스 농작물경작자, 신재생에너지지역보급촉진자, 풍력발전단지관리인, 하수처리장경영인, 자연해설사, 풍력발전기건설전문가, 태양에너지기사, 지열개발기사, 오염방지대책검사원, 환경법 관련 법률가, 기상학자, 환경보호협회장, 수력발전소 책임자, 기업에너지부서 책임자, 녹지공간책임자, 토양복원전문가, 풍력발전기정비기술자, 환경기술자, 폐기물선별기술자, 재활용전문가
	녹색도시공간 Espaces verts & urbains	음향전문가, 조경설계사, 제설트럭운전기사, 도로환경미화원, 정원사, 조경사, 두더지덫전문가, 토지이용기술자, 잔디관리기술자, 도시계획가
	토양, 지하자원 Sols & sous-sols	지도제작자, 지구화학자, 지질학자, 측량기사, 광산기사, 지열개발기사, 광물학자, 석유 또는 광물채굴노동자, 사진측량사, 광물탐사기술자, 지진학자
숙박과 식품 Hôtellerie & alimentation	조리, 판매 Préparation & vente	비스킷제조자, 육류판매원(푸줏간), 베이커리, 베이컨소시지류 판매인, 초코릿과자류 판매인, 주방보조원, 식도락평론가, 레스토랑요리사, 증류주 제조판매인, 패스트푸드점원, 집단급식소 직원, 치즈제조판매인, 집단급식소 지배인, 아이스크림제조판매인, 수제맥주제조판매인, 포도주양조전문가, 제과사, 생선판매인, 출장요리준비요리사, 부주방장, 연회출장요리서비스업자, 노점상
	서비스, 접대 Service & réception	여관주인, 호텔수하물운반원, 바텐더, 바리스타, 레스토랑셰프, 관광숙박시설이나 숙박사이트운영자, 관광부대시설관리자, 객실청소담당, 웨이터, 패스트푸드경영인, 스낵바경영인, 호텔지배인, 호텔급사장, 레스토랑주인, 접시닦이, 도어맨, 호텔프론트접수담당, 푸드트럭운영자, 룸서비스종사자, 소믈리에, 주차담당자
정보와 통신 Informatique & télécommuni-cation	컴퓨터운용, 정비 및 기술 Exploitation, maintenance & technique	IT시스템관리인, 인터넷긴급복구센터서비스직원, 컴퓨터교육강사, IT전문가, 산업IT전문가, 컴퓨터과목담당교사, 컴퓨터정비기술자, 전산관리기술자
	기획, 분석 및 프로그래밍 Projets, analyse & programmation	데이터베이스관리자, 데이터베이스분석개발자, 분석프로그래머, 정보화설계사, 소프트웨어설계사, 자동화전문가, 생물정보통신 기술자, IT프로젝트관리자, IT영업사원, 기업자원계획컨설턴트, 컴퓨터범죄수사관, IT전문가, 컴퓨터엔지니어, 웹마스터, 컴퓨터응용수학자, IT관리자, 로봇정비기술자, 소프트웨어검사원

대분류	중분류	소분류
	통신네트워크 Réseaux & télécoms	보안관리자, 네트워크설계전문가, 해군정보검색원, 통신장비설치원, 군정보통신시스템실무자, 정보통신부대무선연락담당자, 무선중계탑시설담당자, 통신기술자, 네트워크기술자
건강과 웰빙 Santé & bien–être	의료실무 Pratique médicale	마취전문의, 심장전문의, 외과의사, 정형외과의사, 성형외과의사, 일반치과의사, 피부과전문의, 내분비전문의, 위장병전문의, 산부인과전문의, 혈액학자, 오메오파티(대체의학), 스포츠전문의, 산업전문의, 일반의, 노인병전문의, 법의학전문의, 내과전문의, 핵의학전문의, 재활의학전문의, 진단방사선전문의, 방사선치료전문의, 응급전문의, 신장병학자, 신경외과의사, 신경과의사, 의료종양전문의, 안과의사, 치열교정전문의, 이비인후과전문의, 치주치료전문의, 소아과전문의, 소아치과전문의, 호흡기전문의, 정신과의사, 류마티스전문의, 구강전문의, 비뇨기과전문의
	준의료 및 제약 실무 Pratique paramédicale & pharmaceutique	침술사, 간병인, 구급차운전원, 향기치료사, 치과위생사, 병원물류담당, 청각학자, 온천요법사, 붕대–교정–보철기술자, 지압사, 병원광대, 영양사, 작업치료사, 약초전문가, 대체의학전문가(오메오파티), 구강위생사, 일반간호사, 물리치료사, 언어치료사, 마술치료사, 안마시술사, 자연요법전문가, 신경심리학자, 영양사, 안경사, 시력교정전문가, 정골전문의, 발치료전문가, 약사, 약용식물요법전문가, 발치료사, 치과기공사, 스포츠심리학자, 정신운동훈련사, 육아전문가, 반사요법전문가, 조산사, 부검실기술자, 의료영상기술자
	공중보건, 실험실 및 관리 Santé publique, laboratoire & gestion	진드기제거전문가, 해부학자, 임상생화학자, 생물통계학자, 미용사, 의료대리인, 간호부장, 병원장, 역학조사전문가. 생물보안전문가, 유전자추적전문가, 해충구제전문가, 유전학자, 요양원관리원, 생의학엔지니어, 식품검역관, 위생검역관, 감염예방전문의, 미생물학자, 의료병리학자, 의료코디네이터, 성의학자, 생의학기술자, 실험실기술자, 독극물학자
	치유와 미용 Soins du corps & beauté	온천요법사, 헤어디자이너, 화장품 및 향수 판매원, 미용연구가, 방부처리전문가, 미학자, 피부건강관리실경영인, 네일아티스트, 메이크업아티스트, 피부미용안마사, 안마시술사, 조향사, 가발제작자, 네일 및 속눈썹미용사, 반사요법사, 스파 매니저, 문신기술자
과학 Sciences	생명과학 Sciences biologiques	해부학자, 생물정보기술자, 생물학자, 식물학자, 발생학자, 생물학전문가, 유전학자, 미생물학자, 균류학자, 고생물학자, 생리학자, 생물공학품질관리실장, 생물학실험실실무요원, 미생물학실험실실무요원, 독극물학자, 동물학자

대분류	중분류	소분류
	화학 및 생화학 Sciences chimiques & biochimiques	생화학자, 임상연구전문가, 표준화전문가, 화학공업산업 생산엔지니어, 농산업엔지니어, 화학기사, 바이오제약산업 생산실무자, 화학산업생산실무자, 화공산업 QHSSE 관리책임자, 화학연구개발책임자, 생산공정검증전문가, 품질검사실실무요원, 화학연구개발실험실실무요원, 화공산업실험실실무요원, 전자기기운용기술자
	지구과학 Sciences de la terre	농경제학자, 기후학자, 지구화학자, 지리학자, 지질학자, 지구물리학자, 수리지리학자, 수리학자, 광산기사, 농업기술자, 기상학자, 광물학자, 해양학자, 군해양조사실무자, 홍수경보예보관, 지진학자, 토양복원전문가
	수학 Sciences mathématiques	보험계리사, 생물통계학자, 순수 혹은 응용 수학연구원, 암호전문가, 데이터분석수학자, 재정분석수학자, 천문수학자, IT수학자, 수학교사, 통계학자
	천문물리학 Sciences physiques & astronomiques	음향전문가, 천체물리학자, 생물물리학자, 의료방사성전문가, 지구물리학자, 우주항공엔지니어, 물리학기사, 원자력기사, 천문수학자, 물리학자, 우주비행사, 물리학연구실실무요원, 원자력기술자
인문·사회과학 Sciences humaines & sociales	분석, 조력 및 조언 Analyse, aide & conseil	장례지도사, 요양보호사, 가사도우미, 예술치료사, 법무보조인, 심리상담사, 사회복지사, 알츠하이머환자 돌보미, 생활상담사, 가족상담사, 청소년지원상담사, 직업상담사, 진로상담사, 범죄학자, 서예치료사, 최면치료사, 사회정보상담사, 놀이치료사, 중재인, 신경심리학자, 정신분석가, 정신의학자, 심리학자, 심리치료사, 성의학자, 정신집중효과학자, 담배전문가, 동물이용치료사
	신앙 Croyances	목회활동가, 종교·도덕·철학 및 시민론 교수, 신학자
	교육 Education & pédagogie	어린이집 종사자, 청소년 애호가, 휴가상담원, 교육기관장, 보육원장, 교사, 훈련교사, 장학사, 유치원교사, 초등학교교사, 학교중재인, 어린이커뮤니티모니터, 연극학교수, 조형 및 응용예술학교수, 체육교사, 정보통신학교수, 대학교수, 중등교사, 특수교육교사, 고등교육교수, 성악교사, 직업실무 및 기술교사, 무용교사, 불문학교수, 고대언어 및 문학교수, 수학교수, 음악교수, 종교, 윤리, 철학교수, 과학 및 응용과학교수, 인문과학교수, 외국어문학교수, 경제경영학교수, 정신운동치료사, 보육원, 교육전문가
	연구와 사회 Recherche & société	인류학자, 고고학자, 인지과학연구원, 인구학자, 경제학자, 조사전문가, 민족학자, 계통학자, 지리학자, 역사학자, 미술사학자, 다문화중재자, 음악학자, 철학자, 정치학자, 인문과학자, 사회학자
	장례서비스 Services funéraires	장례지도사, 방부처리전문가, 장의사

대분류	중분류	소분류
보안 Sécurité	군대 Armée	정보보안요원, 포병, 발칸포병, 군차량조종사, 전차장, 전투공병분대장, 기갑보병분대장, 곡사포대장, 공수부대조장, 공중전통제관, 군항공관제사, 해군전자탐지부사관, 척후병, 보병, 소총수, 해군갑판병, 특수부대원, 해군장교, 해군작전장교, 해군공병장교, 공병장교, 휴대용미사일발사병, 정보통신시스템실무자, 군해양조사실무자, 전장감시레이더병, 정보통신부대무선연락담당자, 무선중계탑시설담당자, 전투공병, 해군잠수사, 공항경비헌병, 헌병, 국방부사관, 해군수뢰제거부사관, 해군갑판부사관, 해군무기기술자, 탄약기술자
	경찰 Police	경찰관, 보안요원, 연방기마경찰, 경찰간부, 경찰수사관, 사이버범죄수사관, 경무경찰, 형사, 수사반장, 경찰견 담당 경찰관
	보호, 경계 Protection & surveillance	국가정보요원, 경비감시원, 시민보호요원, 보안요원, 철도보안요원, 세관원, 사법보조원, 교도소감시요원, 수위, 산업안전관리요원, 범죄학자, 사립탐정, 경호원, 경비경찰, 동물검역관, 전자보안시스템설치자, 개 훈련사, 수상안전요원, 긴급호출담당실무자, 소방관, 해양구조요원, 청소년보호기관조사요원, 귀중품 호송원
기술과 산업 Technique & industrie	식품 Alimentation	증류 및 발효기술자, 식품산업 생산라인 반장, 식품산업 생산원, 식품산업 레시피 작업담당, 식품산업 설비 조종담당, 식품산업 품질관리책임자, 식품산업 생산책임자, 식품산업연구개발책임자, 식품산업 실험실 요원
	덥고 춥고 Chaud & froid	냉동공조기사, 열 관리기술자
	화학과 플라스틱 Chimie & plastique	임상연구원, 표준화전문가, 화학 및 바이오제약 생산기사, 화학기사, 바이오제약산업 생산기술자, 화학산업 생산기술자, 화공산업 QHSSE 관리책임자, 규제업무담당책임자, 화학 및 바이오제약 연구개발 책임자, 생산공정품질관리전문가, 품질검사실실무요원, 화학연구개발실험실 실무요원, 화학 및 바이오제약산업 실험실 실무요원, 전자기기운용기술자, 플라스틱기술자
	전기와 전자 Electricité & électronique	엘리베이터기술자, 자동화 기술자, 터빈설계사, 전기장비조종원, 가전제품수리기술자, 전기공급시스템설계사, 스마트홈설계사, 전기공, 수력장비제조업자, 전기기사, 전자기사, 원자력기사, 전기설비검사원, 전자보안시스템설치공, 가전제품설치기술자, 전기배선공, 전선공, 전자제품수리기술자, 정보통신기기정비기술자, 전자기술자, 원자력실무자, 비행계기기술실무자, 자동화정비시스템정비기술자
	인쇄와 종이 Imprimerie & papier	종이구매대행자, 인쇄파트책임자, 인쇄영업사원, 인쇄견적전문가, 인쇄업자, 컴퓨터그래픽디자이너, 편집실무자, 인쇄공정기술자, 복사기기술자, 종이합판생산기술자, 바인더제작기술자, 석판화기술자, 실크스크린인쇄기술자

대분류	중분류	소분류
	목재산업 Industrie du bois	목조주택건설전문가, 목수, 제재소실무작업자
	기계공학과 엘렉트로 메카닉 Mécanique & électromécanique	수리시설정비담당관, 소형엔진보조기사, 기기조립공, 철로부설기술자, 엘리베이터기술자, 산업연구개발담당자, 가전제품수리공, 산업디자이너, 시계전문기술자, 항공기사, 엘렉트로메카닉기사, 기계기사, 기계정비기술자, 토건현장기계기술자, 농기계기술자, 기기검사정비기술자, 소형모터기술자, 산업기계기술자, 자동화기계기술자, 섬유기계기술자, 마이크로기기기술자, 가전제품설치기술자, 자동판매기수리공, 바이오의학기술자, 로봇정비기술자, 전주정비기술자, 철도전기기계기술자, 철도신호정비기술자, 자동화시스템정비기술자
	금속 Métal	금속절삭전문가, 무기제조업자, 금속부품전문가, 자동차중고부품상, 철골공, 철판제조가공기술자, 칼제조공, 철물구조설계사, 배근공, 야금기사, 금속생산작업자, 용접공, 기계가공시스템기술자, 표면처리기술자, 배관공
	광학기계, 흙과 유리 Optique, terre & verre	안경사, 유리제조공, 유리창호업자
	직물 Textile	기계세탁업자, 섬유연구개발프로젝트담당, 섬유 색채전문가, 직조기계운영담당, 섬유사생산기계운영담당, 섬유마무리처리기계운영담당, 양복양장사, 컬렉션 디렉터, 섬유사마무리작업자, 장갑제조판매인, 직물프린터기술자, 섬유기계기술자, 드라이클리닝업자, 섬유산업마무리작업자, 재봉사, 패턴사, 제사전 섬유준비작업자, 다름질작업원, 의류머천다이징책임자, 직물생산책임자, 직물검사원
관광, 스포츠 및 여가산업 Tourisme, sports & loisirs	여가 Loisirs	휴가코디네이터, 카지노크루피에, 레저시설대표, 노점상, 스포츠인프라시설경영인, 놀이치료사, 스포츠강사
	스포츠 Sport	스포츠에이전트, 스포츠심판, 스턴트맨, 체육활동조사연구원, 스포츠코치, 기업웰빙컨설턴트, 스포츠고문, 스포츠영양사, 스포츠기술이사, 스포츠팀매니저, 스포츠교육자, 말조련사, 스포츠트레이너, 승마연습장 경영인, 스포츠인프라시설경영인, 스포츠기자, 스포츠물리치료사, 검술교사, 수상구조요원, 스포츠이벤트매니저, 스포츠경영매니저, 스포츠강사, 체력단련전문가, 체육교사, 스포츠심리학자, 요트스키퍼(조타장), 프로선수, 승마교관, 잔디깍기기술자, 스포츠용품 판매자
	관광 Tourisme	관광안내원, 발권담당자, 카운터담당자, 관광포로모션담당자, 유람선선장, 교육농장총무, 여행사무소소장, 여행숙박시설 및 숙박사이트대표, 관광부대시설관리자, 패키지투어담당자, 여행가이드

대분류	중분류	소분류
운송과 물류 Transports & logistique	물류 Logistique & flux de matières	구매대행자, 중개인, 물류감사관, 우편물분류센터직원, 물류보안컨설턴트, 이삿짐운송업자, 배송업무담당자, 전자상거래사, 화물운송담당, 기업차량운영관리자, 재고관리자, 생산물류관리인, 수입-수출업자, 물류IT전문가, 택배원, 가게주인, 물류매니저, 운반기계조작자, 관세사, 물류영업책임자, 물류품질관리인, 물류창고감독, 공급망관리인, 귀중품운송전문가
	항공운송 Transport aérien	항공탑승수속담당, 항공운항관리사, 보안요원, 항공기체조립기술자, 항공기급유작업자, 수화물담당자, 항공기설계사, 항공교통관제사, 항공기사, 항공기상학자, 항공기도장사, 항공기조종사, 항공소방대원, 항공객실승무원, 항공정비사, 항공수리정비기술자, 비파괴검사원, 비행계기기술실무자, 복합소재기술자, 항공기판금기술자
	철도운송 Transport ferroviaire	열차승무원, 역무원, 철로보수원, 철도경찰관, 열차조차담당, 철도여행안내원, 철로부설작업원, 철도교통관제사, 지하철기관사, 열차기관사, 특수열차기관사, 철도토목설계사, 철도운행담당, 열차전문엔지니어, 부역장, 전주정비기술자, 철도전기기계기술자, 철도신호정비기술자
	해운 및 수상운송 Transport maritime & fluvial	선주, 하천운항선장(뱃사공), 유람선선장, 도선사, 항만노동자, 수문관리인, 조선기사, 상선항해사, 선원, 해군장교, 해군작전장교, 해군공병장교, 해군기관사장교, 준설작업자, 어선선장, 선장, 요트스키퍼(조타장), 해군수뢰제거부사관, 해군갑판부사관
	육로운송 Transport routier	렌터카사업자, 엠블란스기사, 자전거수리공, 자동차중고부품점, 특수차량운전사, 자동차딜러, 버스운전기사, 제설차량운전기사, 장거리버스운전기사, 대형트럭운전기사, 택시운전기사, 자동차시제품제작자, 자동차정기검사원, 자동차협회총무, 차량판금정비기술자, 사고차량견인차운전사, 자동차전기기술자, 차량손해평가사, 자동차운전면허심사관, 자동차중정비기술자, 택배원, 자동차정비기술자, 중장비정비기술자, 자동차학원강사, 자동차청소원, 자동차도장기술자, 오토바이정비사, 옛날자동차수리복원전문가, 자동차주차담당